Arduino Para leigos

O Arduino pode ajudá-lo a construir robôs ou dispositivos eletrônicos. Porém, há muito a se aprender sobre o Arduino, pois ele contempla os mundos de hardware e software. As seções a seguir apresentam informações a respeito do uso de resistores e ferramentas.

USANDO RESISTORES NO ARDUINO

Ao criar seus projetos Arduino, você usa os resistores para restringir a quantidade de corrente que percorre determinados componentes no circuito, como LEDs e circuitos integrados. Para calcular a resistência, você deve usar uma versão modificada da Lei de Ohm. Na equação a seguir, R é a resistência; V_{SUPPLY} é a tensão fornecida pela fonte de alimentação (isto é, 5V para um pino digital padrão do Arduino, mas poderia ser mais ou menos isso se o pino V_{IN} for usado); $V_{FORWARD}$ é a tensão exigida pelo componente; e I é a corrente requerida pelo componente:

$R = (V_{SUPPLY} - V_{FORWARD}) / I$

Veja um exemplo que faz um LED piscar:

$(5V - 2V) / 0{,}03A = 100\Omega$

Depois de identificar de qual resistor você precisa, a próxima tarefa é encontrá-lo. Os resistores de valor fixo usam faixas coloridas para indicar seu valor. Para encontrar o valor, você pode utilizar um multímetro definido em ohms (Ω), mas, caso você não tenha um multímetro, use a tabela a seguir para descobri-lo. Por exemplo, um resistor com faixas marrom, preta, marrom e dourada é um resistor de 100Ω com uma tolerância de 5%. Além do mais, o **Circuit Playground** da Adafruit tem os códigos de cores dos resistores e uma diversidade de ferramentas para a construção de circuitos.

Tabela de Cores do Resistor

Cor	Valor	Multiplicador	Tolerância
Preto	0	x1	–
Marrom	1	x10	±1%
Vermelho	2	x100	±2%
Laranja	3	x1.000	–
Amarelo	4	x10.000	–
Verde	5	x100.000	±0,5%
Azul	6	x1.000.000	±0,25%
Violeta	7	x10.000.000	±0,1%
Cinza	8	x100.000.000	±0,05%
Branco	9	x1.000.000.000	–

(continua)

(continuação)

Cor	Valor	Multiplicador	Tolerância
Dourado	–	x0,1	±5%
Prateado	–	x0,01	±10%
Nenhuma	–	–	±20%

FERRAMENTAS PARA SEU PROJETO ARDUINO

Ao começar a construir seu projeto Arduino, é difícil saber quais ferramentas comprar. Veja a seguir as ferramentas recomendadas para prototipagem com ou sem soldagem. Nota: compre as ferramentas, conforme necessário. Você nunca sabe do que pode precisar e as ferramentas podem ser caras.

FERRAMENTAS PARA PROTOTIPAGEM SEM SOLDA

- Breadboard (matriz de contato): Possibilita prototipar um circuito sem fixá-lo em um lugar.
- Fios de jumper: Fios pequenos ideais para se construir um circuito em uma placa breadboard.
- Alicates de bico fino: Eles são pontudos, ótimos para segurar componentes minúsculos!
- Multímetro: Mede volts, amperes, resistência e uma série de outras coisas.
- Fonte de alimentação: Semelhante às fontes de alimentação para notebooks!

FERRAMENTAS PARA SOLDAGEM

- Ferro de solda: Vem com regulação de soldadura e custa por volta de R$50.
- Solda: Comprar uma solda sem chumbo é ótimo para sua saúde e para o meio ambiente.
- Suporte terceira mão: Ferramenta ideal para segurar placas e componentes.
- Suporte adesivo: Mais barato que um suporte do tipo terceira mão.
- Alicate de corte diagonal: Tem garras pontudas e é preciso.
- Alicate desencapador: Pode ser manual ou automático. Experimente os dois.
- Sugador de solda: Suga o excesso de solda durante a dessoldagem (erros).
- Malha de fita dessoldadora: Outro modo de realizar a dessoldagem.
- Bobinas e carretéis de fios: Comprar bobinas ou carretéis de fio flexíveis é sempre uma boa ideia.

Arduino

Para leigos

Arduino Para leigos

Tradução da 2ª Edição

De John Nussey

ALTA BOOKS
EDITORA
Rio de Janeiro, 2019

Arduino Para Leigos® — Tradução da 2ª Edição

Impresso no Brasil — 1ª Edição, 2019 — Edição revisada conforme o Acordo Ortográfico da Língua Portuguesa de 2009.

Publique seu livro com a Alta Books. Para mais informações envie um e-mail para autoria@altabooks.com.br

Obra disponível para venda corporativa e/ou personalizada. Para mais informações, fale com projetos@altabooks.com.br

Produção Editorial Editora Alta Books **Gerência Editorial** Anderson Vieira	**Produtor Editorial** Thiê Alves	**Marketing Editorial** marketing@altabooks.com.br **Editor de Aquisição** José Rugeri j.rugeri@altabooks.com.br	**Vendas Atacado e Varejo** Daniele Fonseca Viviane Paiva comercial@altabooks.com.br	**Ouvidoria** ouvidoria@altabooks.com.br
Equipe Editorial	Adriano Barros Bianca Teodoro Ian Verçosa Illysabelle Trajano	Juliana de Oliveira Kelry Oliveira Keyciane Botelho	Larissa Lima Leandro Lacerda Maria de Lourdes Borges	Paulo Gomes Thales Silva Thauan Gomes
Tradução Cibelle Ravaglia	**Copidesque** Jana Araujo	**Revisão Gramatical** Maíra Meyer Hellen Suzuki	**Revisão Técnica** Renato Aloi Técnico em Microcontroladores pelo SENAI	**Diagramação** Lucia Quaresma

Dados Internacionais de Catalogação na Publicação (CIP) de acordo com ISBD

N975a Nussey, John

Arduino Para Leigos / John Nussey ; traduzido por Cibelle Ravaglia. - Rio de Janeiro : Alta Books, 2019.
400 p. : il. ; 17cm x 24cm. – (Para Leigos)

Tradução de: Arduino For Dummies
Inclui índice.
ISBN: 978-85-508-0837-6

1. Arduino. 2. Hardware. 3. Programação. I. Ravaglia, Cibelle. II. Título. III. Série.

2019-979 CDD 005
CDU 004.42

Elaborado por Odilio Hilario Moreira Junior - CRB-8/9949

ALTA BOOKS
EDITORA

Rua Viúva Cláudio, 291 — Bairro Industrial do Jacaré
CEP: 20.970-031 — Rio de Janeiro (RJ)
Tels.: (21) 3278-8069 / 3278-8419
www.altabooks.com.br — altabooks@altabooks.com.br
www.facebook.com/altabooks — www.instagram.com/altabooks

ASSOCIADO CBL Câmara Brasileira do Livro

Sobre o Autor

John Nussey é um empresário, designer e tecnólogo que mora em Londres.

Seu trabalho envolve o uso da tecnologia de jeitos novos e interessantes, e também abrange muitas áreas, incluindo eletrônica, computação física, prototipagem e design de produtos e a Internet das Coisas.

No decorrer de sua carreira, ele trabalhou em muitos projetos diversificados de clientes como ARUP, BBC e National Maritime Museum. Também fundou empresas, incluindo a ONN Studio, que ajuda as pessoas a concretizarem suas ideias de produtos, e a Ding, que produz belos produtos para casas inteligentes.

John é paladino orgulhoso do Arduino e ensinou o ofício de design de interação e prototipagem para pessoas de todas as idades, competências e habilidades em diversas instituições, incluindo o Goldsmiths College, a Bartlett School of Architecture e o Royal College of Art.

Dedicatória

À Avril O'Neil, o amor da minha vida (e única pessoa em quem confio com um ferro de solda), por compartilhar tantas experiências comigo e dar apoio quando mais preciso; à Roanne O'Neil, por nossas estimulantes conversas literárias; e à Alexandra Deschamps-Sonsino e Massimo Banzi, por me apresentarem ao Arduino, fato que me possibilitou seguir uma carreira tão diversificada e fascinante.

Agradecimentos do Autor

Gostaria de agradecer ao pessoal da Wiley, especialmente à Susan Pink e Katie Mohr, por serem sempre positivas e incentivadoras.

Muito obrigado a Guy Hart-Davis, por sua excelente edição técnica.

Meus sinceros agradecimentos aos meus amigos, à minha família e aos leitores do Arduino Para Leigos que conheço desde 2013, pelo incentivo e entusiasmo. Adoro criar coisas. Espero que este livro o inspire a criar as próprias coisas e a encontrar a mesma paixão que encontrei.

Sumário Resumido

Sumário

Prefácio

O momento em que se publica um livro *Para Leigos* é, sem dúvida, um marco na história de um produto.

A programação embarcada (ou embutida) de computadores costumava ser uma coisa dificílima, reservada apenas aos engenheiros experientes dispostos a dominar a complicada linguagem Assembly. Nos últimos anos, no entanto, muitas plataformas tentaram fazer com que a programação embarcada ficasse mais simples e mais acessível às pessoas comuns. O Arduino é uma das mais recentes tentativas de tornar a tecnologia menos assustadora e mais criativa.

Com John, autor deste livro, acompanhamos a adoção dessa ferramenta criativa por designers e artistas em Londres, abrindo caminho em muitos projetos memoráveis. Hoje em dia, o Arduino escapuliu do laboratório de Artes & Design e espalhou-se como um vírus, tornando-se a ferramenta favorita de todos os tipos de pessoas que têm grandes ideias e que desejam colocá-las em prática.

Fico contente que John tenha decidido escrever este livro, porque ele é um dos primeiros usuários da plataforma Arduino, desde a época em que ela ainda era bastante experimental. Como ministrou aulas de Arduino por muitos anos, tem competência para apresentar o assunto a todos os públicos.

Os principiantes em Arduino, com as ferramentas e ensinamentos adequados — como os encontrados neste livro — desenvolverão, em pouco tempo, verdadeiras habilidades.

— Massimo Banzi

Introdução

O Arduino é uma ferramenta, uma comunidade e um modo de pensar que impacta a maneira como usamos e entendemos a tecnologia. Ele reacendeu a chama do interesse e da compreensão pela eletrônica em muitas pessoas (aconteceu comigo) que achavam que a eletrônica era algo que todos haviam deixado para trás, lá na escola técnica.

O Arduino é uma pequena placa de circuito que tem um potencial gigantesco. Pode ser utilizada para fazer piscar um sinal de código Morse usando um único diodo emissor de luz (LED) ou para controlar todas as luzes de um prédio, dependendo da distância em que você está. As capacidades do Arduino estão limitadas somente pela sua imaginação.

O Arduino também está viabilizando uma nova abordagem prática para o ensino técnico, diminuindo o nível de dificuldade para aqueles que querem usar a eletrônica a fim de concluir pequenos projetos, e, assim espero, incentivando as pessoas a ler mais sobre as coisas que ele pode realizar.

Uma comunidade enorme e crescente de arduinistas surgiu — usuários e desenvolvedores que aprendem uns com os outros e contribuem para a filosofia do código aberto compartilhando os detalhes de seus projetos. Essa atitude de código aberto é responsável pela popularidade massiva do Arduino.

O Arduino é mais do que apenas um gadget: é uma ferramenta. Uma tecnologia que facilita a compreensão e o uso tecnológico da atualidade.

Desse modo, se você não achar interessante a perspectiva de entender as possibilidades ilimitadas da tecnologia, por favor, deixe este livro de lado e desista.

Caso contrário, continue lendo!

Sobre Este Livro

Este é um livro técnico, mas não é destinado somente aos tecnólogos de plantão. O Arduino foi projetado para ser usado por qualquer pessoa, seja ela técnica, criativa, habilidosa ou apenas curiosa. Tudo o que você precisa é de uma mente aberta ou de um problema a ser solucionado, e logo descobrirá maneiras de utilizar o Arduino que possam beneficiá-lo.

Esta obra se inicia pelo nível mais básico, para você começar a usar e entender o Arduino. Às vezes, ao longo do livro, talvez eu mencione uma série de coisas técnicas que, como qualquer coisa, levam tempo para serem compreendidas. Vamos percorrer todos os conceitos básicos e, depois, passaremos para as atividades mais avançadas.

Muita coisa neste livro tem como base as minhas experiências de aprendizado e de ensino. Aprendi tudo a respeito do Arduino a partir da estaca zero, mas sempre achei que a melhor maneira de aprender é na prática, fazendo seus próprios projetos. A estratégia é entender os conceitos básicos que abordarei neste livro e, em seguida, aproveitar esse conhecimento pensando em como você pode aplicá-lo para resolver problemas, criar coisas ou simplesmente se entreter.

Penso que...

Não estou tirando conclusões precipitadas sobre seus conhecimentos técnicos. O Arduino é uma plataforma fácil de usar para aprender sobre eletrônica e programação. É para pessoas de todos os tipos, crenças, profissões e estilos, seja você designer, artista ou hobbista.

Ele pode ser também uma ótima plataforma para pessoas que já são técnicas. Talvez você tenha aprendido um bocado de programação, mas queira concretizar seus projetos no mundo real de alguma forma. Ou talvez você tenha trabalhado com dispositivos eletrônicos e queira ver o que o Arduino pode oferecer.

Seja lá quem for, você descobrirá que o Arduino tem um grande potencial. Cabe a você decidir o que fazer com isso.

Ícones Usados Neste Livro

O *Arduino Para Leigos* utiliza ícones para enfatizar as coisas importantes. Fique atento ao seguinte:

DICA

Este ícone ressalta algumas informações valiosas. Esta informação pode ser de caráter técnico para ajudá-lo a concluir um projeto com mais facilidade ou para solucionar um problema corriqueiro.

CUIDADO

As placas Arduino não são perigosas por natureza; na verdade, elas são feitas para serem extremamente seguras e fáceis de usar. Porém, caso sejam usadas em um circuito sem o mínimo de planejamento adequado, tampouco atenção ou cuidado, elas podem causar danos ao seu circuito, ao seu computador e a você. Quando vir um ícone de CUIDADO, por favor, preste atenção.

LEMBRE-SE

Às vezes, você precisa levar em consideração determinados pontos antes de prosseguir com uma tarefa. O ícone LEMBRE-SE está aqui justamente para fazê-lo se lembrar de tais pontos.

PAPO DE ESPECIALISTA

Algumas informações são mais técnicas do que outras e não são para aqueles que não aguentam o tranco. A graça do Arduino é que você não precisa entender completamente e de cara os detalhes técnicos. Você pode pular qualquer coisa que esteja marcada com este ícone caso ela seja mais complicada do que consegue lidar no momento; você sempre pode voltar a ela quando estiver pronto para isso.

Além Deste Livro

Além do que você está lendo agora, este produto vem com uma Folha de Cola gratuita, para acesso em qualquer lugar, que fornece informações sobre como usar resistores, obter as ferramentas das quais você precisa e alguns atalhos do sistema. Para obtê-la, acesse `www.altabooks.com.br` e digite *Arduino Para Leigos* na caixa de pesquisa. Faça o download da Folha de Cola completa, bem como de erratas e possíveis arquivos de apoio. Eu também disponibilizo um capítulo-bônus que ensina tudo a respeito de como usar seu Arduino para hackear outros hardwares, como jogos, controladores e brinquedos.

De Lá para Cá, Daqui para Lá

Se você tem dúvidas sobre por onde começar, sugiro o início. No final do Capítulo 2, você terá adquirido um entendimento simples do Arduino e saberá onde é possível comprar um kit para continuar aprendendo.

Caso já tenha usado o Arduino antes, talvez queira ir direto ao Capítulo 4, que aborda os princípios básicos novamente, ou ir direto para a área que lhe interesse.

1 Conhecendo Melhor o Arduino

NESTA PARTE...

Saiba tudo sobre a pequena placa de circuito azul.

Descubra tudo o que você precisa para conhecer o Arduino e onde comprá-lo.

Aprenda como usar o incrível poder de um LED, controlando como ele pisca com linhas de código simples.

NESTE CAPÍTULO

» Descobrindo o que seria um Arduino

» Entendendo de onde ele vem

» Apresentando os princípios básicos

Capítulo 1
Descobrindo o Arduino

O Arduino pode ser tanto um hardware como um software. A placa Arduino é uma placa de circuito impresso (PCB) projetada para utilizar um chip microcontrolador, bem como para usar outras entradas e saídas. A placa tem muitos outros componentes eletrônicos necessários para o microcontrolador funcionar ou para maximizar as próprias funcionalidades.

Um *microcontrolador* é um pequeno computador dentro de um único circuito integrado ou chip de computador. Os microcontroladores são uma excelente maneira de programar e controlar os aparelhos eletrônicos. As *placas do microcontrolador* têm um chip microcontrolador e outros conectores e componentes valiosos que permitem ao usuário conectar entradas e saídas. Dentre os exemplos de dispositivos com placas de microcontroladores estão a placa de circuito Wiring, o PIC e o Basic Stamp.

Você escreve código no software Arduino para dizer ao microcontrolador o que fazer. Por exemplo, ao escrever uma linha de código, você pode dizer a um LED (diodo emissor de luz) para piscar (o famoso blink) e esmaecer. Se conectar um botão (pushbutton ou chave momentânea) e adicionar outra linha de código, poderá dizer ao LED para piscar somente quando o botão for pressionado. Em seguida, você talvez queira dizer ao LED para piscar somente quando o botão for segurado. Dessa forma, você pode criar de modo rápido um comportamento para um sistema, coisa que seria difícil de conseguir sem um microcontrolador.

Como um computador convencional, uma placa Arduino pode executar uma infinidade de funções, mas não tem muita utilidade sozinha. Exigem-se entradas e saídas para que ela seja útil. Essas entradas e saídas possibilitam que um computador — e um Arduino — identifiquem e leiam os objetos no mundo externo.

Antes de seguir adiante, talvez algumas coisas o ajudem a compreender a história do Arduino.

De Onde Veio o Arduino?

O Arduino nasceu lá na Itália, no Interaction Design Institute Ivrea (IDII), em uma pós-graduação de design de interação focada em como as pessoas interagem com produtos, sistemas e ambientes digitais, e como eles, por sua vez, nos influenciam.

O termo *design de interação* foi inventado por Bill Verplank e Bill Moggridge em meados da década de 1980. O esboço na Figura 1-1 de Bill Verplank ilustra a premissa básica do design de interação: se você faz alguma coisa, sente uma mudança e, a partir disso, consegue saber algo sobre o mundo.

FIGURA 1-1: O princípio do design de interação, ilustrado por Bill Verplank.

Cortesia de Bill Verplank

Embora o design de interação seja um princípio geral, ele se refere mais especificamente a como interagimos com computadores convencionais usando periféricos (mouses, teclados e telas sensíveis ao toque) para navegar em um ambiente digital que, por sua vez, é exibido graficamente em uma tela.

Outra via, denominada *computação física,* tem a ver com ampliar o alcance desses programas de computador, software ou sistemas por meio de produtos eletrônicos. Ao usar dispositivos eletrônicos, os computadores podem identificar mais a respeito do mundo e afetá-lo fisicamente.

Ambas as áreas — design de interação e computação física — exigem que os protótipos compreendam e explorem totalmente as interações, o que representa um obstáculo para os estudantes de design que não são técnicos.

Em 2001, um projeto chamado Processing, iniciado por Casey Reas e Benjamin Fry, tinha como objetivo incluir na programação as pessoas que não eram programadoras, fazendo com que fosse rápido e fácil produzir visualizações e gráficos na tela. O projeto disponibilizou ao usuário um caderno de rascunho digital para testar ideias e dedicar um bocado de tempo experimentando as coisas. Esse projeto, em contrapartida, inspirou um projeto semelhante de experiências no mundo físico.

Em 2003, com base nos mesmos princípios do Processing, Hernando Barragán começou a desenvolver uma placa de microcontrolador chamada Wiring. Essa placa foi a precursora da placa Arduino.

À semelhança do projeto Processing, o projeto Wiring também tinha a finalidade de envolver artistas, designers e outras pessoas que não eram técnicas. No entanto, a Wiring foi projetada para levar as pessoas à eletrônica e também à programação. A placa de circuito Wiring (mostrada na Figura 1-2) era menos cara do que alguns outros microcontroladores, como o PIC e o Basic Stamp, mas, ainda assim, era um investimento considerável para os estudantes.

Em 2005, o projeto Arduino começou em resposta à necessidade de dispositivos acessíveis e fáceis de usar para os estudantes de design de interação utilizarem em seus projetos. Dizem as más-línguas que Massimo Banzi e David Cuartielles deram o nome ao projeto em homenagem a Arduin de Ivrea, um rei italiano; entretanto, ouvi de fontes confiáveis que Arduino também é o nome do barzinho perto da universidade, o que talvez faça mais sentido para o nome do projeto.

O projeto Arduino baseou-se em muitas das experiências do Wiring e do Processing. Por exemplo, uma influência indiscutível do Processing é a *interface gráfica do usuário* (GUI) no software Arduino. A princípio, a GUI foi "emprestada" do Processing e, apesar de ainda parecer similar, ela já foi refinada para ser mais específica de acordo com o Arduino. Falo a respeito da interface do Arduino mais detalhadamente no Capítulo 3.

FIGURA 1-2: Uma placa Wiring anterior.

O Arduino também manteve a convenção de nomenclatura do Processing, chamando seus programas de *sketches (um projeto no Arduino é chamado de sketch)*. Da mesma forma que o Processing oferece às pessoas um caderno de rascunho digital para criar e testar programas rapidamente, o Arduino também lhes possibilita uma maneira de esboçar suas ideias de hardware. No decorrer deste livro, mostro muitos sketches que permitem ao seu Arduino executar uma enorme variedade de tarefas. Ao usar e editar os sketches exemplificados neste livro, você pode compreender de imediato como eles funcionam. Você programará sozinho em um piscar de olhos. Cada sketch acompanha uma explicação linha a linha de como ele funciona para garantir que tudo seja esclarecido e nada esquecido.

A placa Arduino, mostrada na Figura 1-3, foi desenvolvida para ser mais resistente e tolerante do que a placa Wiring e outros microcontroladores anteriores. Não raro, os estudantes, sobretudo os de design ou artes, quebravam o próprio microcontrolador poucos minutos depois de começar a usá-lo, simplesmente colocando os fios no lugar errado. Essa fragilidade foi um grande problema, não somente em relação à questão financeira, mas também devido aos comentários das placas fora dos círculos técnicos. Você também pode trocar o chip do microcontrolador em um Arduino; caso o chip seja danificado, em vez de trocar a placa inteira, você pode substituir apenas o chip.

Outra diferença importante entre o Arduino e outras placas de microcontrolador é o custo. Em 2006, outro microcontrolador famoso, o Basic Stamp, custava quase quatro vezes mais (US$119) que um Arduino (US$32). Hoje, um Arduino Uno custa apenas US$22 (no Brasil, o preço varia entre R$45 e R$60).

FIGURA 1-3: A placa Arduino serial original.

Em um dos meus primeiros seminários Arduino, disseram-me que o preço deveria ser acessível para os estudantes. Naquela época, o preço de uma boa refeição e uma taça de vinho era de cerca de US$42, assim, se você tivesse prazo para entregar o projeto, poderia escolher abrir mão de uma boa refeição naquela semana e fazer o seu projeto.

Hoje, a variedade de placas Arduino no mercado é muito maior do que em 2006. No Capítulo 2, você saberá mais a respeito de apenas algumas das placas Arduino compatíveis com o Arduino e como elas apresentam diferenças em relação à variedade de soluções para seus próprios projetos. Além do mais, no Capítulo 12, você aprende tudo sobre um tipo especial de placa de circuito chamada *shield*, que pode adicionar recursos para lá de úteis ao seu Arduino e, em alguns casos fenomenais, transformá-lo em um receptor GPS (sistema de posicionamento global), um telefone celular ou até mesmo em um contador Geiger, mencionando apenas alguns exemplos.

Aprendizagem pela Prática

As pessoas têm usado a tecnologia de várias maneiras para alcançar seus próprios objetivos sem se aprofundar nos detalhes da eletrônica. A seguir, veja algumas escolas de pensamento relacionadas que permitiram às pessoas brincarem com a eletrônica.

Patching

Patching é uma técnica de experimentação com sistemas que usam cabos ou fios. Um exemplo de patching são as antigas centrais telefônicas. Para um operador colocá-lo em outra linha, ele ou ela tinha que conectar fisicamente um cabo em um painel.

Essa técnica também era popular para sintetizar música, como no sintetizador Moog. Quando um instrumento eletrônico gera um som, ele está, de fato, gerando uma tensão. As coleções diferentes de componentes no instrumento manipulam essa tensão (medida em volts) antes que ela seja produzida como um som audível. O sintetizador Moog funciona ao alterar o caminho que a tensão percorre, enviando-a através de um número de componentes diferentes para aplicar diferentes efeitos.

Como inúmeras combinações são possíveis, o músico continua a testar as coisas, em grande parte, por tentativa e erro. Porém, a interface simples indica que esse processo é extremamente rápido e exige pouca preparação para se seguir em frente.

Hacking

Normalmente, *hacking* é um termo que se refere ao uso subversivo da tecnologia. Em termos mais gerais, no entanto, refere-se à exploração de sistemas, ao amplo uso ou à reprogramação deles para atender às suas necessidades.

Nesse sentido, é possível hackear tanto em hardware quanto em software. Um ótimo exemplo de hacking de hardware é um teclado com hack. Digamos que você queira usar um grande botão vermelho para passar de slide em slide em uma apresentação. A maioria dos programas de computadores tem atalhos de teclado e a maioria dos visualizadores de PDF passa para a próxima página em uma apresentação de slides quando o usuário pressiona a barra de espaço. Caso saiba disso, você quer, de preferência, um teclado com apenas uma barra de espaço.

Os teclados de hoje têm uma pequena placa de circuito, um pouco menor que um cartão de crédito (veja a Figura 1-4), incluindo muitos contatos que são conectados quando você pressiona teclas diferentes. Se você conseguir encontrar a combinação correta, poderá conectar dois contatos usando um botão. Agora, toda vez que pressionar esse botão, você enviará um espaço para o seu computador.

Essa técnica é ótima para se esquivar das complexidades do hardware e conseguir os resultados desejados. No capítulo bônus "Hackeando Outros Hardwares" (www.altabooks.com.br), você aprende mais sobre a satisfação de hackear e como pode construir peças de hardware hackeadas em seu projeto Arduino para controlar com facilidade dispositivos remotos, câmeras e até mesmo computadores.

FIGURA 1-4: O interior de um teclado, pronto para ser hackeado.

Circuit bending

O conceito de *circuit bending* bate de frente com a educação tradicional e tem totalmente a ver com o experimentalismo espontâneo. Os brinquedos infantis são a base de sustentação da galera do circuit bending (os chamados circuit benders), mas, na verdade, qualquer dispositivo eletrônico tem potencial para ser testado.

Ao desmontar um brinquedo ou dispositivo e expor o circuito, você pode alterar o caminho da corrente para afetar o comportamento dela. Embora essa técnica seja semelhante ao patching, ela é mais imprevisível. No entanto, depois de encontrar uma combinação que apresente um bom resultado, você pode adicionar ou substituir componentes, como resistores ou chaves eletrônicas, para dar ao usuário mais controle sobre o instrumento.

Geralmente, o circuit bending tem a ver com sonoridade, e o instrumento finalizado torna-se um sintetizador rudimentar ou uma bateria eletrônica. Dois dos dispositivos mais populares são o Speak & Spell (veja a Figura 1-5) e o Nintendo GameBoy. Músicos, como os da Modified Toy Orchestra (`modifiedtoyorchestra.com`) em suas próprias palavras, "exploram o potencial oculto e a mais-valia em potencial dentro da tecnologia obsoleta". Assim, pense duas vezes antes de colocar seus brinquedos antigos no eBay!

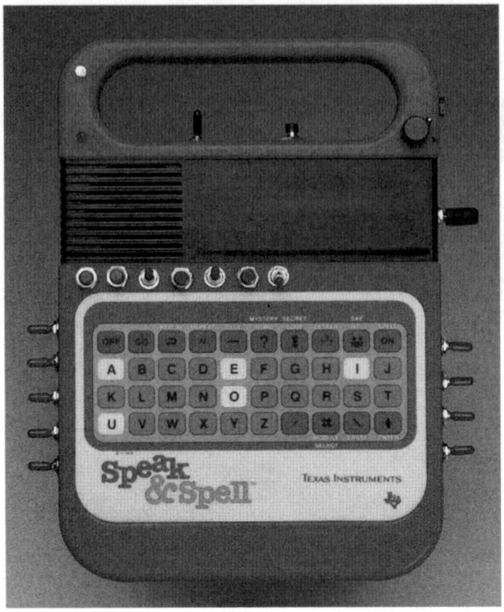

FIGURA 1-5: Circuit bending da Modified Toy Orchestra e do Speak & Spell.

Cortesia da Modified Toy Orchestra

Eletrônica

Ainda que haja muitos meios de se trabalhar a tecnologia, em algum momento você precisará de mais de tudo: mais precisão, mais complexidade e mais controle.

Se você aprendeu eletrônica na escola, provavelmente aprendeu como construir circuitos usando componentes específicos. Esses circuitos têm base exclusivamente nas propriedades químicas dos componentes e precisam ser calculados em detalhes para garantir que a quantidade correta de corrente percorra os componentes adequados.

Estes são os tipos de circuitos que você encontra como kits na Radio Shack (ou Maplin, no Reino Unido) que fazem um trabalho específico, como um timer de cozinha ou uma campainha de segurança que dispara quando você abre um pote de biscoitos. No Brasil, você pode encontrar kits no Mercado Livre ou nas seguintes lojas: EletroGate (`https://eletrogate.com`), Arduinolândia (`https://arduinolandia.com.br`), Loja Arduino: (`https://lojaarduino.com.br`). Tais kits são muito bons para funções específicas, mas não fazem mais do que isso.

É neste momento que entram os microcontroladores. Quando utilizados com conjuntos de circuitos analógicos, os microcontroladores podem viabilizar que esse circuito tenha um comportamento mais arrojado. Eles também podem ser reprogramados para executar diferentes funções conforme necessário. A sua placa Arduino é projetada com base nesses microcontroladores e, no Capítulo 2, você analisará de perto um Arduino Uno para ver exatamente como ele é projetado e do que é capaz.

O microcontrolador é o cérebro de um sistema, mas ele precisa de outras entradas e saídas eletrônicas a fim de identificar ou afetar as coisas em seu ambiente.

Entradas

As *entradas* são os sentidos do Arduino. Elas informam à placa o que está acontecendo no mundo. Basicamente, uma entrada pode ser uma chave eletrônica, como um interruptor de luz em sua casa. Do lado oposto, poderia ser um giroscópio, dizendo ao Arduino a direção exata à qual está se opondo em três dimensões. Você aprenderá tudo a respeito das entradas básicas no Capítulo 6 e mais sobre a variedade de sensores e quando usá-los no Capítulo 11.

Saídas

As *saídas* permitem que seu Arduino influencie o mundo real de alguma forma. Uma saída pode ser sutil e discreta, como a vibração de um celular, ou pode ser uma enorme exibição visual na lateral de um prédio que pode ser vista a quilômetros de distância. O primeiro sketch do livro lhe apresenta um LED piscando (veja o Capítulo 3). A partir daí, você pode controlar um motor elétrico (Capítulo 7) e até mesmo controlar uma tela de LCD (Capítulo 12).

Open Source

O software open source (de código aberto), em particular o Processing, influenciou muitíssimo o desenvolvimento do Arduino. No mundo dos programas de computadores, o *open source* é uma filosofia por meio da qual as pessoas compartilham os detalhes de um programa e incentivam os outros a usá-lo, recombiná-lo e redistribuí-lo como quiserem.

Assim como o software Processing é open source, o mesmo ocorre com o software e o hardware do Arduino. Isso significa que o software e o hardware do Arduino são liberados gratuitamente para serem adaptados conforme a necessidade. Você também encontra essa mesma filosofia de compartilhamento entre a comunidade nos fóruns sobre Arduino.

Nos fóruns oficiais do Arduino (`http://forum.arduino.cc` — conteúdo em inglês), e também na versão em português (`http://forum.arduino.cc/index.php?board=47.0`), e em muitos outros ao redor do mundo, as pessoas compartilharam o próprio código, projetos e perguntas para uma revisão informal feita pelos colegas. Esse compartilhamento possibilita a todo tipo de pessoa, incluindo engenheiros experientes, desenvolvedores talentosos, designers experientes e artistas inovadores, que empreste seus conhecimentos a novatos em algumas ou em todas essas áreas. Isso também viabiliza um meio de avaliar as áreas de interesse das pessoas, que ocasionalmente aprimoram o lançamento oficial do software Arduino ou o design da placa com refinamentos ou acréscimos. O site do Arduino tem uma área conhecida como Playground (`http://playground.arduino.cc`), no qual as pessoas são livres para fazer upload de seu código para a comunidade usar, compartilhar e editar.

Esse tipo de filosofia tem incentivado essa comunidade relativamente pequena a agrupar conhecimento em fóruns, blogs e sites, criando assim um vasto recurso para os novos arduinistas acessarem.

Apesar da natureza open source do Arduino, existe uma enorme lealdade ao Arduino como marca — tanto que há uma convenção de nomenclatura do Arduino para adicionar *-duino* ou *-ino* ao nome de placas e acessórios (para o desgosto dos italianos da equipe Arduino)!

NESTE CAPÍTULO

» Examinando o Arduino Uno

» Descobrindo outras placas Arduinos

» Localizando onde comprar placas Arduino

» Encontrando o kit Arduino certo para começar

» Definindo um espaço para trabalho

» Instalando o Arduino

» Apresentando o Arduino Web Editor

Capítulo **2**

Encontre Sua Placa e Familiarize-se com Ela

O nome *Arduino* suscita uma série de conceitos. Ele pode se referir a uma placa Arduino, ao hardware físico, ao ambiente do Arduino — ou seja, um software rodando em seu computador — e, finalmente, ao Arduino em si, como neste livro: como o hardware e o software podem ser combinados com conhecimentos relacionados ao ofício de criar alguma coisa e a eletrônica visando desenvolver um kit de ferramentas para qualquer situação.

Este capítulo apresenta uma visão geral do que você precisa para começar a brincar com o Arduino. Talvez esteja ansioso para mergulhar de cabeça neste livro, então pode folhear rapidamente este capítulo, parando em qualquer página que ocasione dúvidas e retornando a ela mais tarde, conforme necessário.

Primeiro, você aprenderá sobre os componentes usados na placa Arduino Uno, que é o ponto de partida para a maioria dos arduinistas. Além disso, você se familiarizará com outras placas Arduino disponíveis, como elas se diferenciam e como podem ser utilizadas. O capítulo enumera os principais fornecedores que podem suprir todas as peças de que você precisa e examina alguns dos kits iniciais que são ideais para aprendizes e para acompanhar este livro. Quando você tiver o kit e um espaço de trabalho, estará pronto colocar a mão na massa!

Por fim, você descobrirá onde obter o software para controlar seu Arduino. Eu lhe ensinarei o passo a passo para fazer o download e a instalação do software e farei um breve tour pelo ambiente no qual você desenvolverá seus programas Arduino.

Conhecendo Melhor o Arduino Uno

Não existe nenhuma placa definitiva do Arduino: muitos tipos de placas Arduino estão disponíveis, cada uma com seu próprio design, com o intuito de atender a inúmeros usos. Decidir qual placa usar pode ser bem desanimador, pois o número de placas disponíveis está aumentando, e cada uma delas tem possibilidades novas e empolgantes. Contudo, há uma placa que pode ser considerada o arquétipo do hardware Arduino, aquela que quase todas as pessoas usam quando começam e é compatível com a maioria das aplicações. Apresento-lhes o Arduino Uno.

Atualmente, a placa principal mais recente é o Arduino Uno R3 (lançada em 2011). Você pode considerá-la o modelo de placa mais simples. É uma placa estável, aguenta o tranco do trabalho pesado e é compatível com uma diversidade de projetos. Se for iniciante, o Uno R3 é a placa ideal para você (veja as Figuras 2-1 e 2-2).

FIGURA 2-1: A frente de um Arduino Uno.

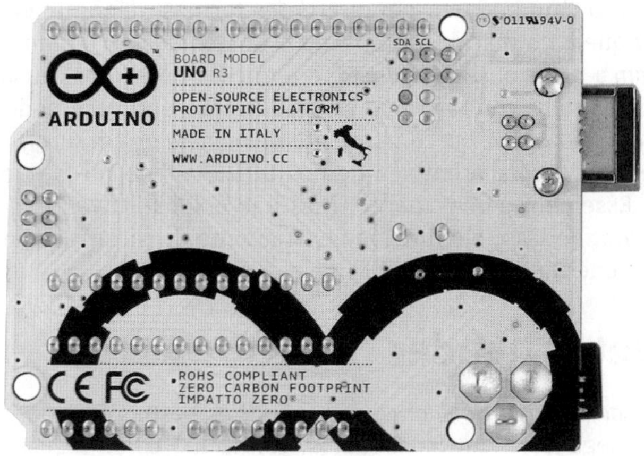

FIGURA 2-2: O fundo de um Arduino Uno.

Uno significa um no idioma italiano; ela tem esse nome por causa do lançamento da versão 1.0 do software Arduino. As antecessoras desse lançamento tinham uma variedade de nomes, como Serial, NG, Diecimila (10 mil em italiano, para indicar que 10 mil placas haviam sido vendidas) e Duemilanove (2009 em italiano, a data de lançamento da placa). O Uno abriu caminho para a sequência necessária na nomenclatura das placas. O R3 está associado à atualização das funcionalidades da placa, que inclui updates, refinamentos e correções. Neste caso, é a terceira atualização.

A placa tem muitos componentes pequenos, em sua grande maioria, descritos neste capítulo.

Os cérebros: Chip microcontrolador ATmega328P

Você pode pensar no próprio chip microcontrolador como o cérebro da placa. O chip usado no Arduino Uno é o ATmega328P, fabricado pela Atmel. É o componente grande e preto no centro da placa. Esse chip é conhecido como circuito integrado, ou IC. Ele está conectado a um soquete; se você o removesse, ficaria parecido com o que é mostrado na Figura 2-3.

FIGURA 2-3: Um microcontrolador ATmega328P.

Esse mesmo chip pode vir em diferentes formas, denominadas *encapsulamentos*. Aquele na placa Arduino Uno está *montado em terminais de furos que atravessam* a placa ou PTH, pacote, e tem esse nome por causa da maneira como faz contato com a placa. Outra variação que você pode encontrar é o Arduino Uno SMD, ou componente *de montagem em superfície*, montado na superfície da placa em vez de nos terminais de furos que atravessam a placa. Esse chip é bem menor, mas não é substituível, enquanto o chip PTH é. Tirando isso, ele funciona exatamente da mesma forma que o PTH e difere somente na aparência.

Soquetes header

O *soquete do microcontrolador* conecta todas as pernas do chip microcontrolador ATmega328 a outros soquetes, conhecido como *soquetes header,* que são organizados em torno da borda da placa e rotulados para facilitar o uso. Esses soquetes pretos são divididos em três grupos principais: pinos digitais, pinos de entrada analógica e pinos de alimentação.

Todos esses pinos transferem uma tensão, que pode ser enviada como saída ou recebida como uma entrada. Por que esses pinos são importantes? Eles lhe permitem conectar circuitos adicionais à placa de maneira rápida e fácil ao criar protótipos com uma breadboard (breadboard ou matriz de contato, descrita no Capítulo 6) e projete placas adicionais, chamadas de *shields,* que se encaixam perfeitamente na sua placa Arduino (veja o Capítulo 12 para mais informações sobre shields).

Esse mesmo processo de envio e recebimento de sinais elétricos está acontecendo dentro dos computadores modernos. Mas, por serem tão avançados e refinados comparados a um simples Arduino, é difícil conectar diretamente um computador habituado a sinais digitais (0s e 1s) a um circuito eletrônico que lida com um intervalo de tensão (0 a 5 no caso da ATmega328P).

A placa Arduino (veja o sketch na Figura 2-4) é especial porque consegue interpretar esses sinais elétricos e convertê-los em sinais digitais que o seu computador pode entender — e vice-versa. Ela também permite que você escreva um programa utilizando um software em um computador normal que o Arduino IDE (ambiente de desenvolvimento integrado) converte ou compila em sinais elétricos de modo que seu circuito possa entender.

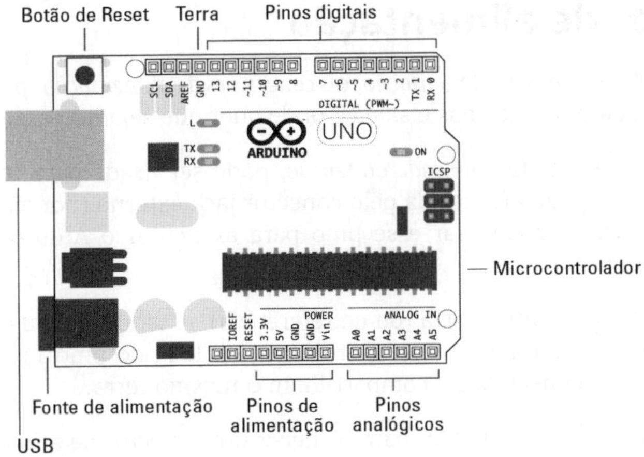

FIGURA 2-4: Um Arduino Uno com todas as partes importantes rotuladas.

Ao preencher essa lacuna, é possível aproveitar as vantagens do computador convencional — facilidade de uso, interfaces do usuário amigáveis e código de simples compreensão — para controlar um amplo leque de circuitos eletrônicos e até mesmo lhes proporcionar comportamentos complexos com relativa facilidade.

Pinos digitais

Você usa os *pinos digitais*, ou *conectores digitais* (veja a Figura 2-4), para enviar e receber sinais digitais. *Digital* indica que os pinos têm dois estados: desligado ou ligado. Em termos elétricos, esses estados se convertem em um valor de 0 ou 5 volts, sem nenhum valor intermediário entre eles.

Pinos com entradas analógicas

Você usa os *pinos com entradas analógicas,* ou *entradas analógicas* (veja a Figura 2-4), para receber um valor analógico. Um valor analógico é obtido de um intervalo de valores. Nesse caso, o intervalo é o mesmo de 0 a 5 volts com os pinos digitais, mas o valor pode ser em qualquer ponto — entre 0,1, 0,2, 0,3 e assim por diante.

E quanto à saída analógica?

Os mais espertinhos devem ter percebido que aparentemente não há pinos com *saídas analógicas*. Na verdade, os pinos de saída analógica estão lá, mas estão escondidos entre os pinos digitais marcados como PWM (MPL, em português), usando o símbolo ~. PWM quer dizer *modulação por largura de pulso*, uma técnica que você pode usar para dar a impressão de que uma saída analógica utiliza pinos digitais. No Capítulo 6, explicarei como a PWM funciona. O símbolo ~ aparece ao lado dos pinos digitais 3, 5, 6, 9, 10 e 11, mostrando que você tem seis pinos que conseguem executar a PWM.

Pinos de alimentação

Você usa os *pinos de alimentação*, ou *conectores de alimentação*, para distribuir energia para as entradas e saídas, onde quer que seja necessário.

A Vin, que significa *entrada da tensão,* pode ser usada para fornecer uma tensão (V) igual à fornecida pelo conector jack externo (por exemplo, 12V). Você também pode usar esse pino para alimentar o Arduino através de outra fonte.

O GNDs são os pinos terra (ou de referência), essenciais para completar os circuitos. Há também um terceiro terra, ao lado do pino 13. Todos esses pinos estão conectados e compartilham o mesmo terra.

Você pode usar 5V ou 3,3V para fornecer um conector de alimentação de 5 volts ou 3,3 volts, respectivamente, a componentes ou circuitos.

USB

Para dizer ao microcontrolador na placa do Arduino o que fazer, é preciso enviar um programa para ele. No Uno, você envia os programas principalmente por uma conexão USB. O soquete grande e metálico é uma porta USB para um cabo USB AB. Esse cabo é semelhante ao utilizado na impressora ou scanner da sua casa, portanto, você pode encontrar essas peças sobrando em algum lugar por aí, que podem ser muito úteis. A placa Arduino usa o USB tanto para energia quanto para transferência de dados. A utilização de um cabo USB é perfeita para aplicações de baixo consumo e para quando os dados estão sendo enviados ou recebidos de um computador.

Fonte de alimentação

Ao lado do USB há outro soquete, para alimentação. Esse soquete lhe permite alimentar seu Arduino a partir de uma fonte de alimentação externa. A fonte pode vir de um adaptador AC/DC (similar aos usados em outros aparelhos eletrônicos), uma bateria ou até mesmo um painel solar.

O conector necessário é um plugue centro positivo de 2,1mm. *Centro positivo* significa simplesmente que o plugue tem um exterior e um interior que se encaixam no soquete e que o interior do plugue deve ser positivo. Você deve conseguir encontrar esse plugue entre os conectores-padrão que vêm com a maioria das fontes de alimentação; caso contrário, pode comprar o conector e conectá-lo a fios sem revestimento.

CUIDADO

Caso conecte uma fonte de alimentação oposta (centro negativo), ela é conhecida por apresentar uma polaridade invertida. Os componentes do Arduino Uno resistirão às suas tentativas de enviar a tensão do jeito errado ao redor da placa. Porém, eles podem derreter no processo de proteger sua placa, dependendo da quantidade de energia que está enviando e quanto tempo leva para que você sinta o cheiro de queimado! Se inverter a polaridade ao usar os pinos Vin, 5V ou 3,3V, você burlará essa proteção e destruirá quase instantaneamente várias partes da sua placa e do seu chip ATmega328P.

A tensão recomendada para a placa Uno é de 7 a 12 volts. Caso forneça pouca energia, talvez sua placa não funcione adequadamente. Ou, se você fornecer muita energia, sua placa poderá superaquecer e ficar danificada.

LEDs

Os LEDs apresentam formatos e tamanhos diversificados e são encontrados em quase todos os aparelhos eletrônicos modernos, desde luzes de bicicletas a TVs e máquinas de lavar. Você verá numerosos exemplos de LEDs no decorrer do livro.

Os componentes descritos nesta seção são minúsculos. A placa Uno possui quatro LEDs (diodos emissores de luz) rotulados como L, RX, TX e ON. Um *LED* é um componente que produz luz quando a corrente elétrica passa por ele. Confira abaixo os quatro LEDs utilizados para sinalizar a atividade na placa, da seguinte forma:

» ON está em verde e significa que seu Arduino está recebendo energia.

» RX e TX dizem que os dados estão sendo recebidos ou transmitidos pela placa.

» L é um LED especial conectado ao pino digital 13. Ele é ótimo de se testar para ver se sua placa está funcionando como você deseja.

Agora, caso o seu Arduino esteja conectado, mas você não veja nenhuma luz, confira se:

» Seu cabo USB está conectado.

» Sua porta USB está funcionando — tente outro dispositivo na porta.

» Seu cabo está funcionando — tente outro cabo, se possível.

Se o LED ainda não acender, provavelmente há algo errado com o seu Arduino. Sua primeira parada deve ser a página de solução de problemas do Arduino em `http://arduino.cc/en/Guide/troubleshooting` (conteúdo em inglês). Mas, se você ainda não tiver sorte, solicite a substituição da placa Arduino onde a comprou.

Botão de reset

A placa Uno também tem um botão ao lado do USB chamado de botão de reset. Ele redefine o programa no Arduino ou finaliza-o completamente quando pressionado durante um tempo. Conectar um fio entre o GND e o pino de reset, localizado ao lado do 3,3V, tem os mesmos efeitos.

A placa tem muitos outros componentes, todos com funções importantes, mas, por ora, os componentes descritos nesta seção são os que você precisa conhecer.

Descobrindo Outras Placas Arduino

A seção anterior descreve a placa Arduino USB padrão; todavia, você deve saber que existem muitas outras por aí, todas projetadas levando em consideração necessidades diferentes. Algumas oferecem mais funcionalidades, e outras são projetadas para serem mais minimalistas, mas elas geralmente seguem um design parecido ao do Arduino Uno. Por esse motivo, todos os exemplos deste livro têm base no Uno.

As atualizações anteriores do Uno devem funcionar sem alterações, mas, caso você esteja usando uma placa mais antiga ou especializada, siga as instruções específicas. Esta seção lhe apresenta um breve resumo de outras placas disponíveis.

Placas Arduino oficiais

Embora o Arduino tenha caráter open source, também é uma marca registrada, portanto, visando assegurar a qualidade e a conformidade de seus produtos, a equipe Arduino deve aprovar devidamente as placas novas antes de serem oficialmente reconhecidas e ostentarem o nome Arduino. Você pode reconhecer as placas oficiais primeiro pelo nome — Arduino Pro, Arduino Fio ou Arduino LilyPad, por exemplo. Outras placas não oficiais apresentam *Arduino compatible* ou *Arduino* em seus nomes. Outro meio de reconhecer uma placa Arduino oficial, desenvolvida pela equipe Arduino, é através de sua identidade visual (nas versões mais recentes): elas são turquesa e exibem o símbolo do infinito em algum lugar da placa, junto com um link para o site: `www.arduino.cc` (conteúdo em inglês). Algumas outras empresas também têm as próprias placas especiais aceitas como placas oficiais. Desse modo, você pode encontrar outros nomes de empresas impressos nelas, como Adafruit Industries e SparkFun.

Em virtude de os diagramas esquemáticos para a placa Arduino serem de código aberto, as placas não oficiais do Arduino variam muitíssimo, pois as pessoas as projetam para atender às próprias necessidades. Via de regra, essas placas são baseadas nos mesmos chips do microcontrolador para continuarem a ser compatíveis com o software Arduino, porém exigem análise e atenção extras para garantir que funcionem conforme o esperado. A placa Seeeduino v4.2 (da Seeed Studio), por exemplo, tem por base o Arduino Uno e é 100% compatível, mas adiciona várias conexões extras, chaves eletrônicas e soquetes, que podem ser mais úteis para você do que uma placa oficial Arduino, em determinadas ocasiões.

As placas oficiais são as opções mais confiáveis para iniciantes, porque a maioria dos exemplos de Arduino online tem base nessas placas. Por causa disso, as placas oficiais são amplamente utilizadas, e, por *isso mesmo*, quaisquer erros ou bugs no design da placa provavelmente serão solucionados na próxima atualização ou, pelo menos, serão bem documentados.

Arduino Leonardo

O Arduino Leonardo tem o mesmo *modelo* (formato da placa de circuito), mas o microcontrolador usado é diferente e pode ser reconhecido como um teclado ou mouse através de um computador. No capítulo bônus, "Hackeando Outros Hardwares" (`www.altabooks.com.br`), apresento mais detalhes sobre as diferenças entre esta placa e a Uno e como usá-las.

Arduino Mega 2560 R3

Como o nome sugere, o Arduino Mega 2560 R3 é uma placa maior que o Arduino Uno R3. Esta versão se destina às pessoas que querem mais: mais entradas, mais saídas e mais poder de processamento! O Mega tem 54 pinos digitais e 16 pinos analógicos, enquanto o Uno tem 15 pinos digitais e 6 analógicos.

Arduino Mega ADK

O Arduino Mega ADK é basicamente a mesma placa que o Arduino Mega 2560, mas é projetado para fazer interface com telefones Android. Isso significa que você pode compartilhar dados entre seu celular ou tablet Android e um Arduino para ampliar o alcance de ambos.

Arduino Nano 3.0

O Arduino Nano 3.0 é uma placa Arduino condensada que mede apenas 0,70 45 x 18mm. Esse tamanho é perfeito para projetos menores. O Nano tem toda a capacidade de um Arduino Uno (ambos usam o mesmo microcontrolador ATmega328), mas tem uma fração do seu tamanho. O Nano também se encaixa com facilidade em uma breadboard, o que o torna ideal para protótipos também.

Arduino Mini R5

Apesar do que os nomes sugerem, o Arduino Mini R5 é menor que o Nano. Esta placa também utiliza o mesmo chip microcontrolador ATmega328, só que é menor ainda quando removemos todos os pinos header e o conector Mini-USB do Nano. A placa Mini é ótima se o espaço for limitado, mas exige muito cuidado ao ser conectada, porque uma conexão errada pode destruí-la facilmente.

Arduino 101

O Arduino 101 usa o módulo Intel Curie para fornecer uma placa tão fácil de utilizar quanto o Arduino, porém dispõe da mais recente tecnologia Bluetooth de baixa energia. Ele também tem um acelerômetro de seis eixos para detectar movimento, o que o torna um excelente companheiro para qualquer projeto de tecnologia vestível ou para se comunicar com outros dispositivos Bluetooth.

Arduino MKR1000

O Arduino MKR1000 é uma placa simples, mas poderosa, que combina um processador de 32 bits com um módulo Wi-Fi. É perfeito para conectar sensores e atuadores à internet ou prototipar seu próximo projeto de Internet das Coisas (IoT). Junto com seu pequeno formato, ele dispõe de um conveniente conector de bateria que lhe permite deslocar seu projeto de um lugar para outro.

Arduinos aprovados

Hoje em dia, muitos Arduinos são placas padronizadas e projetadas pela equipe do Arduino. No entanto, alguns têm sido oferecidos por outras empresas, como a Adafruit Industries e a SparkFun, e são reconhecidos como placas oficiais. Enumero alguns dos melhores a seguir.

LilyPad Arduino USB

O LilyPad Arduino USB foi feito para projetos em que a tecnologia é combinada com tecidos para auxiliar no desenvolvimento de e-têxteis (tecidos inteligentes) ou projetos eletrônicos vestíveis. O LilyPad e suas *placas breakout* acompanhantes (placas de circuito impresso que facilitam a integração de vários componentes sem a necessidade de construir suas próprias placas) podem ser costurados usando fios condutores em vez de fios convencionais. Esta placa foi projetada e desenvolvida por Leah Buechley, do MIT (`www.leahbuechley.com/` — conteúdo em inglês) e pela SparkFun Electronics. Caso se interesse por e-têxteis ou eletrônicos vestíveis, confira o excelente tutorial no site da SparkFun, que apresenta a versão mais recente da placa e o kit ProtoSnap. (Acesse `learn.sparkfun.com/tutorials/lilypad-development-board hookup-guide` — conteúdo em inglês.)

Arduino Pro

O Arduino Pro é uma placa Arduino minimalista e superfina, da SparkFun Electronics, baseada no mesmo microcontrolador utilizado na Uno. Ele vem sem nenhum dos headers ou soquetes normais, mas tem todos os mesmos recursos de uma Uno. É ideal para picos de alimentação escassos. Além do mais, tem um soquete de bateria, o que torna seu projeto facilmente portável.

Arduino Pro Mini

O Pro Mini é outro produto da SparkFun. Essa placa ultrapassa todos os limites do minimalismo do Arduino Pro. Na escala das placas Arduino, o Pro Mini se encaixa perfeitamente entre o Nano e o Mini. Ele não tem nenhum dos pinos header ou a porta Mini-USB do Nano e é um pouco mais estendido do que o Arduino Mini. O Pro Mini não dispõe de nenhuma das funcionalidades de segurança do Uno, portanto, tenha muito cuidado ao fazer a ligação dos fios, pois uma conexão incorreta pode destruir a placa com facilidade.

Comprando Placas Arduino

A princípio, as placas Arduino estavam disponíveis somente em um pequeno número de lojas especializadas espalhadas pelo mundo. Hoje em dia, você consegue comprar placas Arduino em muitos lugares, conforme listado nas seções a seguir. Mais adiante neste capítulo, falarei a respeito dos kits para iniciantes, que reúnem os componentes básicos para você; recomendo que compre um kit para sua empreitada inicial com o Arduino.

No site do Arduino, você pode encontrar uma lista completa de revendedores e fabricantes Arduino em todo o mundo (`store.arduino.cc/distributors` — conteúdo em inglês). Veja abaixo alguns dos endereços.

Loja Arduino

`https://store.arduino.cc/usa/` (conteúdo em inglês)

Um bom ponto de partida é a Loja Arduino. O site apresenta as últimas novidades em placas Arduino, kits e alguns componentes selecionados.

Adafruit

`www.adafruit.com/` (conteúdo em inglês)

A engenheira do MIT Limor "Ladyada" Fried fundou a Adafruit em 2005. Através de seu site, a empresa oferece uma abundância de recursos, incluindo produtos que ela desenvolve e fabrica; outros produtos provenientes de todo o mundo; ferramentas, equipamentos, tutoriais, fóruns e vídeos que abrangem uma gama imensa de assuntos. A Adafruit está sediada em Nova York (que cidade!). Ela distribui seus produtos em escala mundial.

SparkFun

`www.sparkfun.com/` (conteúdo em inglês)

A SparkFun vende todo tipo de peça para todo tipo de projeto eletrônico. Além de vender dispositivos compatíveis com Arduino, ela projeta e fabrica muitas de suas próprias placas e kits. A SparkFun tem um excelente site que funciona como uma loja, um suporte e uma sala de aula para os arduinistas. A SparkFun também tem pessoas ativas (e expressivas) que comentam em cada uma de suas páginas de produtos, o que ajuda a estimular e melhorar continuamente os produtos da empresa. Ela foi fundada em 2003 e está localizada em Boulder, Colorado.

Seeed Studio

`www.seeedstudio.com` (conteúdo em inglês)

Com sede em Shenzhen, na China, a Seeed Studio se denomina uma "empresa que incentiva o open hardware". A loja usa manufatura local para criar rapidamente protótipos e projetos de pequena escala que são distribuídos ao redor do mundo. Além de fabricar e vender produtos, a empresa disponibiliza uma área para a comunidade em seu site, na qual as pessoas podem votar nos projetos que querem que o Seeed Studio concretize (`www.seeedstudio.com/wish/` — conteúdo em inglês).

Watterott Electronic

`www.watterott.com` (conteúdo em inglês)

Fundada por Stephan Watterott em 2008, a Watterott Electronic, com sede em Leinefelde, na Alemanha, começou como uma empresa individual, fornecendo algumas placas de microcontroladores e componentes especializados. Desde então muita coisa mudou, e hoje em dia a empresa capitaliza uma grande variedade de placas, componentes e outros hardwares compatíveis com o Arduino.

Distribuidores de eletrônicos

Muitas empresas globais de distribuição de eletrônicos bem-estabelecidas fornecem produtos para tudo quanto é canto do mundo. Há relativamente pouco tempo, começaram a montar um estoque de placas Arduino, no entanto, elas são, sobretudo, úteis para a compra em varejo de componentes quando você sabe o que está procurando.

DICA

Você pode perder dias a fio pesquisando os catálogos gigantescos de componentes, por isso é sempre uma boa pedida saber o nome do que está procurando antes de começar!

Veja a seguir algumas empresas internacionais de distribuição que têm um bom estoque de placas e componentes Arduino (todas em inglês):

- **Digi-Key:** `www.digikey.com`
- **Farnell:** `www.farnell.com`
- **Mouser:** `www.mouser.com`
- **Rapid:** `www.rapidonline.com`
- **RS Components:** `www.rs-components.com`

Amazon

A popularidade do Arduino cresceu tanto que agora até a Amazon norte-americana dispõe de um estoque de componentes (`www.amazon.com` — conteúdo em inglês). A maioria das placas Arduino, bem como uma variedade de componentes e kits, estão disponíveis na Amazon, embora seja mais difícil de encontrá-los aqui do que em outros sites especializados.

eBay

Originalmente fornecedor apenas de componentes de segunda mão, o eBay (`www.ebay.com`) tornou-se uma plataforma utilizada por muitos varejistas e atacadistas. Nele, você encontrará placas oficiais, personalizados e componentes populares. Algumas placas de imitação Arduino também estão disponíveis. A maioria é inofensiva e funciona da mesma forma que uma placa oficial, mas o controle de qualidade geralmente deixa muito a desejar, o que pode resultar em um comportamento estranho ou em danos a dispositivos conectados. Em caso de dúvida, use uma placa Arduino original de um distribuidor autorizado.

Apetrechos: Kits para Iniciantes

A essa altura, você já sabe um pouco mais sobre a placa Arduino, mas nenhuma placa é algo isolado: você precisa de outras coisinhas a mais para conseguir usá-la. Da mesma forma que um computador não serve de muita coisa sem um mouse e um teclado, um Arduino não tem serventia — ou, pelo menos, não é tão divertido — sem componentes.

Todo arduinista novato que se preze deve seguir os numerosos exemplos básicos para aprender os fundamentos do Arduino (que este livro aborda nos Capítulos 3 a 7). Todos os exemplos são praticáveis com o uso de alguns componentes básicos. Com o intuito de lhe poupar tempo e trabalho para encontrar esses componentes, alguns empreendedores e empresas criaram kits que lhe permitem aprender em um piscar de olhos!

Muitos deles foram projetados com base em experiências, gostos e desgostos de diferentes pessoas e empresas. Você também pode encontrar muitos componentes que têm a mesma função, mas aparências diferentes, com base em sua utilização. A lista resumida a seguir descreve alguns componentes principais que devem estar incluídos em todos os bons kits Arduino para iniciantes:

» **Arduino Uno:** A placa que você conhece e de que gosta muito.

» **Cabo USB AB:** Este cabo é essencial para uso do seu Arduino. Ele também pode ser encontrado em impressoras e scanners.

» **LEDs:** Diodos emissores de luz em várias cores são ótimos em proporcionar feedback visual para o seu projeto, bem como para testar projetos de luminosidade em pequena escala.

» **Resistores:** Conhecidos também como *resistores fixos,* são componentes elétricos fundamentais usados para resistir ao fluxo de corrente através de um circuito. Os resistores são indispensáveis para o bom funcionamento da maioria dos circuitos. Cada resistor tem um valor fixo, indicado por uma faixa colorida ao lado do resistor. Essas faixas o ajudam a identificar com rapidez a resistência de um resistor visualmente.

» **Resistores variáveis:** Conhecidos também como *potenciômetros,* os resistores variáveis resistem à corrente da mesma maneira que os resistores fixos, só que conseguem mudar a própria resistência. Normalmente, são mais usados em rádios e equipamentos hi-fi para sintonização e controle de volume, e também estão disponíveis em outras caixas e alojamentos para detectar outras entradas, como força ou flexão em uma superfície.

- **Diodos:** Conhecidos também como *diodos retificadores,* os diodos são semelhantes aos LEDs, mas sem a luz. Eles têm uma resistência extremamente alta ao fluxo de corrente em uma direção e uma resistência extremamente baixa (em teoria, zero) na outra, que é a mesma razão pela qual um LED funciona em apenas uma direção. Em vez de emitir luz igual aos LEDs, os diodos controlam o fluxo de corrente em todo o circuito.
- **Fotodiodos:** Conhecidos também como *fotorresistores* ou *resistores dependentes de luz* (LDRs), os fotodiodos alteram a própria resistência quando expostos à luz. Eles podem ter uma diversidade de usos diferentes, dependendo de como estão posicionados em relação à fonte de luz.
- **Botões:** Estes componentes são encontrados nos bastidores de muitos aparelhos eletrônicos, como controladores de console de jogos e aparelhos de som. Eles são utilizados para conectar ou desconectar partes de um circuito de modo que seu Arduino consiga monitorar as entradas humanas.
- **Sensores de temperatura:** Estes sensores informam qual é a temperatura ambiental seja lá onde estiverem. São ótimos para constatar mudanças em seu ambiente.
- **Elemento piezo:** Tecnicamente, um elemento piezo é descrito como um dispositivo de som distinto. Estes componentes simples podem ser fornecidos com uma tensão para produzir notas simples ou música. Também podem ser conectados a superfícies para determinar as vibrações.
- **Relés:** Estas chaves eletrônicas, ou interruptores acionados eletricamente, são utilizadas para alternar circuitos de alta potência usando seu Arduino de baixa tensão. Metade de um relé é um eletroímã e a outra metade é um interruptor magnético. O eletroímã pode ser ativado pelos 5V do Arduino, que movimenta o contato do interruptor. Os relés são determinantes para projetos maiores quando se trata de luminosidade e motores.
- **Transistores:** Estes componentes são a base de todos os computadores modernos. Os transistores são chaves eletrônicas acionadas eletricamente, semelhantes aos relés, mas a ativação ocorre de forma química, e não física. Isso significa que tal ativação pode ser muito rápida, fazendo com que os transistores sejam perfeitos para operações de alta frequência, como estimular a iluminação LED ou controlar a velocidade dos motores.

- **Motores CC:** Estes motores são simples motores elétricos. Quando a corrente elétrica passa através de um motor, ela gira em uma direção; quando essa direção é invertida, ela gira em outra. Os motores elétricos apresentam uma diversidade de uso enorme, desde aqueles em seu telefone que o fazem vibrar até os de uma furadeira elétrica.
- **Servomotor**: Estes motores têm um conjunto de circuito na própria placa que monitora sua rotação. Os servomotores são comumente usados para operações de precisão, como a abertura controlada de válvulas ou o movimento das articulações de robôs.

Veja abaixo os kits mais conhecidos, em ordem ascendente de preço. Eles incluem todos os componentes da lista anterior e qualquer um deles será um excelente companheiro para os exemplos deste livro:

- Arduino Starter Kit do Arduino, disponível em `store.arduino.cc/usa/arduino-starter-kit` (conteúdo em inglês), custando US$87,90 no momento em que este livro foi escrito.
- Starter Kit for Arduino (ARDX) da Oomlout, disponível em `www.adafruit.com/products/170` (conteúdo em inglês), custando US$84,95 no momento em que este livro foi escrito.
- Kit SparkFun Inventor 4.0 da SparkFun, disponível em `www.sparkfun.com/products/14265` (conteúdo em inglês), custando US$99,95 no momento em que este livro foi escrito.

Você pode colocar em prática todos os exemplos básicos deste livro com qualquer kit da lista anterior, embora possa ocorrer uma pequena variação no número e no tipo de componentes. Veja um exemplo de kit Arduino na Figura 2-5. Às vezes, o mesmo componente pode assumir muitas formas diferentes, por isso, leia atentamente a lista de peças para se certificar de que consiga identificar cada um dos componentes antes de começar. Kits mais baratos estão disponíveis, mas é bem provável que eles não incluam alguns componentes, como motores ou sensores variados.

FIGURA 2-5: Um exemplo de um kit Arduino com um Arduino Uno e um bom leque de opções de componentes.

Preparando um Espaço para Trabalho

Ao trabalhar em um projeto Arduino, você pode ficar sentado tanto no sofá quanto na escada de sua casa. Já fiz isso antes! Agora, não é porque é possível trabalhar assim que isso seja prudente ou aconselhável. É bem melhor dispor de um espaço de trabalho antes de poder mergulhar de cabeça em seus experimentos, sobretudo quando você ainda é iniciante no Arduino.

Trabalhar com a eletrônica é um negócio complexo. Você está lidando com muitos componentes pequenos, delicados e sensíveis, então são necessários muito rigor e paciência ao montar seu circuito. Se você está em uma sala mal iluminada tentando equilibrar as coisas no colo, logo perceberá que seus componentes serão perdidos ou danificados.

É sempre bom facilitar a vida, e a melhor forma de fazer isso quando se está trabalhando com projetos Arduino é organizar um espaço para trabalho. O espaço de trabalho ideal tem as seguintes coisas:

- » Escrivaninha ou mesa grande organizada.
- » Uma boa luminária.
- » Cadeira confortável.
- » Xícara de chá ou café (altamente recomendado).

Depois de estar confortável, você está pronto para aprender como configurar o software Arduino. Esse software é um tipo de ambiente de desenvolvimento integrado (IDE), uma ferramenta comum no desenvolvimento de softwares que possibilita escrever, testar e fazer o upload de programas. As versões do software Arduino estão disponíveis para Windows, macOS, Linux e Arduino Web Editor.

Instalando o Arduino

Esta seção fala da instalação do ambiente Arduino na sua plataforma preferida. Estas instruções são específicas para instalação usando um Arduino Uno, mas também funcionam bem com as placas citadas anteriormente.

O download do Arduino é gratuito e está disponível em `www.arduino.cc/en/main/software` (conteúdo em inglês). É compatível com macOS, Windows 32 bits e 64 bits, Linux 32 bits e 64 bits e com ARM. À época em que este livro estava sendo escrito, a versão do Arduino era a 1.8.4. Para instalar o Arduino, faça o seguinte:

- » **Em um Mac:** O arquivo .zip é descompactado automaticamente, executando o arquivo do aplicativo Arduino, que pode ser arrastado para a pasta Aplicativos. A partir daí, você pode arrastar o Arduino para dock (a principal barra de apoio do MAC) a fim de facilitar o acesso ou criar um alias (nome do atalho no Mac, para o leitor que não conhece) na área de trabalho.
- » **No Windows:** Faça o download do arquivo do instalador e dê um clique duplo para instalar o arquivo em um diretório de sua escolha. Você também tem a opção de criar atalhos e instalar os drivers USB mais recentes.

- **No Linux:** Faça o download do arquivo compactado para sua versão do Linux e extraia o pacote. Abra a pasta Arduino (cujo nome inclui o número da versão, como arduino-1.8.4) criada pelo processo de extração e localize o arquivo install.sh. Clique com o botão direito do mouse e escolha Executar no Terminal no menu de contexto.

Explorando o Ambiente Arduino

Os programas escritos para o Arduino são conhecidos como *sketches*. Essa convenção de nomenclatura foi herdada do Processing, que permitia aos usuários criar programas rapidamente, da mesma forma que você esboçaria uma ideia em um caderno de rascunho.

Antes de analisar seu primeiro sketch, incentivo você a explorar o software Arduino. O software Arduino é um ambiente de desenvolvimento integrado, ou IDE, e esse ambiente é apresentado a você como uma interface gráfica de usuário, ou GUI (pronuncia-se "gu-í").

Uma *GUI* viabiliza uma maneira visual de interagir com um computador. Sem ela, você precisaria ler e escrever linhas de texto, semelhante ao que pode ter visto no prompt do DOS no Windows, no Terminal no macOS, e um pouco na cena do filme *Matrix,* quando o prompt de comando do Neo fala para ele seguir o coelho branco.

A janela turquesa é a GUI do Arduino. Ela está dividida nas quatro partes que seguem (rotuladas na Figura 2-6):

- **Barra de menus**: Semelhante à barra de menus em outros programas com os quais você está familiarizado, a barra de menus do Arduino tem menus suspensos para todas as ferramentas, configurações e informações relevantes para o programa. No macOS, a barra de menus está no topo da tela; no Windows e no Linux, está no topo da janela ativa do Arduino.

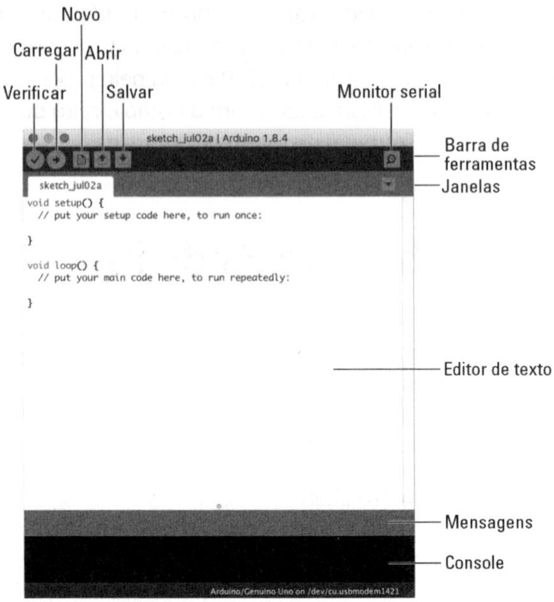

FIGURA 2-6: As áreas da GUI.

- **Barra de ferramentas:** A barra de ferramentas contém vários botões, normalmente necessários ao escrever sketches para o Arduino. Esses botões, que também estão disponíveis na barra de menus, executam as seguintes funções:
  - *Verificar:* Verifica se o seu código tem lógica para o software Arduino. Conhecido como *compilação*, este processo é como se fosse um verificador ortográfico gramatical. Entretanto, fique atento que, embora o compilador verifique se o seu código tem ou não erros evidentes, isso não garante que o seu sketch execute corretamente.
  - *Carregar:* Envia seu sketch para uma placa Arduino conectada. Ele compila automaticamente seu sketch antes de carregá-lo.
  - *Novo:* Cria um sketch.
  - *Abrir:* Abre um sketch existente.
  - *Salvar:* Salva o sketch atual.
  - *Monitor serial:* Permite visualizar dados que estão sendo enviados ou recebidos pela sua placa Arduino.

» **Editor de texto:** Esta área exibe seu sketch como texto. É praticamente idêntica a um editor de texto normal, mas apresenta alguns recursos adicionais. Caso o Arduino reconheça, determinados textos aparecem em cores. Você também tem a opção de formatar automaticamente o texto para facilitar a leitura.

» **Área de mensagens**: Mesmo depois de anos usando o Arduino, você ainda cometerá erros (todo mundo erra), e a área de mensagens é a primeira forma de descobrir que algo deu errado. (***Observação:*** A segunda é o cheiro de plástico queimado.)

Usando o Arduino Web Editor

O Arduino Web Editor é uma versão baseada em nuvem do IDE para download e uma ótima maneira de começar a aprender rapidamente.

Baseado *em nuvem* significa que o Web Editor é executado em seu navegador e salva seus arquivos de projeto em sua conta online, em vez de salvá-los em seu computador. Além dessas diferenças, o Web Editor apresenta todos os recursos principais do IDE para download, porém é mais flexível, trabalhando em diferentes plataformas sem a necessidade de instalar nenhum arquivo. Na Figura 2-7, você pode ver como o layout é diferente.

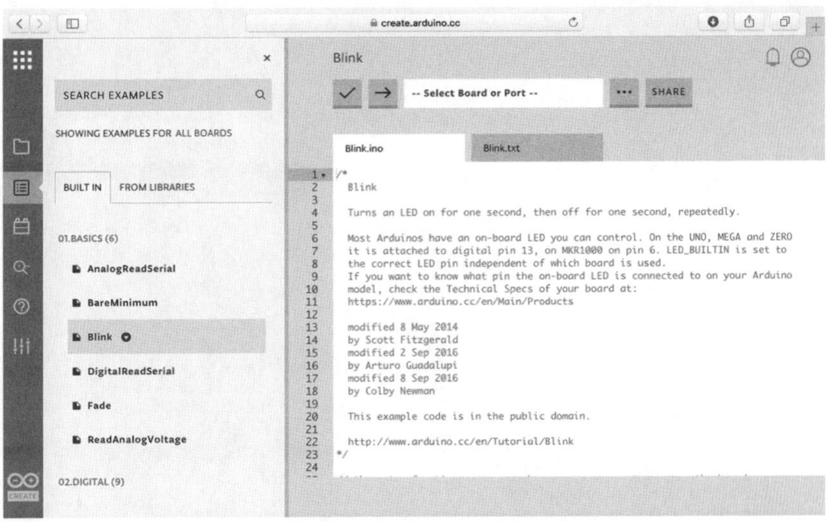

FIGURA 2-7: As áreas da GUI do Editor da Web.

NESTE CAPÍTULO

» **Reconhecendo sua placa**

» **Configurando o software**

» **Carregando o Blink**

» **Concluindo seu primeiro sketch Arduino**

Capítulo **3**

Piscando um LED

Prepare-se. Você está prestes a entrar no mundo real do Arduino! Você comprou uma placa, talvez um kit Arduino para iniciantes (possivelmente de um dos fornecedores que recomendei) e, agora, está pronto para pôr a mão na massa.

É sempre uma boa ideia ter um lugar limpo e adequado para trabalhar ou uma mesa para usar quando for mexer nas coisas. É normal derrubar ou perder alguns componentes minúsculos com os quais você trabalha; desse modo, faça questão de que seu espaço de trabalho esteja limpo, bem iluminado e tenha uma cadeira confortável.

Por natureza, a placa Arduino é um dispositivo destinado a executar tarefas práticas. Assim, o melhor modo de aprender sobre o Arduino é na prática: trabalhando com o dispositivo e *fazendo* alguma coisa. É exatamente a respeito disso que escrevo no decorrer do livro. Neste capítulo, mostrarei alguns passos simples para você fazer algo.

Eu também vou ensinar como fazer o upload do seu primeiro sketch no Arduino. Depois disso, você examinará como ele funciona e observará como alterá-lo de modo que ele faça o que você quer.

Trabalhando com o Seu Primeiro Sketch Arduino

Neste momento, à sua frente, deve ter um Arduino Uno, um cabo USB e um computador executando o sistema operacional de sua escolha (Windows, MacOS, Linux ou Web Editor). A próxima seção mostra o que você pode fazer com esse pequeno dispositivo.

Encontrando o Blink sketch

Para se ter certeza de que o software Arduino está falando com o hardware, você faz upload de um sketch. "Mas, afinal de contas, o que é um sketch?", você deve estar se perguntando. O Arduino foi projetado como um dispositivo que viabiliza que as pessoas criem protótipos rapidamente e testem ideias utilizando pedaços pequenos de códigos que representem essa ideia — como se você pudesse esboçar uma ideia no papel, logo, sketch (esboço). Por esse motivo, os programas escritos para o Arduino são denominados *sketches*, em inglês mesmo. Embora um dispositivo para prototipagem rápida tenha sido seu ponto de partida, os dispositivos Arduino estão sendo usados para operações cada vez mais complexas. À vista disso, não deduza que por causa do significado do nome sketch o Arduino seja um programa medíocre.

O sketch específico que você quer usar aqui é chamado de Blink. Trata-se do sketch mais básico que você pode escrever, uma espécie de "Hello, world!" para Arduino. Clique na janela do Arduino. Na barra de menu, escolha Arquivo ➪ Exemplos ➪ 01.Basics ➪ Blink (veja a Figura 3-1).

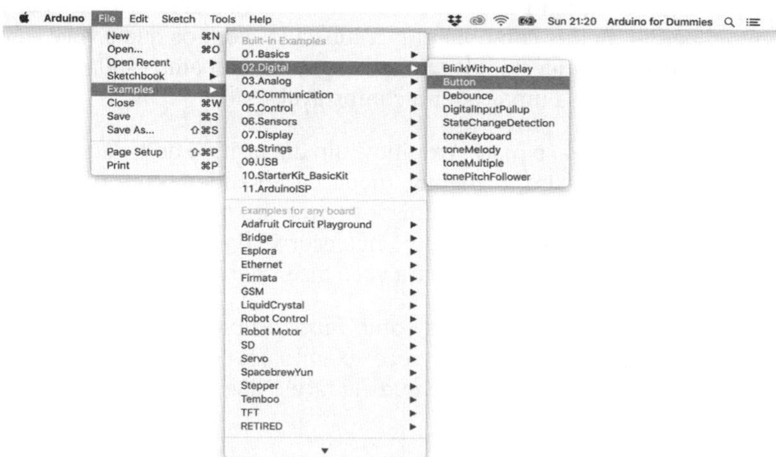

FIGURA 3-1: Ache o caminho para o sketch Blink.

Uma janela nova é aberta na frente do sketch em branco, semelhante à Figura 3-2.

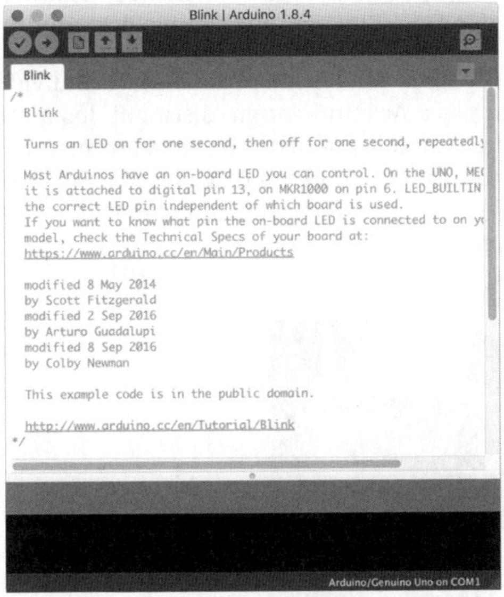

FIGURA 3-2: O sketch Blink do Arduino.

Reconhecendo sua placa

Antes de fazer o upload do sketch, você precisa conferir algumas coisas. Primeiro, deve confirmar qual placa você tem. Conforme mencionei no Capítulo 2, você pode escolher entre uma variedade de dispositivos Arduino e diversas opções de placa USB. A última geração de placas USB é a Uno R3. Caso tenha comprado seu dispositivo novo, é bem provável que você tenha esse tipo de placa. Para ter certeza, verifique a parte de trás da placa. É possível ver os detalhes sobre seu modelo, conforme mostrado na Figura 3-3.

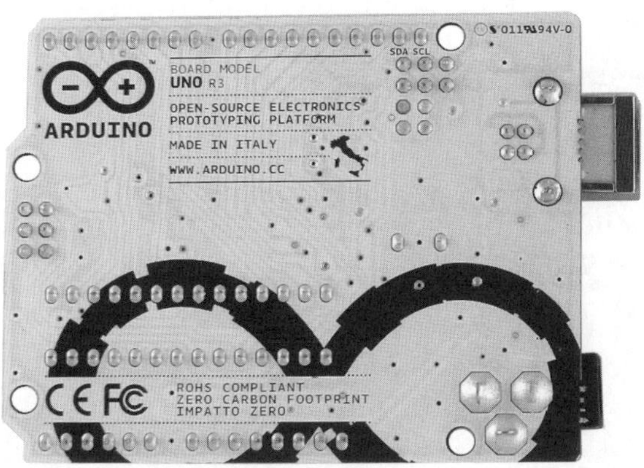

FIGURA 3-3: O verso do Arduino Uno.

Vale a pena também conferir o chip Atmel do Arduino. Conforme mencionei no Capítulo 2, o chip Atmel é o cérebro do Arduino e é semelhante ao processador do seu computador. Como o Uno e as placas anteriores lhe permitem substituir o chip, sempre há uma chance, especialmente com uma placa usada, de que ele tenha sido substituído por um diferente.

Embora o chip Atmel pareça diferente em uma placa individual, se você compará-lo com uma placa Arduino antiga, distingui-los à primeira vista é difícil. A característica importante distintiva está escrita na superfície do chip. Nesse caso, você está procurando por ATmega328P. A Figura 3-4 o mostra bem de perto. O chip tem *PU* no final do nome — nome mais específico para essa variante.

FIGURA 3-4: O chip do Arduino Uno.

Configurando o software

Depois de confirmar o tipo de placa que está utilizando, você deve passar essas informações ao software. A partir da barra de menu principal do Arduino (na parte superior da janela do Arduino no Windows e na parte superior da tela no macOS), selecione Ferramentas ➪ Placa. Você deve ver uma lista dos diferentes tipos de placas que são compatíveis com o software Arduino. Selecione sua placa na lista, conforme mostrado na Figura 3-5.

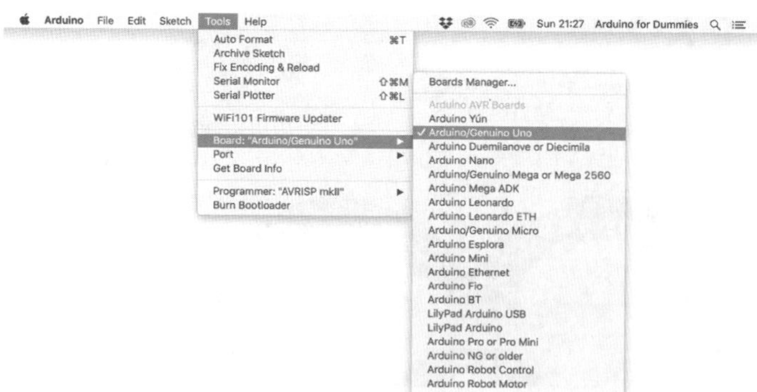

FIGURA 3-5: Selecione Arduino/Genuino Uno no menu Placa.

Em seguida, você precisa selecionar a porta serial. A *porta serial* é a conexão que permite que seu computador e o dispositivo Arduino se comuniquem. *Serial* descreve o modo como os dados são enviados, um bit de dados (0 ou 1) por vez. A *porta* é a interface física, neste caso, um cabo USB. Falo mais a respeito da comunicação serial no Capítulo 6.

Para definir a porta serial, selecione Ferramentas ➪ Porta. Uma lista de dispositivos conectados ao seu computador é exibida (veja a Figura 3-6). Tal lista compreende qualquer dispositivo que possa se comunicar, mas, por ora, o importante é você encontrar apenas o Arduino. Se você acabou de instalar o Arduino e o conectou, ele deve estar no topo da lista. Para usuários macOS, o Arduino é mostrado como /dev/tty.usbmodem-XXXXXX ou /dev/cu.modem-XXXXXX (em que *XXXXXX* é um número atribuído aleatoriamente). No Windows, o mesmo se aplica, mas as portas seriais são denominadas COM1, COM2, COM3 e assim por diante. Via de regra, o número maior é o dispositivo mais recente.

FIGURA 3-6: Uma lista de conexões seriais disponíveis para o software Arduino.

Depois de encontrar sua porta serial, selecione-a. Ela deve aparecer no canto inferior direito da interface gráfica do usuário (GUI) do Arduino, junto com a placa selecionada (veja a Figura 3-7).

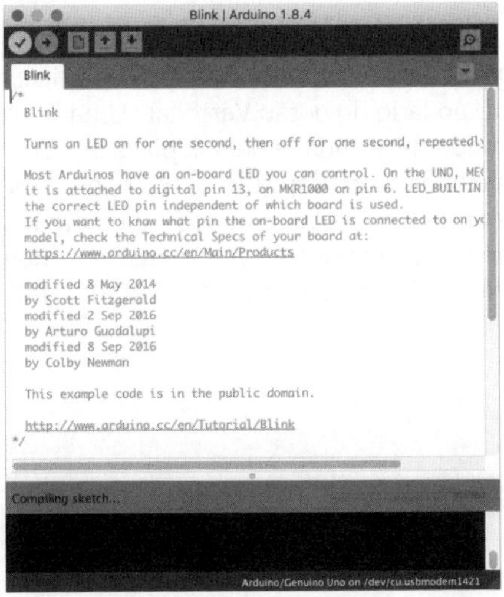

FIGURA 3-7: A GUI da placa do Arduino e a porta.

Fazendo o upload do sketch

Agora que você disse ao software Arduino que tipo de placa está se comunicando e qual conexão de porta serial está usando, você pode carregar o sketch Blink que encontrou anteriormente neste capítulo.

Primeiro, clique no botão Verificar (o V, de verificação). O Verificar confere o código para ter certeza de que faz sentido, ou seja, que a sintaxe está escrita de uma forma que o Arduino consiga entender (veja o Capítulo 2). No entanto, esse processo não significa necessariamente que seu código fará o que você está esperando.

Você deve ver uma barra de progresso e a mensagem *Compilando Sketch* (veja a Figura 3-8) por alguns segundos, seguida pela mensagem *Compilação terminada*, depois que o processo terminar.

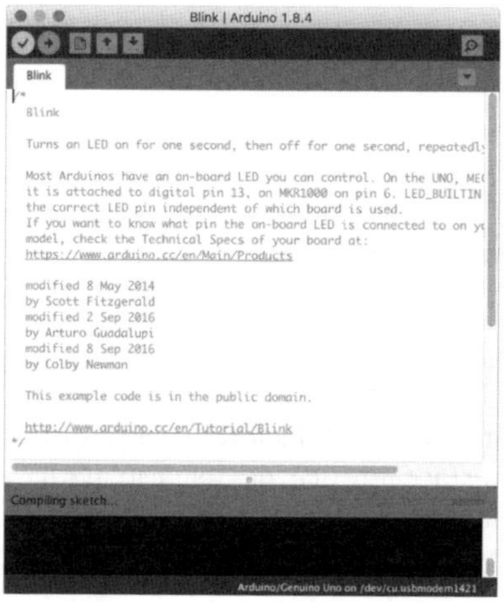

FIGURA 3-8: A barra de progresso mostra que o sketch está compilando.

Caso o sketch seja compilado com sucesso, você poderá clicar no botão Carregar (seta para a direita) ao lado do botão Verificar. Uma barra de progresso aparece, e você vê uma onda de atividade na sua placa a partir dos dois LEDs marcados RX e TX (mencionados no Capítulo 2). Eles, por sua vez, mostram que o Arduino está enviando e recebendo dados. Após alguns segundos, os LEDs RX e TX param de piscar e aparece uma mensagem *Compilação terminada* na parte inferior da janela do Arduino (veja a Figura 3-9).

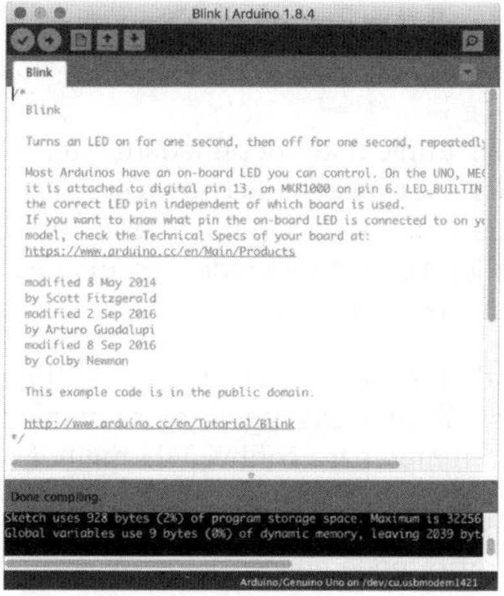

FIGURA 3-9: O software Arduino carregou com sucesso um sketch.

Você não merece palmas, mas o Tocantins inteiro!

Você deve ver um LED com o L marcado piscando com toda certeza: ligado por alguns segundos e, em seguida, desligado. Se for esse o caso, merece uma salva de palmas. Você acabou de fazer o seu primeiro upload de um pedaço de código Arduino e entrar para o mundo da computação física!

Se não vir o L piscando, volte às etapas das seções anteriores. Certifique-se de ter instalado o Arduino corretamente e, em seguida, tente mais uma vez. Caso ainda não esteja vendo o L piscando, confira a excelente página de solução de problemas no site oficial do Arduino em`arduino.cc/en/guide/troubleshooting` (conteúdo em inglês).

O que acabou de acontecer?

Sem sequer uma gota de esforço, você acabou de carregar seu primeiro sketch no Arduino. Parabéns!

Só para recapitular, você já:

- » Conectou sua placa Arduino ao seu computador.
- » Abriu o software Arduino.
- » Configurou a placa e a porta serial.
- » Abriu o sketch Blink da pasta Exemplos e o carregou para a placa.

Na próxima seção, explicarei o passo a passo das muitas partes do sketch que você acabou de carregar.

Analisando o Sketch Mais de Perto

Nesta seção, mostro o sketch Blink mais detalhadamente, a fim de que você possa observar o que, de fato, está acontecendo. Quando o software do Arduino lê um sketch, ele passa de modo rápido de linha em linha, ordenadamente. Assim, o melhor jeito de compreender o código é lidar com ele do mesmo modo, porém, mais devagar.

O Arduino usa a linguagem de programação C, uma das linguagens mais utilizadas de todos os tempos. É uma linguagem extremamente robusta e versátil, todavia, é necessário tempo para conhecê-la melhor.

Caso tenha acompanhado a seção anterior, você deve estar com o sketch Blink na sua tela. Caso contrário, pode encontrá-lo em Arquivo ⇨ Exemplos ⇨ 01.Basics ⇨ Blink (veja a Figura 3-1).

Quando o sketch é aberto, você deve ver algo como[1]:

```
/*
  Blink
  Acende um LED por um segundo, depois desliga por um segundo,
repetidamente.

  A maioria das placas Arduino tem um LED integrado que você pode
controlar. No Arduino ONU, MEGA e ZERO, ele
  está conectado ao pino digital 13, na MKR1000 ao pino 6. LED_BUILTIN
é
  definido como
  o pino de LED correto independente de qual placa é usada.
  Se quiser saber em que pino o LED integrado está conectado na
  sua placa Modelo Arduino, confira
  as especificações técnicas da sua placa em
  https://www.arduino.cc/en/Main/Products (conteúdo em inglês)

  Este código de exemplo está em domínio público.

  modificado em 8 de maio de 2014
  por Scott Fitzgerald

  modificado em 2 de setembro de 2016
  por Arturo Guadalupi

  modificado em 8 de setembro de 2016
```

1 No sketch, todos os comentários dos códigos estão em inglês, mas os traduzimos para uma melhor compreensão do leitor.

```
  por Colby Newman
*/

// a função setup é executada uma vez quando você pressiona reset ou
liga
  a placa
void setup() {
  // inicializa o pino digital LED_BUILTIN como uma saída.
  pinMode(LED_BUILTIN, OUTPUT);
}

// a função loop é rodada repetidas vezes, infinitamente
void loop() {
  digitalWrite(LED_BUILTIN, HIGH);   // liga o LED (HIGH é o nível
                                        da tensão)
  delay(1000);                       // espera um segundo
  digitalWrite(LED_BUILTIN, LOW);   // desliga o LED ao tornar
                                        a tensão LOW
  delay(1000);                      // espera um segundo
}
```

O sketch é composto por linhas de código. Ao olhar para o código como um todo, você consegue identificar três seções distintas:

» Comentários

» `void loop`

» `void setup`

Continue lendo para mais detalhes a respeito de cada uma dessas seções.

Comentários

Veja o que você vê na primeira seção do código:

```
/*
  Blink
  Acende um LED por um segundo, depois desliga por um segundo,
repetidamente.

  A maioria das placas Arduino tem um LED integrado que você pode
controlar. No Arduino ONU, MEGA e ZERO
  ele está conectado ao pino digital 13, na MKR1000 no pino 6.
  LED_BUILTIN é definido como o pino de LED correto independente
  de qual placa é usada.
```

```
  Se você quiser saber em que pino o LED integrado está conectado na
  sua placa Modelo Arduino, confira as especificações técnicas da sua
  placa em https://www.arduino.cc/en/Main/Products

  Este código de exemplo está em domínio público.

  modificado em 8 de maio de 2014
  por Scott Fitzgerald

  modificado em 2 de setembro de 2016
  por Arturo Guadalupi

  modificado em 8 de setembro de 2016
  por Colby Newman
*/
```

Comentário multilinha

Repare que as linhas de código estão dentro dos símbolos`/*` e `*/`. Esses símbolos marcam o começo e o fim de uma *multilinha* ou um *bloco de comentário*. Os comentários são escritos em linguagem simples e, como o nome sugere, fornecem uma explicação ou comentário sobre o código. O software ignora os comentários quando o sketch é compilado e carregado. Consequentemente, os comentários podem apresentar informações úteis a respeito do código sem interferir em sua execução.

Nesse exemplo, o comentário simplesmente informa o nome do sketch, o que ele faz e disponibiliza uma observação explicando que esse código de exemplo está em domínio público. Via de regra, os comentários incluem outros detalhes, como o nome do autor ou editor, a data em que o código foi escrito ou editado, uma descrição breve do que o código faz, um URL do projeto e, às vezes, as informações de contato do autor.

Comentário de linha única

Mais abaixo do sketch, dentro das funções `setup` e `loop`, o texto na tela aparece com o mesmo tom de cinza que os comentários acima. Este texto também é um comentário. Os símbolos `//` representam um comentário de linha única, ao contrário de um comentário multilinha. Qualquer código escrito após essas barras será ignorado para essa linha. Nesse caso, o comentário está descrevendo o código que vem depois dele:

```
// a função setup é executada uma vez quando você pressiona reset ou
liga a placa
```

Funções

As próximas duas seções falam a respeito das funções e começam com a palavra `void`: `void setup` e `void loop`. Uma *função* é um código que executa uma tarefa específica e essa tarefa é geralmente repetitiva. Em vez de escrever o mesmo código repetidas vezes, você pode usar uma função a fim de informar ao código para executar a tarefa novamente.

Pense no processo geral que você segue para montar os móveis da Tok&S-tok. Caso escrevesse essas instruções gerais em código usando uma função, elas seriam parecidas mais ou menos com isso:

```
void buildFlatpackFurniture() {
        compra um armário multiuso;
        abre a embalagem;
        lê as instruções;
        monta todas as peças;
        admira todo o trabalho manual;
        começa tudo novamente
}
```

Da próxima vez que você quiser usar essas mesmas instruções, em vez de escrever as etapas individuais, basta chamar a função `buildFlatpack Furniture()`.

DICA

Embora não seja obrigatória, a convenção de nomenclatura do Case Camel existe para nomes de funções e variáveis que contêm várias palavras. (Se a convenção fosse um nome de função, seria escrito como CamelCase ou camelCase.) Dado que esses nomes não podem ter espaços, você precisa de uma maneira para distinguir onde todas as palavras começam e terminam; do contrário, levará muito mais tempo para identificá-las. A convenção é escrever a primeira letra de cada palavra em maiúsculo após a primeira. Essa convenção melhora muitíssimo a legibilidade do seu código, por isso, recomendo que você siga essa regra em todos os seus sketches para o seu próprio bem e para a conveniência de quem está lendo o seu código!

A palavra `void` é utilizada para uma função que não retorna nenhum valor, e a palavra que segue é o nome dessa função. Em algumas circunstâncias, você pode inserir um ou mais valores em uma função, ou esperar que um ou mais valores sejam retornados, da mesma forma que você pode inserir números em um cálculo e esperar que retorne o valor total.

LEMBRE-SE

Você deve incluir `void setup` e `void loop` em todos os sketches do Arduino; eles são os requisitos mínimos necessários para se fazer o upload. Mas também é possível escrever suas próprias funções personalizadas para a tarefa que você precisa realizar. Por enquanto, lembre-se de que você tem que incluir `setup void` e `void loop` em todos os sketches do Arduino que cria. Sem essas funções, o sketch não será compilado.

A função setup

A função setup é a primeira função que um programa do Arduino lê, e ela é executada apenas uma vez. Sua finalidade, conforme o nome sugere, é configurar o dispositivo Arduino, atribuindo valores e propriedades à placa que não mudam durante sua operação. No sketch Blink, a função `setup` se parece com isso:

```
// a função setup é executada uma vez quando você pressiona reset ou
liga a placa
void setup() {
  // inicialize o pino digital LED_BUILTIN como uma saída.
  pinMode(LED_BUILTIN, OUTPUT);
}
```

DICA

Observe na sua tela que a cor da palavra `void` é turquesa e a da palavra `setup` é verde. Essas cores indicam que o software Arduino reconhece essas palavras como *funções core*, ao contrário de uma função que você escreveu. Se mudar a capitalização das palavras para `Void Setup`, elas ficam pretas, o que ilustra que o código do Arduino é do tipo *case sensitive* (quando a linguagem de programação diferencia letras maiúsculas e minúsculas). É essencial lembrar-se de usar maiúsculas e minúsculas corretamente, sobretudo quando é tarde da noite e, aparentemente, o código não funciona.

Os conteúdos da função `setup` ficam dentro das chaves, `{` e `}`. Cada função precisa de um conjunto correspondente de chaves. Agora, caso você tenha muitas chaves, o código não será compilado e será exibida uma mensagem de erro, como a da Figura 3-10.

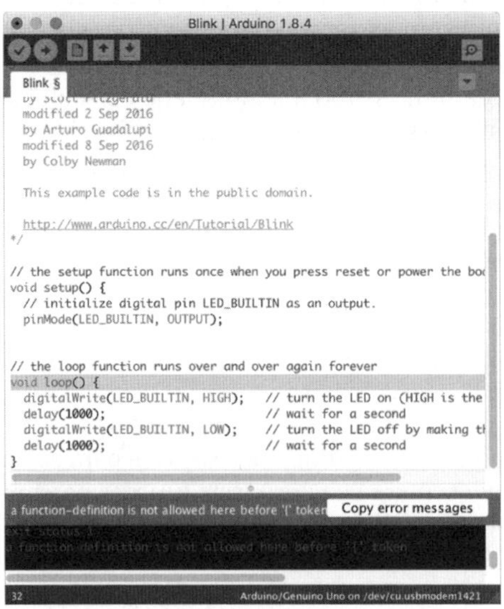

FIGURA 3-10: O software Arduino está dizendo que está faltando uma chave.

PinMode

A função pinMode configura um pino especificado para entrada (input — receber os dados) ou saída (output — enviar os dados). A função inclui dois parâmetros:

» pin: O número do pino cujo modo você quer definir.

» mode: INPUT ou OUTPUT.

No sketch Blink, após o comentário de linha única, você vê esta linha de código:

```
pinMode (LED_BUILTIN, OUTPUT);
```

A palavra pinMode está na cor laranja. Conforme mencionado anteriormente neste capítulo, o texto destacado indica que o Arduino reconhece a palavra como uma função core. LED_BUILTIN e OUTPUT estão na cor azul para que possam ser identificadas como *variáveis predefinidas*, valores que o ambiente de desenvolvimento integrado (IDE) do Arduino reconhece. Neste caso, LED_BUILTIN informa a função que você quer controlar no led integrado da placa Arduino (marcado como *L*) e OUTPUT define o modo desse pino. Entro em mais detalhes a respeito das variáveis no Capítulo 6.

Isso é tudo o que você precisa sobre a função setup. Em seguida, a seção de loop.

Loop

A próxima seção que você vê no sketch Blink é a função loop, com a palavra void na cor turquesa e a palavra loop em verde, o que significa que o software Arduino a reconhece como uma função core. A loop é uma função, mas, em vez de rodar uma vez, ela é executada indefinidamente até que você pressione o botão reset na placa do Arduino ou desligue o fornecimento de energia da placa. Veja abaixo o código da função loop:

```
void loop() {
  digitalWrite(LED_BUILTIN, HIGH);   // liga o LED (HIGH é o nível
                                        da tensão)
  delay(1000);                        // espera um segundo
  digitalWrite(LED_BUILTIN, LOW);    // desliga o LED ao tornar
                                         a tensão LOW
  delay(1000);                        // espera um segundo
}
```

DigitalWrite

Dentro da função loop, você vê novamente as chaves e duas funções na cor laranja: digitalWrite e delay.

Primeiro é digitalWrite:

```
digitalWrite(LED_BUILTIN,HIGH);    // liga o LED (HIGH é o nível
                                      da tensão)
```

O comentário diz liga o LED, mas o que exatamente isso quer dizer? A função digitalWrite envia um valor digital para um pino. Como mencionado no Capítulo 2, os pinos digitais têm apenas dois estados: ligado ou desligado. Na terminologia elétrica, pode-se denominá-los como um valor HIGH ou LOW, que é relativo à tensão da placa.

Um Arduino Uno precisa de 5V para rodar, fornecidos por uma fonte de alimentação USB ou externa (conforme mencionado no Capítulo 2). Essa tensão é interpretada pelo Arduino. Um valor HIGH é igual a 5V e LOW é igual a 0V.

A função digitalWrite inclui dois parâmetros:

- » pin: O número do pino cujo modo você quer configurar.
- » value: HIGH ou LOW.

Portanto, a digitalWrite (LED_BUILTIN, HIGH); ao pé da letra seria "enviar 5V para o LED integrado no Arduino", que é uma tensão suficiente para ligar o LED.

Delay

No meio do código do loop, você vê esta linha:

```
delay(1000);                        // espera um segundo
```

Essa função faz exatamente o que diz: ela interrompe o programa, nesse caso, por um espaço de tempo de milissegundos. Nesse cenário, o valor é 1.000 milissegundos, igual a um segundo. Durante esse tempo, nada acontece. Seu Arduino está relaxando, esperando o delay finalizar.

A próxima linha do sketch fornece outra função digitalWrite ao mesmo pino, mas, desta vez, escrevendo em valor LOW:

```
digitalWrite(LED_BUILTIN, LOW);     // desliga o LED ao tornara tensão
                                       LOW
```

Essa função diz ao Arduino para enviar 0V (terra) para o LED integrado, o que desliga o LED. Essa linha de código é seguida por outro delay que pausa o programa por um segundo:

```
delay(1000);                    // espera um segundo
```

Nesse ponto, o programa retorna ao início do loop e se repete, interminavelmente.

Dessa maneira, o loop está fazendo isto:

» Enviando 5v para o LED.

» Aguardando um segundo.

» Enviando 0v para o LED.

» Aguardando um segundo.

Conforme você pode ver, isso lhe mostra uma piscadinha, ou seja, um Blink!

Um Blink Mais Brilhante

Na verdade, o LED marcado com L está conectado logo antes de atingir o pino 13. Nas placas anteriores, era necessário fornecer o próprio LED. Entretanto, como o LED se mostrou tão útil para a depuração e sinalização, agora temos um permanentemente para ajudar você.

Para este próximo pedaço, você precisa de um LED solto do seu kit. Os LEDs vêm em uma diversidade de formatos, cores e tamanhos e devem ser parecidos com o da Figura 3-11.

FIGURA 3-11: Um LED solitário, pronto para funcionar.

Dê uma conferida no seu LED e observe que uma perna é mais longa que a outra. Coloque a perna longa (ânodo ou +) do LED no pino 13 e a perna curta (cátodo ou negativo) no GND (terra). Veja a Figura 3-12. Você vê a mesma piscada (blink), mas ela é (assim espero) maior e mais brilhante, dependendo do LED que você usa.

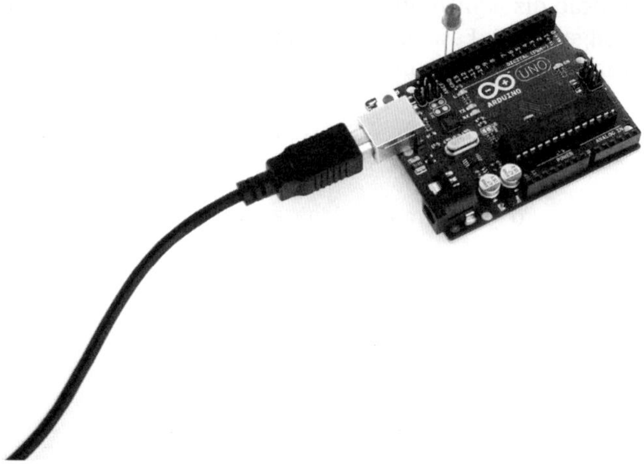

FIGURA 3-12: Pino 13 do LED do Arduino.

Como mencionado anteriormente, a variável `LED_BUILTIN` é uma variável predefinida que se refere ao LED integrado. Como o LED é controlado pelo pino 13 no seu Arduino, é possível controlar um componente diferente ao conectá-lo ao pino 13. A tensão fornecida por todos os outros pinos pode ser muito alta para a maioria dos LEDs. Felizmente, outra funcionalidade do pino 13 é seu resistor embutido de pull-down. Esse resistor mantém seu LED em uma tensão conveniente e garante que ele tenha uma vida longa e feliz.

Ajustando o Sketch

Analisei esse sketch detalhadamente, e espero que tudo esteja fazendo sentido. Aliás, o melhor jeito de entender o que está acontecendo é testando! Tente alterar os tempos de delay para ver quais resultados consegue. A seguir, veja algumas coisas que você pode tentar:

- Faça o LED piscar o sinal SOS.
- Observe com que rapidez você consegue fazer o LED piscar antes que ele pareça estar ligado o tempo todo.

Enquanto estiver testando, recomenda-se salvar seu sketch com um nome diferente. Se o nome for descritivo, como sosLED, você poderá encontrar seu projeto mais facilmente. Além do mais, sempre que fizer uma alteração no seu código, lembre-se de repetir as etapas deste capítulo para verificar o código e enviá-lo para o seu Arduino.

2
Pegando o Jeito com o Arduino

NESTA PARTE...

Saiba mais sobre as ferramentas de prototipagem necessárias para criar seus projetos.

Mergulhe um pouco em teoria eletrônica.

Descubra coisas novas e interessantes que seu Arduino pode fazer construindo alguns exemplos básicos.

NESTE CAPÍTULO

» **Apresentando a breadboard, uma tela em branco para circuitos**

» **Montando um kit de ferramentas**

» **Tornando-se um Sherlock Holmes da eletrônica com um multímetro**

Capítulo 4

Ferramentas do Ofício

No Capítulo 3, abordo um dos usos mais básicos do Arduino: um LED piscando e esmaecendo. Tal uso requer somente uma placa Arduino e algumas linhas de código. Embora um LED piscando seja divertido, é possível usar um Arduino para um número quase interminável de outras coisas — fazer instalações interativas, controlar seus eletrodomésticos e conversar com a internet, só para citar alguns.

Neste capítulo, você começará a diversificar, ganhando determinados conhecimentos da prototipagem e de como usar algumas ferramentas básicas de prototipagem para ir mais além com seu Arduino. Essas ferramentas possibilitam criar circuitos temporários para brincar com componentes novos, testar circuitos e construir protótipos simples. Neste capítulo, você descobrirá todos os equipamentos e técnicas necessárias para construir seus próprios circuitos e prototipar suas ideias.

Encontrando as Ferramentas Adequadas para o Trabalho

A prototipagem tem a ver com a exploração de ideias, fato que faz parte da essência do que o Arduino é. Ainda que a teoria seja importante, não raro, você aprende melhor e mais rápido colocando a mão da massa e testando as coisas.

Esta seção apresenta algumas ferramentas e componentes de prototipagem que podem ser usadas para começar a construir circuitos. Desse modo, você pode utilizar esses circuitos a fim de estabelecer a base para seus próprios projetos.

Existe um número imenso de ferramentas à sua disposição para ajudá-lo a testar as coisas. Esta seção apresenta uma lista pequena daquelas que recomendamos. As breadboards e os fios de jumper estão incluídos na maioria dos kits e são fundamentais na construção de circuitos para o seu projeto Arduino. Alicates de bico fino ou meia cana não são essenciais, mas são altamente recomendados.

Breadboard

As *breadboards* (ou matrizes de contato) são partes fundamentais do seu kit de prototipagem. Elas são a base sobre a qual você consegue prototipar seus circuitos. Permitem que você use componentes temporariamente, em vez de colocá-los em um circuito e soldá-los no lugar. (Abordo a soldagem no Capítulo 9.)

O nome das breadboards origina-se de uma prática utilizada no início de 1900. Naquela época, os componentes eram muito maiores, e as pessoas faziam protótipos de circuitos fixando-os em uma verdadeira breadboard — isto é, uma tábua de cortar pão. Os componentes eram unidos por fios enrolados em volta de pregos que, por sua vez, entravam em contato com os componentes. Ao desenrolar o fio de um prego e o enrolar em outro, você podia mudar rapidamente o circuito.

As breadboards modernas são muito mais sofisticadas. O exterior consiste em uma caixa de plástico com colunas de barramentos verticais e horizontais com furos ou pontos, abaixo dos quais estão os barramentos metálicos ou de cobre. Esses barramentos lhe permitem conectar componentes eletricamente de forma rápida e fácil.

As breadboards vêm em diferentes formas e tamanhos e muitas têm conectores para viabilizar que você os organize do modo que precisa.

A Figura 4-1 mostra uma breadboard razoavelmente padrão. Se você removesse o revestimento de plástico de cor creme, perceberia que dois barramentos de cobre paralelos percorrem cada um dos lados compridos da placa. Geralmente, esses barramentos de cobre são usados para fornecer uma fonte de energia (PWR) e um terra (GND) e, às vezes, são marcados com um símbolo positivo (+) ou negativo (-), uma linha vermelha e preta ou vermelha e azul. Vermelho é sempre positivo (+) e preto ou azul é negativo (-).

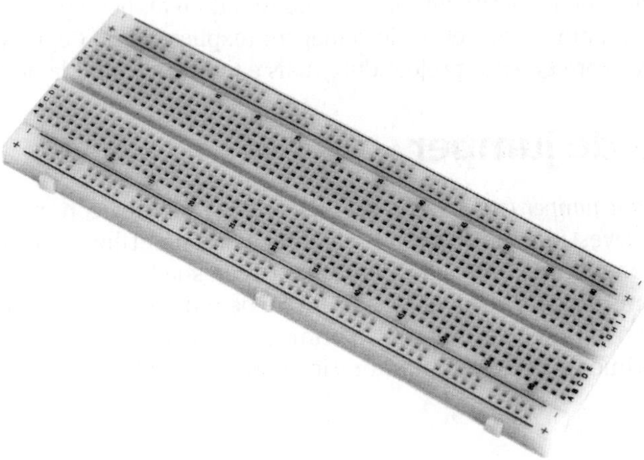

FIGURA 4-1: Uma breadboard.

Basicamente, um *barramento de alimentação* ou um *barramento de aterramento* é uma fonte de tensão ou de referência. Na maior parte dos casos, os circuitos precisam da energia e do terra para uma variedade de funções diferentes, e uma fonte geralmente não é suficiente. Quando há um monte de fios que precisam chegar ao mesmo lugar, você usa um barramento. A partir dele, os fios de jumper podem fornecer o que for necessário.

DICA

Embora essas faixas estejam marcadas, você pode usá-las para qualquer coisa. No entanto, adotar a convenção garante que outras pessoas possam compreender facilmente o seu circuito, então, aconselho que você siga as convenções.

No centro da breadboard existem muitos barramentos curtos que percorrem paralelamente a borda da placa, separados por um espaçamento central no meio. Você utiliza esse espaçamento intermediário para montar componentes e circuitos integrados, incluindo botões (discutidos no Capítulo 6) e acopladores ópticos (veja o capítulo bônus "Hackeando Outros Hardwares" em `www.altabooks.com.br`). O espaçamento facilita a disposição do circuito e também disponibiliza um lugar para que os fios de jumper conectem seus componentes aos locais aos quais eles precisam chegar.

Quando coloca um fio de jumper ou um componente em um dos soquetes da breadboard, você deve perceber um bocado de atrito. Um dispositivo semelhante a uma pinça mantém o fio ou o componente no lugar. Ele proporciona aderência suficiente para manter as coisas no lugar para que um projeto funcione quando se trabalha em uma mesa, mas é flexível o bastante para que você possa removê-lo facilmente com os dedos.

Já vi pessoas grampeando placas breadboards dentro de caixas para seus projetos, mas tal prática não é nada aconselhável. Os componentes menores ou os fios soltos podem se desprender com facilidade, e seria uma dor de cabeça descobrir o porquê de algo não estar funcionando. Se você tem um projeto funcionando e quer materializá-lo no mundo real, pode pular este capítulo e ir direto para os conceitos de soldagem (explicados no Capítulo 9). A soldagem faz com que seu projeto dure mais e também é para lá de divertida!

Fios de jumper

Os *fios de jumper* (mostrados na Figura 4-2) são fios com pequenos conectores revestidos de material isolante. Você os utiliza para conectar seus componentes às linhas dos barramentos de sua breadboard, a outros componentes e à sua placa Arduino. Um fio de jumper não é diferente de outros fios em termos de material, contudo, ele geralmente é cortado em um comprimento menor, muito prático para as breadboards.

FIGURA 4-2: Uma seleção de fios de jumper.

Você consegue encontrar fios isolados em todos os lugares. Pode ser o cabo de alimentação grosso usado para conectar um eletrodoméstico ou pode ser um muito mais fino, como o fio usado para um fone de ouvido. O fio isolado é basicamente um fio condutor metálico encapado por um isolante que o protege da eletricidade e protege o sinal elétrico de qualquer interferência externa.

O fio que você usa com mais frequência neste livro (e o mais útil para seus projetos do Arduino) pode ser subcategorizado como *fio de material isolado.* Na maior parte dos casos, esse fio é usado em pequena escala para aplicações elétricas de baixa tensão.

O fio conector que você usa pode ser de dois tipos: de dois tipos: rígido e flexível. O *fio rígido* é um fio condutor composto de um fio só, assim como um cabide de roupa é uma peça única. O fio rígido é extremamente prático para acomodar sua forma, mas se rompe caso você o dobre demais. Logo, esse tipo de fio é eficiente para dispor os fios de sua breadboard ordenadamente, desde que não precise mudá-los muito de lugar.

O *fio flexível* pode ter o mesmo diâmetro que um fio rígido, porém é composto de muitos fios pequenos, em vez de apenas um fio. Os fios pequenos são entrelaçados, dando ao fio flexível maior força e resistência à dobragem do que um fio rígido. Esse design entrelaçado é a mesma técnica usada em pontes suspensas. Os fios flexíveis são apropriados, sobretudo, para conexões que mudam com frequência e duram mais.

Você mesmo pode cortar os fios de jumper, mas eles também vêm em pacotes práticos de cores e comprimentos variados. Cortar os fios sai consideravelmente mais barato porque você pode comprar um rolo grande de fio. Em contrapartida, caso queira uma diversidade de cores, você tem que comprar um rolo para cada cor, o que talvez seja um investimento muito grande para o seu primeiro circuito. Os pacotes permitem que você economize com os custos iniciais e oferecem a variedade de que precisa. Depois você pode comprar rolos maiores, tipo bobinas, quando precisar deles.

Além de tudo, ao levar em consideração cortar os próprios fios, lembre-se de que existem diferenças no acabamento dos fios de jumper caseiros. Os fios rígidos são praticamente os mesmos, quer você ou outra pessoa os corte, mas se deterioram rapidamente à medida que são dobrados. Já os fios flexíveis duram mais, só que, se não forem cortados de um carretel, você fica com alguns fios pequenos nas extremidades que podem facilmente se desgastar da mesma forma que o final de um pedaço de fio ou linha. Você tem que retorcê-los com as mãos muitas vezes, entrelaçando-os entre o dedo polegar e o indicador para que fiquem os mais retos e rígidos possíveis.

Os fios de jumper flexíveis que já vêm prontos geralmente são soldados juntos em um único ponto ou têm um pino de conexão soldado ao final dos filamentos. Esse design garante que a extremidade de conexão seja tão confiável quanto um fio rígido, ao mesmo tempo em que oferece a flexibilidade do fio flexível.

De preferência, você deve ter um pacote de fios já feitos guardados com você. Esses pacotes são a opção mais versátil e duradoura para o seu kit de prototipagem. Em algum momento, você vai querer ter uma variedade de fios de jumper, de modo que esteja preparado para qualquer situação ao construir um circuito.

Alicates de bico fino

Os alicates de bico reto e liso ou *alicates meia cana* mostrados na Figura 4-3 são a mesma coisa que os alicates comuns, porém têm um bico mais fino, ideal para pegar componentes minúsculos. A eletrônica pode até ser um treco complicado de entender, mas é extremamente fácil manipular as delicadas pernas dos componentes ao encaixá-las dentro de uma breadboard. Esses alicates especializados não são fundamentais, mas adicionam certa finesse à construção de circuitos.

FIGURA 4-3: Alicates de ponta fina são essenciais para trabalhos detalhados.

Multímetro

Um *multímetro* é um aparelho que mede volts, amperes e resistência. Ele pode informar-lhe os valores de diferentes componentes e o que se passa com as partes distintas do seu circuito. Em virtude de você não conseguir ver o que está acontecendo em um circuito ou componente, um multímetro é essencial para entender seu funcionamento interno. Sem ele, você fica à mercê de suposições, o que é péssimo quando se trata de eletrônica.

A Figura 4-4 mostra um bom multímetro digital de médio alcance. Assim como ele, a maioria dos multímetros inclui:

» **Um visor digital:** Este visor se parece com o do seu despertador digital e mostra os valores que você está lendo. Devido ao número limitado de dígitos, a casa decimal se move para acomodar um número maior ou menor. Um multímetro com uma função de autorange localiza o número automaticamente. Caso o multímetro não tenha essa funcionalidade, você deve alterar o modo de forma manual para o intervalo desejado.

FIGURA 4-4: Um bom multímetro digital pode evitar que você tenha muitos problemas em seu projeto.

- **Chave seletora de modo ou chave rotativa:** Esta chave seletora possibilita que você escolha entre as diferentes funções do multímetro. Essas funções podem ser a medição em volts, amperes e ohms, bem como a escala em cada uma delas, como centenas, milhares, dezenas de milhares, centenas de milhares e milhões de ohms.

  DICA

  Os melhores multímetros também incluem um teste de continuidade, que informa se as conexões estão, de fato, conectadas, emitindo um sinal sonoro. Ter um testador de continuidade me poupou de horas a fio de trabalho refazendo minhas etapas em projetos, então eu definitivamente recomendo investir em um multímetro de médio porte que tenha essa funcionalidade.

- **Um conjunto de cabos de medição com pontas de provas:** As pontas de provas são os implementos que você usa para testar partes do seu circuito. Multímetros vêm com duas pontas de prova tipo espeto que são projetadas para se encaixarem em lugares apertados e são mais úteis para fazer contato com pequenos componentes em placas de circuito. Você também pode encontrar pontas de provas com garras de jacaré no final, ou você pode simplesmente comprar garras de jacaré que você mesmo pode anexar. Essas garras são especialmente úteis para agarrar fios.
- **Um conjunto de bornes:** As pontas de provas podem ser reposicionadas em diferentes soquetes, chamados bornes, dependendo do uso. Neste caso, os bornes são rotulados como A, mA, COM e VΩHz. O borne marcado A é para medir grandes correntes em amperes (A), até 20A. Observe que a ponta de prova pode ler essa corrente por apenas 10 segundos. Esses limites são indicados em uma linha entre esse borne e o borne COM, que também indica que as duas pontas de prova devem ser colocadas em A (ponta de prova vermelha) e COM (ponta de prova preta). O borne mA (ponta de prova vermelha) é para correntes menores de que 500mA. O borne COM (ponta de prova preta) é curto para Common (na figura) e é um ponto de referência para suas medições. Na maioria dos casos, o COM é o terra do seu circuito e usa a ponta de prova preta. O borne marcado VΩHz (ponta de prova vermelha) é usado para medir a tensão (V ou volts), resistência (Ω ou ohms) e frequência (Hz ou hertz) entre este borne e o borne COM (ponta de prova preta).

Usando um Multímetro para Medir Tensão, Corrente e Resistência

Todos os arduinistas devem conhecer algumas técnicas básicas para checar seus circuitos. Volts, amperes e corrente podem ser calculados com antecedência (como você aprenderá no Capítulo 5), mas, no mundo real, muitos outros fatores que não se consegue explicar podem vir à tona. Se você tem um componente quebrado ou uma conexão defeituosa, pode perder horas adivinhando o que poderia estar errado, então um multímetro se torna essencial para resolver problemas em seu circuito. Nesta seção, você aprenderá sobre a medição de tensão, corrente, resistência e a verificar a continuidade de suas conexões.

Medindo a tensão em um circuito

Medir a tensão é fundamental, quer você esteja verificando a tensão de uma bateria ou a tensão que passa por um componente. Se as coisas não estão acesas ou fazendo um barulho tipo um zumbido, uma conexão pode estar perdida ou você pode ter enviado muita energia e queimado o que estava tentando energizar. Quando algo não está funcionando, é hora de verificar a tensão em seu circuito e ter certeza de que ela está certa.

Primeiro, é preciso conferir se as pontas de prova do seu multímetro estão nos bornes corretos. Use a ponta de prova vermelha no borne marcado com V, para volts, e use a ponta de prova preta no borne marcado COM, para terra. Em seguida, ajuste o multímetro para volts usando a chave seletora no centro dele.

Alguns multímetros, como o da Figura 4-4, têm um botão para alternar entre CC e CA. Em outros multímetros, uma tensão CC é representada por um V seguido de uma onda digital quadrada, ao contrário de uma tensão CA, que é indicada por uma onda analógica suave.

PAPO DE ESPECIALISTA

A tensão é medida em paralelo. Para medir em paralelo, você deve intercalar a parte do circuito que deseja medir sem interferir nela. A Figura 4-5 mostra como fazer isso. A ponta de prova positiva deve estar sempre do lado positivo do componente, e a negativa, do outro lado. Colocar as pontas de provas de um jeito errado não causará nenhum dano ao seu circuito, mas lhe dará uma leitura negativa em vez de uma positiva.

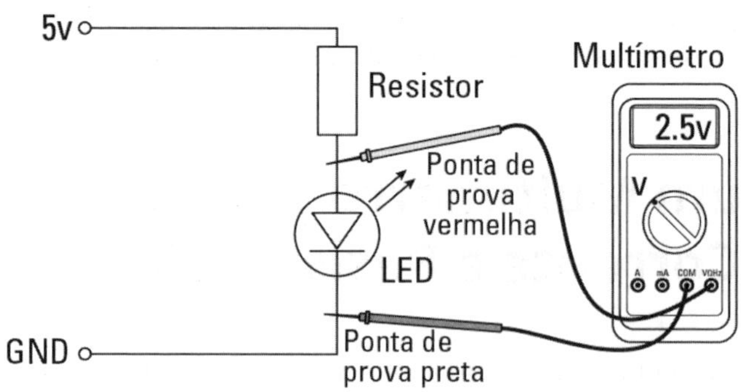

FIGURA 4-5: Um multímetro é usado em paralelo para encontrar a tensão.

Uma boa maneira de testar seu multímetro é medir a tensão entre o pino de 5V e o GND no seu Arduino. Garanta que o seu Arduino esteja conectado e conecte um fio de jumper em cada pino para facilitar o acesso às suas pontas de prova. Coloque a ponta de prova de tensão vermelha no fio de 5V e a ponta de prova preta no fio GND. Isso deve retornar um valor de 5V no visor do multímetro e provar que o seu Arduino está fornecendo 5 volts, conforme o esperado.

Medindo a corrente em um circuito

Você pode ter a tensão correta, mas pode não haver corrente suficiente para alimentar a luz ou o motor que você está dinamizando. O melhor modo de descobrir isso é verificar o circuito para ver quanto de corrente está sendo extraído e compará-la com a fonte de alimentação que você está usando.

Confira se as suas pontas de prova estão conectadas aos bornes corretos do multímetro. Alguns medidores têm dois bornes possíveis, um para correntes muito altas medidas em amperes (ou A) e outro para correntes baixas medidas em miliamperes (mA). A maioria dos circuitos básicos do Arduino requer somente uma leitura em miliamperes, mas circuitos com luzes maiores, motores ou outros dispositivos exigem uma leitura em amperes. Em seguida, gire a chave seletora em seu medidor para selecionar o nível correto de amperes, A ou mA, ou até µA (microamperes).

A corrente é medida em série, o que implica que o multímetro deve estar no lugar conforme os outros componentes do circuito, de modo que a corrente flua pelo multímetro como se fosse outro componente. A Figura 4-6 mostra na prática esta medição em série.

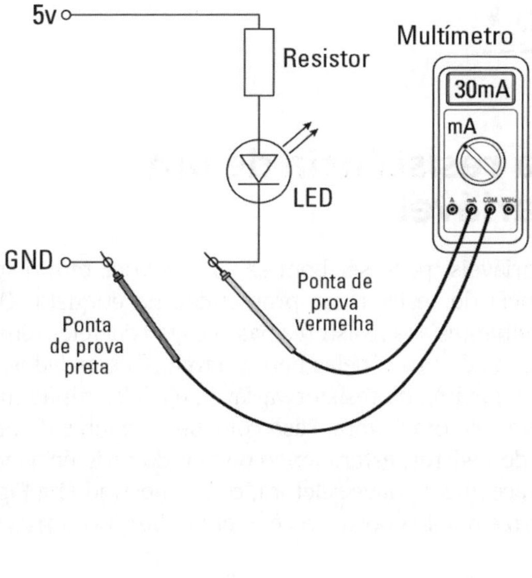

FIGURA 4-6: Um multímetro é usado em série para encontrar a corrente.

Ao utilizar os pinos 5V e GND no seu Arduino, você pode usar os fios de jumper para construir o circuito na Figura 4-6. Ao usar o seu multímetro para conectar o LED e o GND, poderá ler a corrente no circuito. Você aprenderá como construir circuitos semelhantes ao da Figura 4-6 no Capítulo 6.

PAPO DE ESPECIALISTA

Caso esteja fazendo a saída piscar ou apagar, sua corrente mudará; logo, é possível configurá-la de modo a estar sempre ligada para se ter certeza da corrente contínua máxima.

Medindo a resistência de um resistor

Às vezes, pode ser difícil ler o valor de um resistor, e é necessário, ou apenas um pouco mais fácil, comprová-lo com um multímetro. Limite-se a ajustar o multímetro para ohms, ou Ω, e coloque uma ponta de prova em cada perna do resistor, como mostrado na Figura 4-7.

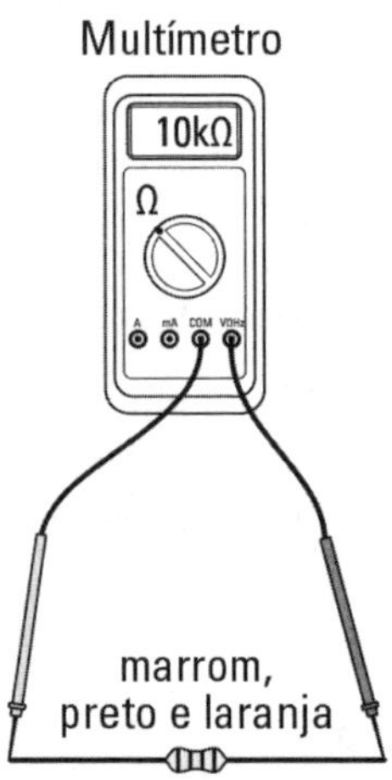

FIGURA 4-7: Encontrando a resistência de um resistor.

Medindo a resistência de um resistor variável

Com resistores variáveis, pode ser bom saber que você tem disponibilidade total da abrangência de resistências prometidas na etiqueta. Os resistores variáveis são semelhantes aos resistores passivos, só que eles têm três pernas Se conectar as pontas de prova pelas pernas em ambos os lados, você estará lendo a resistência máxima do resistor variável, e a leitura não muda quando você ajusta a chave seletora. Agora, caso coloque as pontas de prova entre o centro e um lado do resistor, estará lendo o valor da resistência variável, que muda conforme você gira a chave seletora, como mostrado na Figura 4-8. Se muda para o centro e o lado oposto, você altera a direção da chave seletora.

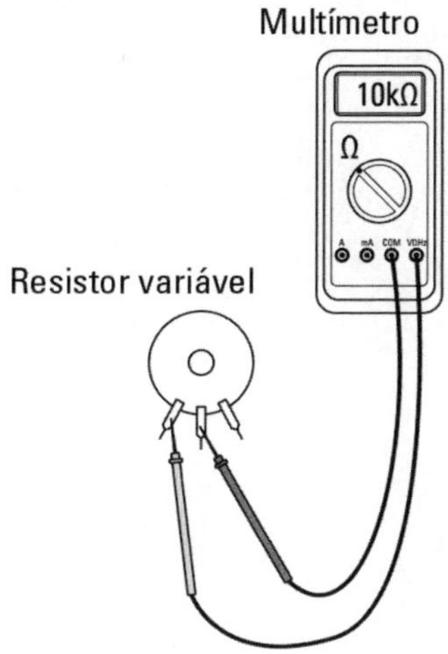

FIGURA 4-8: Encontrando a resistência de um resistor variável.

Verificando a continuidade (em bipes) do seu circuito

Na hipótese de você ter um multímetro de alta qualidade, ele deverá ter um teste de continuidade, representado por um alto-falante ou símbolo de som na chave seletora. Você usa o teste de continuidade para verificar se partes do seu circuito estão conectadas; o multímetro informa a conexão por meio de bipe, de preferência, produzindo um sinal sonoro contínuo quando a conexão é boa.

Primeiro, teste a funcionalidade de continuidade girando sua chave seletora para o símbolo do teste de continuidade e tocando as extremidades das pontas de prova, juntas. Se você ouvir um sinal contínuo, o teste está funcionando. Em seguida, teste a conexão em seu circuito colocando as pontas de prova ao longo de qualquer comprimento de fio ou conexão, conforme mostrado na Figura 4-9.

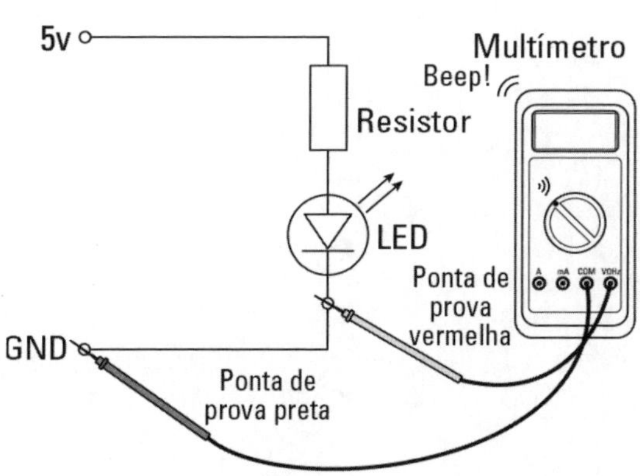

FIGURA 4-9: Verificando a continuidade do seu circuito.

NESTE CAPÍTULO

» **Entendendo os princípios da eletricidade**

» **Compreendendo algumas equações valiosas**

» **Descobrindo os diagramas de circuitos**

» **Percebendo a importância do código de cores**

Capítulo **5**

Manual sobre Eletricidade e Conjunto de Circuitos

Neste capítulo, você investigará os conceitos básicos da eletricidade. Nos capítulos anteriores, você se aprofundou um pouco mais em eletrônica, logo, é de suma importância que compreenda os princípios de como a eletricidade se comporta em seu circuito.

Um fato importante a respeito do Arduino é que você não precisa estudar eletrônica por anos a fio para usá-lo. Dito isso, é uma boa ideia conhecer um pouco da teoria para reforçar o lado prático do seu projeto. Neste capítulo, você vai explorar algumas equações para ajudá-lo a construir um circuito eficiente e balanceado, analisar os diagramas de circuitos, que fornecem um mapa do seu circuito, e aprender um pouco sobre o código de cores, que pode facilitar muitíssimo a sua vida quando você estiver construindo circuitos.

Entendendo a Eletricidade

A eletricidade já faz parte do dia a dia da maioria das pessoas, mas elas têm dificuldades em defini-la. Em termos práticos, *eletricidade* é uma forma de energia oriunda da existência de partículas carregadas (como elétrons ou prótons), quer estaticamente, como um acúmulo de carga, quer dinamicamente, como uma corrente.

Essa definição está descrevendo a eletricidade em um nível atômico, que é mais complexo do que você precisa saber ao lidar com os circuitos em seus projetos do Arduino. Contudo, sua principal preocupação deve ser simplesmente entender que eletricidade é energia e tem corrente. Aqueles que querem entendê-la nesse nível podem conferir o livro *Eletrônica Para Leigos*, 3ª edição, de Cathleen Shamieh.

Para ilustrar a ideia do fluxo de uma corrente, dê uma olhada em um simples circuito de luz (veja a Figura 5-1). O circuito é parecido com o que você talvez tenha feito em aulas de física ou eletrônica na escola, só que sem nenhum Arduino envolvido, usando apenas uma bateria, uma chave eletrônica, um resistor e um LED.

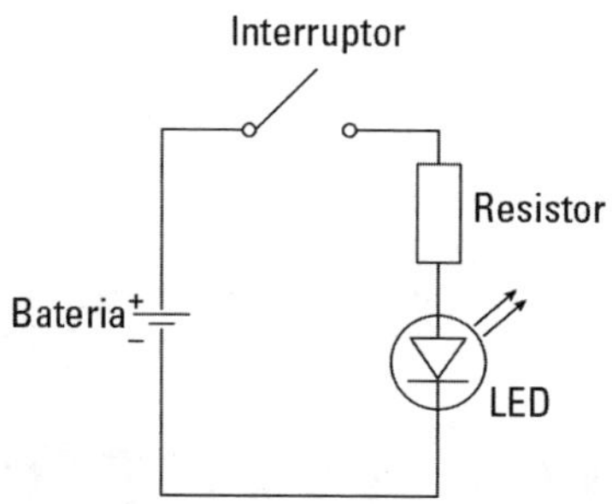

FIGURA 5-1: Um circuito básico de luz.

Nesse circuito, você tem uma fonte de energia elétrica em forma de bateria. A energia é fornecida em watts e é composta de uma tensão (medida em volts) e uma corrente (medida em amperes). A tensão e a corrente são fornecidas ao circuito através da extremidade positiva (+) da bateria.

Você utiliza uma chave eletrônica para controlar a energia do circuito. Ela pode estar desligada, o que interrompe o circuito e interrompe o fluxo de corrente, ou ligada, o que completa o circuito e possibilita que ele funcione.

A energia pode ser utilizada para uma diversidade de aplicações. Nesse caso, o circuito está alimentando um LED. A bateria está fornecendo ao LED 4,5V, mais do que ele precisa para acender. Caso o LED seja alimentado com uma tensão muito alta, você corre o risco de danificá-lo, portanto, é necessário um resistor para resistir à tensão. Além disso, se a tensão for muito baixa, o LED nem chegará a atingir o seu brilho total.

Para completar o circuito, a energia deve retornar ao terra na extremidade negativa (-) da bateria. O LED consome tanta corrente quanto necessário para iluminar e brilhar em sua totalidade.

Ao consumir a corrente, o LED também está resistindo ao fluxo, garantindo que somente a corrente necessária seja absorvida. A menos que seja usada ou resistida por componentes, o circuito absorve toda a corrente disponível o mais rápido possível. Este é o conhecido *curto-circuito*. Um exemplo de um curto-circuito é conectar o positivo diretamente no negativo, sem componentes intermediários.

Os princípios básicos que você precisa compreender são:

- » Um circuito elétrico é, como o nome sugere, um sistema circular.
- » É necessário que o circuito utilize a energia dentro dele antes de retornar à fonte.
- » Se o circuito não usa a energia, essa energia não tem para onde ir e pode causar danos ao circuito.
- » O modo mais fácil de interagir com um circuito é quebrá-lo. Ao controlar quando e onde a energia está, você tem controle imediato sobre as saídas.

Usando Equações para Construir Seus Circuitos

Agora, você já tem conhecimento de algumas propriedades da eletricidade:

- » Potência (P) é medida em watts, como 60W.
- » Tensão (V) é medida em volts, como 12V.
- » Corrente (I) é medida em amps, ou amperes, como 3A.
- » Resistência (R) é medida em ohms, como 150Ω.

É possível expressar essas propriedades e colocá-las em equações, que lhe permitem balancear cuidadosamente seu circuito a fim de garantir que tudo funcione em harmonia. Existe uma série de equações para determinar todos os tipos de propriedades, mas, nesta seção, abordo as duas equações mais básicas que serão valiosas quando você for trabalhar com o Arduino: a Lei de Ohm e a Lei de Joule.

Lei de Ohm

Talvez a relação mais importante de se entender seja aquela entre a tensão, a corrente e a resistência. Em 1827, Georg Simon Ohm descobriu que a tensão elétrica e a corrente eram diretamente proporcionais se aplicadas a uma equação simples (lembre-se da lista anterior que engloba a corrente, medida em *amps*, ou *amperes*):

$$V = I \times R$$

Essa equação ficou conhecida como a *Lei de Ohm*. Ao usar álgebra, a equação pode ser reorganizada para dar a você qualquer valor dos dois restantes:

$$I = V / R$$

ou

$$R = V / I$$

Você pode analisar essa equação na prática em um circuito real. A Figura 5-2 mostra um circuito simples com uma fonte de energia e um resistor.

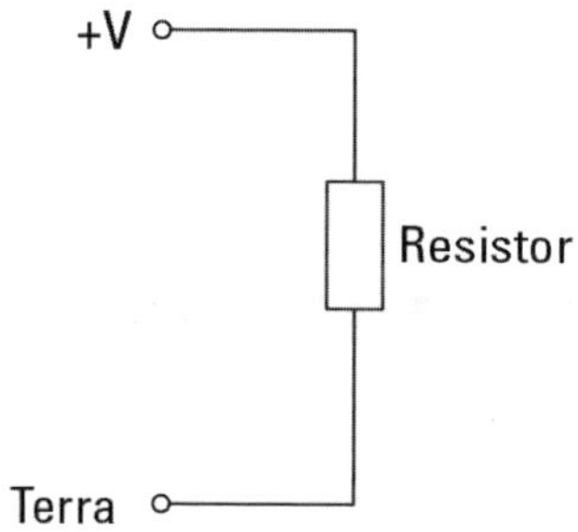

FIGURA 5-2: Uma fonte de energia e resistor.

Em muitas situações, você saberá a tensão de sua fonte de alimentação e o valor do resistor, assim, pode calcular primeiro a corrente do circuito da seguinte forma:

$$I = V / R = 4{,}5V / 150\Omega = 0{,}03A$$

Essa equação funciona independentemente da ordem na qual você queira inserir os valores:

$$R = V / I = 4{,}5V/0{,}03 = 150\Omega$$
$$V = I \times R = 0{,}03A \times 150\Omega = 4{,}5V$$

A maneira mais fácil de lembrar a Lei de Ohm é como uma pirâmide (veja a Figura 5-3). Ao retirar qualquer elemento da pirâmide, você fica com a equação.

FIGURA 5-3: A pirâmide da Lei de Ohm.

"Mas como é que esse cálculo será útil para mim no contexto do Arduino?" Entendi aonde você quer chegar. Vamos ver um exemplo prático que pode ser encontrado em um circuito básico do Arduino.

Os pinos digitais em um Arduino podem fornecer até 5V, então, essa é a fonte de energia mais comum que você utiliza. Um LED é uma das saídas mais básicas que você quer controlar, e um LED razoavelmente padrão exige uma tensão de 2V e cerca de 30 miliamperes, ou 30mA (0,03A), de corrente.

Caso você ligasse o LED diretamente à fonte de alimentação, testemunharia no mesmo instante uma luz brilhante seguida por uma nuvem de fumaça e um cheiro de queimado. Com certeza você não quer isso! Com o intuito de garantir que se possa usar o LED novamente e com segurança, você deve adicionar um resistor.

A Lei de Ohm diz que:

$$R = V / I$$

Todavia, você também tem que incluir dois valores diferentes de tensão, a tensão da fonte de alimentação (tensão de alimentação) e a tensão necessária para alimentar o LED (tensão direta). A *tensão direta,* termo frequentemente encontrado em fichas técnicas (datasheets), principalmente quando se trata de diodos, indica a quantidade de tensão recomendada que o componente pode absorver na direção em que a corrente deve fluir. Para os LEDs, essa direção é do ânodo ao cátodo, com o ânodo conectado ao positivo, e o cátodo, ao negativo.

Quando se trata de diodos não emissores de luz (abordados no Capítulo 7), você os usa para resistir ao fluxo de corrente na direção oposta, do cátodo ao ânodo. Nesse caso, o termo é *tensão reversa*, que indica o valor em volts que o circuito deve exceder para que a corrente flua pelo diodo.

Em tal conjuntura, as voltagens são rotuladas como V_{SUPPLY} e $V_{FORWARD}$, respectivamente. A equação da Lei de Ohm precisa que a tensão atravesse o resistor (tensão que passa pelo resistor), que é igual à tensão de alimentação menos a tensão direta do LED, ou:>

$$V_{SUPPLY} - V_{FORWARD}$$

A nova equação fica assim:

$$R = (V_{SUPPLY} - V_{FORWARD})/I = (5V - 2V)/0{,}03A = 100\Omega$$

Isso indica que você precisa de um resistor de 100 ohms para alimentar um LED de forma segura. O circuito do exemplo é mostrado na Figura 5-4.

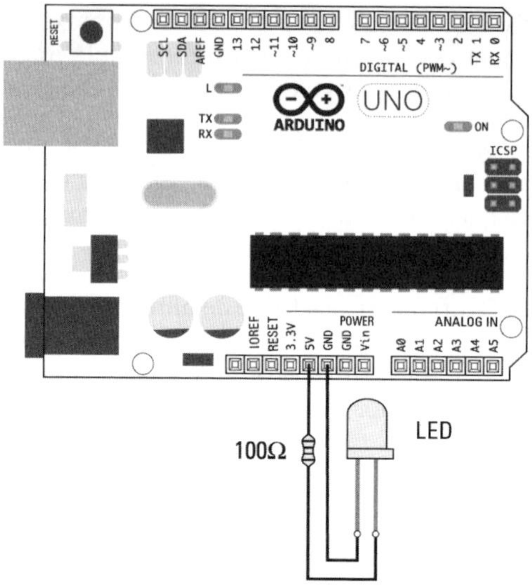

FIGURA 5-4: Aplicando a Lei de Ohm em um circuito Arduino.

Calculando a energia

Para calcular em watts o consumo de energia do circuito, multiplique a tensão e a corrente do circuito. A equação é:

$$P = V \times I$$

Se você aplicar essa equação ao mesmo circuito do exemplo anterior da seção "Lei de Ohm", neste capítulo, poderá calcular sua energia:

$$P = (V_{SUPPLY} - V_{FORWARD}) \times I = (5V - 2V) \times 0{,}03A = 0{,}09W$$

Esse cálculo funciona da mesma forma que a Lei de Ohm e pode ser reformulado para encontrar o valor ausente:

$$V = P / I$$
$$I = P / V$$

Esse cálculo é prático porque alguns tipos de equipamentos, como uma lâmpada, mostram apenas a classificação de potência e da tensão, possibilitando a você que analise o total do consumo. O cálculo é, em particular, eficaz se você está tentando (ou não) executar dispositivos com consumo de energia alto, como iluminação ou motores, fora dos pinos do Arduino. Um Arduino alimentado por um USB consegue fornecer 500mA de corrente, porém um Arduino Uno pode fornecer no máximo 40mA por pino *e* um total de 200mA, com todos os pinos sendo usados, o que não é, convenhamos, grande coisa. (Você pode encontrar mais detalhes em `http://playground.arduino.cc/Main/ArduinoPinCurrentLimitations` — conteúdo em inglês.)

Esse cálculo é simples, mas você pode combiná-lo com o seu conhecimento da Lei de Ohm para completar o que falta em vários circuitos diferentes.

Lei de Joule

Outro homem que deu o próprio nome a uma equação foi James Prescott Joule. Embora não seja tão conhecido como Georg Simon Ohm, ele descobriu uma relação matemática semelhante, e talvez complementar, entre energia, corrente e resistência em um circuito.

A Lei de Joule é escrita assim:

$$P = I^2R$$

O melhor modo de entender essa fórmula é analisando como você chega a ela.

Se, $V = I \times V$ (Lei de Ohm) e $P = I \times R$ (Cálculo de Energia/Potência)
Então, $P = I \times (I \times R)$

Que pode ser escrito como:

$$P = I^2 \times R$$

Caso essa equação seja aplicada ao circuito na Figura 5-2, você poderá identificar o consumo de energia do circuito:

$$P = I^2 \times R = (0{,}03A \times 0{,}03A) \times 100\Omega = 0{,}09W$$

Esse cálculo é compatível com nosso cálculo anterior de energia/potência. Você pode calcular a potência sabendo apenas a corrente e a resistência, ou qualquer combinação das três (potência, corrente e resistência).

$V = P / I$
$R = V^2 / P$

Você também pode fazer o mesmo cálculo em circunstâncias em que saiba apenas a tensão e a resistência:

Se, $V = I \times V$ (Lei de Ohm) e $P = I \times R$ (Cálculo de Potência/Energia)
Então, $P = (V/R) \times V$

Que pode ser escrito como:

$$P = V^2 / R$$

Experimente fazer a mesma coisa com o mesmo circuito novamente para conferir os resultados:

$$((5V - 2V) * (5V - 2V)) / 100\Omega = 0{,}09W$$

Essa equação também pode ser reformulada em qualquer combinação, dependendo de quais valores você tenha em mãos:

$$V = P / I$$

$$R = V^2 / P$$

A maior parte dos arduinistas, inclusive eu, são mais práticos do que teóricos, tentando construir o circuito com base em exemplos e documentação antes de fazer os cálculos de somas. Essa abordagem está completamente de acordo com as práticas do Arduino! Na maioria dos casos, seu circuito apresentará o resultado esperado. No entanto, a partir dessas poucas equações, é possível descobrir o que falta na maioria dos circuitos e garantir que tudo esteja em ordem.

Trabalhando com Diagramas de Circuito

Recriar circuitos a partir de imagens ou ilustrações pode ser difícil, e, por essa razão, usam-se símbolos padronizados para representar a abundância de componentes e conexões em um circuito. Esses *diagramas de circuito (esquemas elétricos)* são como mapas do sistema de metrô: eles mostram expressamente cada conexão, mas têm pouca semelhança com o aspecto da maioria das coisas ou como elas se conectam no mundo físico. As seções a seguir investigarão mais a fundo os diagramas de circuitos.

Diagrama de circuito simples

Esta seção examina um circuito básico de interruptor de luz composto de quatro componentes: uma bateria, um botão, um resistor e um LED, conforme mostrado na Figura 5-5.

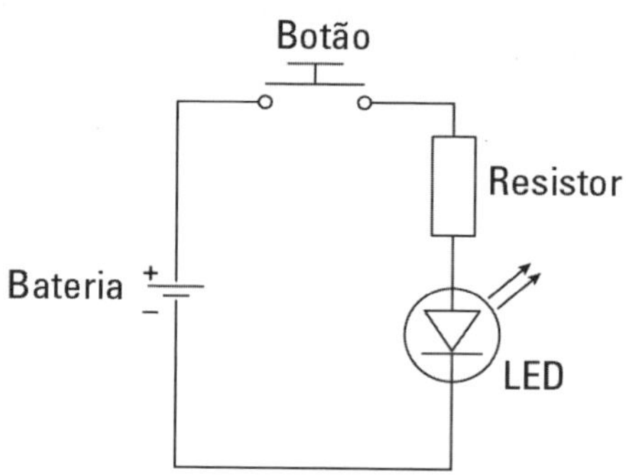

FIGURA 5-5: Um simples diagrama de circuito de luz.

A Tabela 5-1 mostra os símbolos de cada componente.

TABELA 5-1 **Símbolos Básicos**

Nome	Símbolo
Bateria	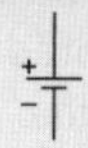
Botões	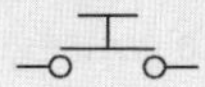
Resistor	
LED	

A Figura 5-6 demonstra o mesmo circuito colocado em uma breadboard. A primeira coisa que você pode perceber é que esse exemplo não tem bateria. Como seu Arduino tem um pino de 5V e um pino GND, eles ocupam o lugar do positivo (+) e negativo (-) da bateria e permitem que você faça o mesmo circuito. A segunda coisa que você pode constatar é que o circuito usa um botão e, portanto, não é tecnicamente um *interruptor* de luz. Muitos botões são feitos para caber em uma breadboard, o que é mais conveniente.

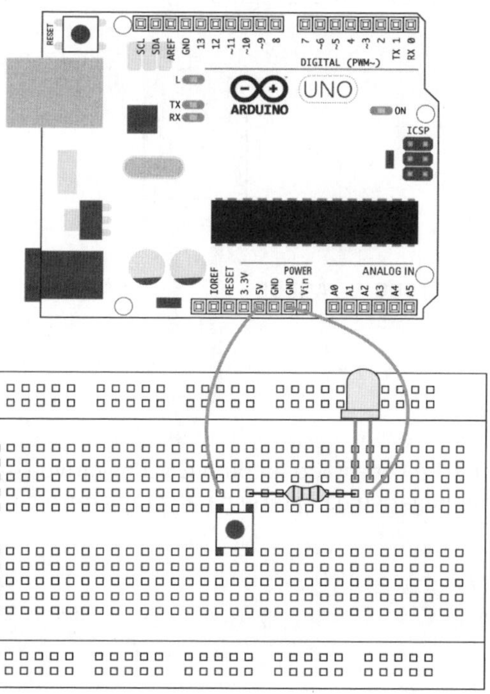

FIGURA 5-6: Um circuito simples do interruptor de luz apresentado em uma placa breadboard.

Acho que a melhor maneira de comparar um diagrama de circuito com o circuito real é observar as conexões de positivo para negativo.

Se você começar com o pino positivo (+) de 5V no Arduino, isso acaba direcionando-o para o botão. O botão físico tem quatro pernas, enquanto o símbolo tem apenas duas. As pernas do botão físico são espelhadas, de modo que duas estão conectadas de um lado e duas do outro. Por esse motivo, é importante conseguir alinhar o botão corretamente. A chave eletrônica física tem quatro pernas para ficar mais versátil, mas, no que diz respeito ao diagrama de circuito, existe apenas um interruptor com uma linha e uma com saída de linha.

O outro lado do botão é conectado a um resistor. Além do fato de que o símbolo do resistor no diagrama não é tão bulboso quanto o resistor físico, o diagrama e o resistor físico combinam bem; um fio entra no resistor e outro sai. O valor do resistor é escrito ao lado do componente, ao contrário das faixas codificadas por cores no físico. Os resistores não têm polaridade (positiva ou negativa), portanto, não há mais nada para mostrar.

Um LED, pelo contrário, tem uma polaridade. Caso você o conecte do jeito errado, ele não acenderá. No diagrama de circuito, a polaridade do LED é marcada pelo triângulo no símbolo, apontando na direção do fluxo de corrente de + (ânodo) para - (cátodo), com uma linha horizontal como uma barreira na outra direção. No LED físico, uma perna longa marca o ânodo (+) e a seção achatada na lateral da lente marca o cátodo (-), no caso de as pernas serem cortadas fora. Veja a Figura 5-7.

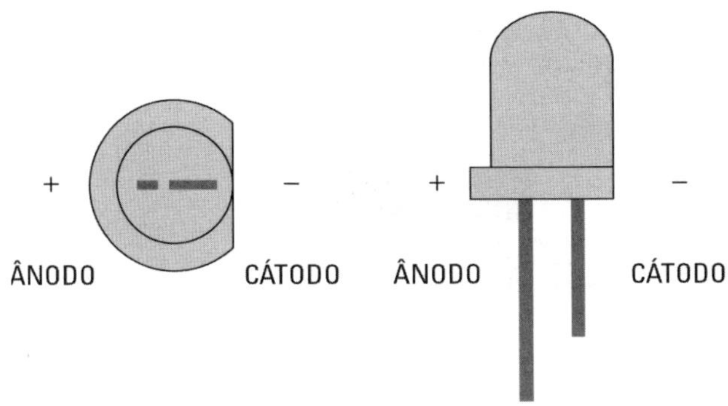

FIGURA 5-7: Uma perna longa ou um lado achatado indicam a polaridade de um LED.

O - (cátodo) do LED é conectado ao pino GND negativo (-) no Arduino e depois ao terminal negativo da bateria para completar o circuito.

Usando um diagrama de circuito com um Arduino

Embora seja interessante compreender o circuito simples na Figura 5-6, você provavelmente estará usando um Arduino em seu circuito em algum lugar; desse modo, dê uma olhada novamente no mesmo circuito alimentado a partir de um Arduino (veja a Figura 5-8).

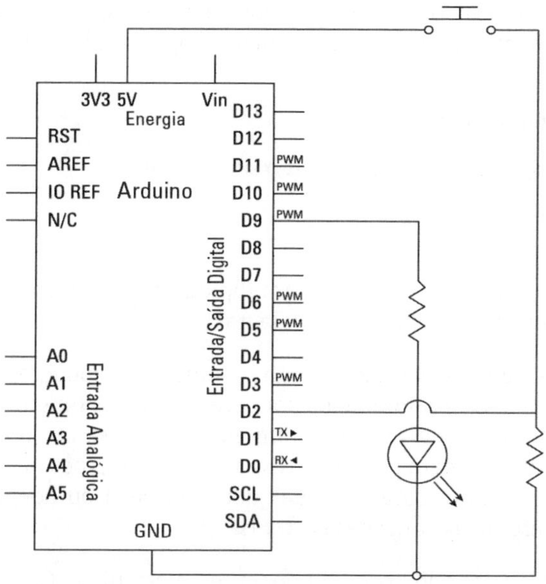

FIGURA 5-8: Um circuito de interruptor de luz passando por um Arduino.

Esse circuito tem mais componentes do que o circuito descrito na seção anterior.

A placa Arduino está à esquerda no diagrama. Esse símbolo é padrão para um circuito integrado e é semelhante à sua representação física — um retângulo com muitas pernas saindo. Todas as pernas ou pinos são rotulados a fim de que você consiga diferenciá-los.

Além do mais, em vez de ter um circuito, o diagrama mostra dois, cada um indo de volta para o Arduino, a fim de ilustrar como ela se encaixa nos circuitos convencionais. Em vez de ligar e desligar a energia, você está enviando um sinal para o Arduino, que o interpreta e o envia para o LED.

Uma ótima prática a se adotar quando você tem um circuito complicado é: em vez de lidar com o circuito inteiro, divida-o conforme seus componentes. Esse circuito tem um circuito de entrada e uma saída. Descrevo-o mais detalhadamente no Capítulo 6.

Código de Cores

Uma técnica importante na eletrônica é o código de cores, e isso se torna mais imprescindível à medida que você evolui para circuitos mais complexos. Conectar os circuitos de modo correto pode ser para lá de complicado, mas encarar um mar de fios da mesma cor torna a tarefa infinitamente mais difícil.

É bem provável que você já conheça o código de cores, mesmo que seja novato em eletrônica. Os semáforos, por exemplo, são programados por cores para apresentar aos motoristas uma mensagem clara sobre o que fazer:

- Verde significa prosseguir.
- Amarelo significa se preparar, pois o sinal fechará.
- Vermelho significa parar.

A programação por cores é uma maneira rápida e fácil de transmitir visualmente uma mensagem sem muitas palavras.

Todos os tipos de usos elétricos, como os plugues e soquetes de 120v ou 240v em sua casa, são programados por cores. Como os plugues e soquetes são amplamente utilizados e eventualmente perigosos, as cores precisam ser uniformes de plug para plug e corresponder aos padrões nacionais. Esse código de cores facilita para que qualquer eletricista ou adepto do "faça você mesmo" efetue as conexões corretas.

Como estará trabalhando com componentes eletrônicos CC (de corrente contínua) de baixa tensão, você corre menos risco de causar danos graves, mas ainda existe uma possibilidade enorme de destruir os componentes sensíveis em seu circuito. Não existem regras incontestáveis para organizar o seu circuito, mas aqui estão algumas convenções que podem ajudar tanto você como outras pessoas a saberem o que está acontecendo:

- Vermelho é positivo (+).
- Preto é negativo (-).
- Cores distintas são utilizadas para pinos com sinais diferentes.

Essas convenções são válidas para a maioria dos circuitos de placas breadboard. As cores referentes à potência e ao terra podem mudar; por exemplo, podem ser branco (+) e preto (-) ou marrom (+) e azul (-), às vezes, dependendo do fio que está disponível para a pessoa. Contanto que você utilize um sistema de programação por cores de algum tipo (que seja uniforme), ler, copiar e consertar o circuito será mais fácil.

Cheguei a consertar muitos circuitos que foram quebrados por causa do simples erro de se conectarem os fios aos lugares errados.

Se a codificação por cores do fio for questionável, verifique a conexão (usando o verificador de continuidade do multímetro) ou a tensão que passa pelo fio (usando o medidor de tensão de seu multímetro) para assegurar que tudo esteja conforme o esperado.

Datasheets (Fichas Técnicas)

Imagine a cena. Seu amigo ouviu falar que você conhece um pouco de eletrônica e lhe pediu que desse uma olhada em um circuito, copiado da internet, que não está funcionando. Mas a placa tem muitos circuitos integrados indeterminados, então o que você faz? A resposta: Google!

O mundo tem milhões, se não bilhões, de componentes diferentes. A informação que você precisa entender é normalmente apresentada na forma de uma *ficha técnica (datasheet)*. Todo componente deve ter uma ficha técnica, fornecida pelo fabricante, que enumere todos os seus detalhes (geralmente com mais detalhes do que você precisa).

A maneira mais fácil de encontrar uma ficha técnica é pesquisando no Google. Para encontrar o caminho certo, você precisa saber tudo quanto conseguir descobrir sobre o componente. A informação mais importante para fins de pesquisa é o número do modelo do componente. A Figura 5-9 mostra o número do modelo de um transistor: P2N2 222A B01. Se você utilizar o Google para pesquisar esse número, além das palavras *ficha técnica (ou datasheet)*, encontrará muitos arquivos em PDF que disponibilizam detalhes sobre o componente, geralmente em inglês. Caso não encontre um modelo ou número de peça, tente encontrá-lo no local em que comprou o componente.

FIGURA 5-9: As letras minúsculas neste transistor informam seu modelo.

Gráficos de Cores de Resistores

Os resistores são indispensáveis para os projetos Arduino, e você pode encontrar uma grande variedade deles, o que lhe possibilita ajustar com precisão seu circuito. Os resistores também podem ser extremamente pequenos, impossibilitando o registro do valor da resistência no resistor. Por esse motivo, existe um sistema de cartela de cores para informar o que você precisa saber acerca desses pequenos componentes. Se observar de perto um resistor, como o da Figura 5-10, poderá ver muitas faixas coloridas, que indicam seu valor em ohms.

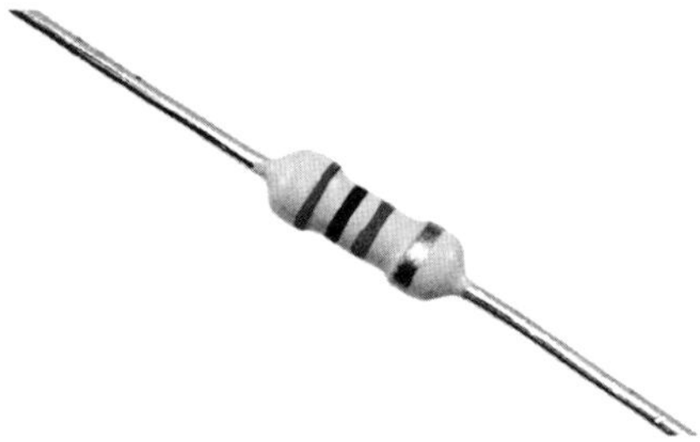

FIGURA 5-10: Faixas coloridas em um resistor.

Um resistor-padrão tem quatro faixas, que representam o seguinte:

- » Primeiro dígito
- » Segundo dígito
- » Multiplicador
- » Tolerância

DICA

Os resistores são pequenos e algumas cores podem ser difíceis de distinguir, a menos que você tenha uma visão excelente. Você pode usar uma lupa ou uma câmera de smartphone para enxergar mais nitidamente as cores das faixas.

A Tabela 5-2 lista o valor em ohms, o multiplicador e o valor de tolerância que cada cor representa. Primeiro, você precisa saber a ordem na qual ler as faixas. Normalmente, você verá uma diferença de tamanho igual entre as três primeiras faixas e uma lacuna maior que separa a quarta faixa de tolerância.

TABELA 5-2 **Tabela de Cores do Resistor**

Cor	Valor	Multiplicador	Tolerância
Preto	0	x1	-
Marrom	1	x10	±1%
Vermelho	2	x100	±2%
Laranja	3	x1.000	-
Amarelo	4	x10.000	±5%
Verde	5	x100.000	±0,5%
Azul	6	x1.000.000	±0,25%
Violeta	7	x10.000.000	±0,1%
Cinza	8	x100.000.000	±0,05%
Branco	9	x1.000.000.000	-
Dourado	-	x0,1	±5%
Prateado	-	x0,01	±10%
Nenhuma	-	-	±20%

Por exemplo, veja alguns valores que você pode encontrar no seu kit:

> Laranja (3), Laranja (3), Marrom ($x10^1$), Dourado (±5%) = 33 *10 = 330 ohms com ± 5% de tolerância.
>
> Vermelho (2), Vermelho (2), Vermelho ($x10^2$), Dourado (±5%) = 22 *10 * 10 = 2,2K ohms com ±5% de tolerância.
>
> Marrom (1), Preto (0), Laranja ($x10^3$), Dourado (±5%) = 10 *10 * 10 * 10 = 10K ohms com ±5% de tolerância.

Ver as cores e, às vezes, até mesmo saber por onde começar a ler pode ser confuso. Portanto, na maioria das situações, é melhor utilizar um multímetro a fim de conferir o valor em ohms do seu resistor. (Lembre-se de ajustar a chave seletora do seu multímetro para ohm, ou Ω.)

DICA

Resistores do mesmo valor são fornecidos com frequência em um rolo de fita de papel que os mantém juntos em uma espécie de escada. Essa forma de organização permite que as máquinas se alimentem de um rolo de resistores ordenadamente antes de colocá-los em uma placa de circuito impresso (PCB). Se você escrever o valor no rolo de resistores, não terá que perder tempo lendo-os ou medindo-os cada vez que for utilizá-los.

NESTE CAPÍTULO

» Executando o efeito fader como um profissional

» Entendendo as entradas

» Variando resistências com potenciômetros

» Exibindo suas estatísticas com o monitor serial

Capítulo 6

Sketches Básicos: Entradas, Saídas e Comunicação

Neste capítulo, analisarei alguns dos sketches básicos necessários que o deixarão em pé de igualdade com o Arduino. Abarcarei aqui uma diversidade de entradas e saídas usando os sensores do seu kit. Se você ainda não tem um kit, sugiro que leia o Capítulo 2 para encontrar um dos que recomendei.

O sketch Blink (descrito no Capítulo 3) dá os alicerces de um sketch Arduino. Agora, ampliaremos esse conceito, adicionando circuitos à sua placa Arduino. Explicarei a construção de circuitos usando uma breadboard, conforme mencionado no Capítulo 4, e apresentarei alguns componentes novos do seu kit.

Vou detalhar o upload do código indicado para o seu Arduino, passar através de cada sketch linha a linha, e sugerir um ajuste do código para que você o compreenda melhor.

Carregando um Sketch

No decorrer deste capítulo e em grande parte do livro, você aprenderá sobre uma série de circuitos variados, cada qual com seus respectivos sketches. O conteúdo dos circuitos e sketches pode variar bastante, e eles são detalhados em cada um dos exemplos deste livro. Antes de começar, você precisa conhecer um processo simples para fazer o upload de um sketch em uma placa Arduino.

Siga estas etapas para carregar seu sketch:

1. **Conecte sua placa Arduino usando o cabo USB.**

   A ponta quadrada do cabo USB conecta-se ao seu Arduino e a ponta plana conecta-se a uma porta USB no seu computador.

2. **Selecione o seu tipo de placa e porta serial.**

   Caso você esteja usando o IDE da Web, ele detectará automaticamente o tipo de placa e a porta. Você pode encontrar a lista completa de placas compatíveis clicando no menu suspenso da placa e clicando em Select Other Board and Port (o IDE da Web está em inglês).

   O uso do IDE para fazer download requer alguns passos. Selecione o tipo de sua placa clicando em Tools ➪ Board ➪ Arduino/Genuino Uno na barra de menu. Você pode encontrar uma lista de todas as portas seriais disponíveis escolhendo Tools ➪ Port ➪ *comX* ou /dev/tty.usbmodemXXXXX, na qual *X* é um número atribuído de modo sequencial ou aleatório.

   No Windows, se você acabou de conectar seu Arduino, a porta COM normalmente será o maior número, entre com 3 ou 15. Muitos dispositivos podem ser enumerados na lista de portas COM, e, se você conectar várias placas Arduino, cada uma receberá um número novo.

   No macOS, o *número* /dev/cu.usbmodem será atribuído aleatoriamente e pode variar em comprimento, como /dev/cu.usbmodem1421 ou /dev/cu.usbmodem262471. A menos que você tenha outro Arduino conectado, ele deve ser o único visível.

3. **Clique no botão Verificar.**

   O botão Verificar é um sinal de visto. Seu código é verificado para garantir que seja compreendido pelo IDE. Erros comuns, como erros de digitação, serão destacados.

4. **Clique no botão Carregar (seta).**

   O código é compilado e enviado para o Arduino.

Agora que sabe como fazer upload de um sketch, você possivelmente deve estar sedento por mais alguns sketches Arduino. Com o intuito de ajudá-lo a entender o primeiro sketch deste capítulo, primeiro vou falar sobre uma técnica chamada modulação por largura de pulso (PWM). A próxima seção descreve brevemente a PWM e o prepara para fazer um LED perder o brilho de forma gradual (efeito fader)

Usando a Modulação por Largura de Pulso (PWM)

No Capítulo 2, menciono que o envio de um valor analógico utiliza algo chamado modulação por largura de pulso (PWM). Essa técnica permite que sua placa Arduino, que é um dispositivo digital, atue como um dispositivo analógico. No exemplo a seguir, o PWM permite que você faça um LED perder o brilho gradualmente (alguns chamam de efeito fader ou esmaecer o LED), em vez de apenas ligá-lo ou desligá-lo.

Funciona assim: uma saída digital está ativada ou desativada. Mas ela pode ser ativada ou desativada rapidamente graças, em parte, ao milagre dos chips de silício. Se a saída estiver na metade do caminho entre a ativação e a desativação, ela é descrita como tendo um ciclo de trabalho de 50%. O *ciclo de trabalho* é o período de tempo durante o qual a saída está ativa, de modo que poderia ser em qualquer porcentagem — 20%, 30%, 40% e assim por diante.

Quando você está usando LEDs como saída, o ciclo de trabalho tem um efeito especial. Como o LED está piscando mais rápido do que o olho humano pode acompanhar, um LED com um ciclo de trabalho 50% aparenta ter só metade do brilho. Esse mesmo efeito possibilita que você perceba imagens estáticas mostradas a 24 frames por segundo (ou acima) como uma imagem em movimento.

Com um motor CC como saída, um ciclo de trabalho de 50% tem o efeito de movimentar o motor na metade da velocidade. Nesse caso, a PWM lhe permite controlar a velocidade de um motor pulsando a uma velocidade extremamente rápida.

Portanto, apesar de a PWM ser uma função digital, ela é referenciada como `analogWrite` por causa do efeito percebido que tem nos componentes.

O Efeito Fader do LED no Sketch

Neste sketch, você faz um LED apagar e acender de forma gradual (em fade ou efeito fader). Ao contrário do sketch que resultou em um LED piscante, um Blink, no Capítulo 3, você precisa de um equipamento extra para fazer com que o LED acenda e apague em fade.

Para esse projeto, você precisa de:

- » Um Arduino Uno
- » Uma breadboard
- » Um LED
- » Um resistor (maior que 120 ohms)
- » Fios de jumper

CUIDADO

É sempre importante certificar-se de que seu circuito não esteja ligado enquanto estiver fazendo alterações nele. Você pode facilmente fazer as conexões de modo errado e, eventualmente, danificar os componentes. Portanto, antes de começar, confira se a placa Arduino está desconectada do computador ou de qualquer fonte de alimentação externa.

Ajuste o circuito, conforme mostrado na Figura 6-1, que é um circuito simples como o utilizado para o sketch Blink no Capítulo 3, mas use o pino 9 em vez do pino 13. O pino 9, ao contrário do pino 13, é capaz de modular a largura de pulso, necessária para executar o efeito fader no LED. No entanto, observe que o pino 9 exige um resistor para limitar a quantidade de corrente fornecida ao LED. (No pino 13, esse resistor é incluído na própria placa do Arduino.)

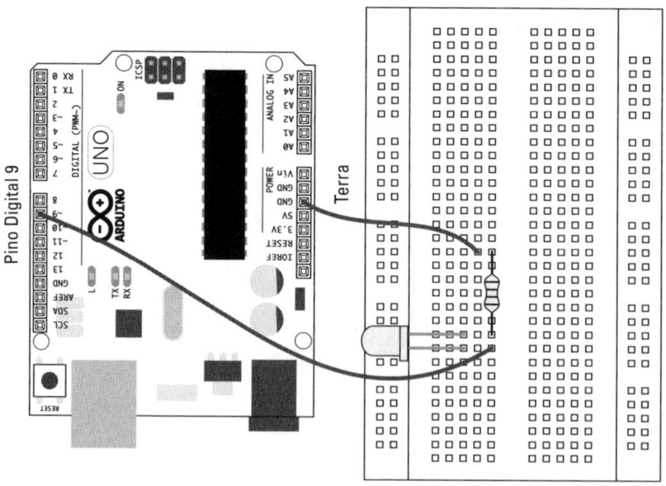

FIGURA 6-1: O pino 9 é conectado a um resistor e a um LED e depois volta ao terra.

AUMENTANDO A RESISTÊNCIA

Conforme você aprendeu no Capítulo 5, calcular a resistência correta é importante para que um circuito fique seguro e dure mais. No circuito que está construindo neste capítulo, você está possivelmente fornecendo ao seu LED uma fonte de 5V (volts), o máximo que um pino digital pode fornecer. Um LED comum, como os do seu kit, tem uma tensão máxima aproximada de 2,1V (volts), portanto, é necessário um resistor para protegê-lo. O LED consome uma corrente máxima de aproximadamente 25mA (miliamperes). Usando estes cálculos, você pode calcular a resistência (ohms):

$$R = (VS\text{-}VL) / I$$
$$R = (5 - 2{,}1) / 0{,}25 = 116 \text{ ohms}$$

O resistor fixo mais próximo desse cálculo que você pode comprar é de 120 ohms (marrom, vermelho, marrom), então, se tiver um desses, está com sorte. Caso contrário, você pode aplicar a regra de usar o resistor mais próximo acima desse valor. Ele resiste à tensão mais do que o ideal, mas seu LED estará protegido e você poderá sempre desligar o resistor depois, quando quiser tornar seu projeto definitivo. Os valores adequados de muitos kits estão entre 220Ω, 330Ω e 560Ω.

Você sempre pode consultar o Capítulo 5 para encontrar o valor do seu resistor na tabela de cores ou usar um multímetro para medir o valor de seus resistores. Existem até aplicativos para smartphones que têm gráficos de cores de resistores (embora isso possa ser uma fonte de grande constrangimento e ridicularização entre amigos).

O esquema na Figura 6-2 mostra a conexão do circuito simples. O pino digital, pino 9, está conectado à perna longa do LED; a perna curta se conecta ao resistor, que vai para o terra, GND. Neste circuito, o resistor pode estar antes ou depois do LED, desde que esteja no circuito.

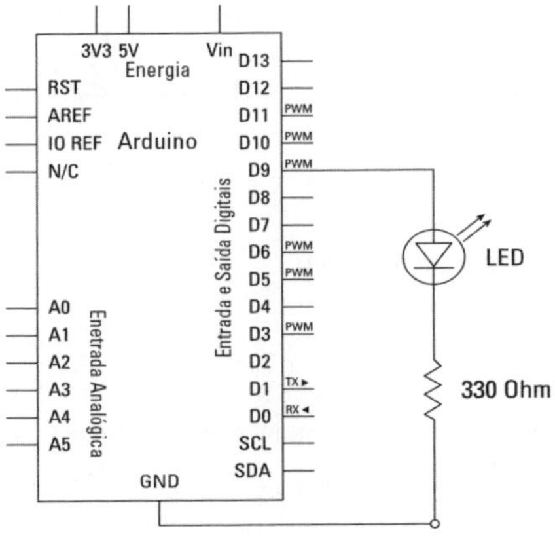

FIGURA 6-2: Um esquema do circuito de um LED em fade.

DICA

É sempre bom *programar* os circuitos *em cores* — ou seja, usar várias cores para distinguir um tipo de circuito do outro. Proceder dessa forma ajuda muitíssimo a deixar as coisas mais evidentes e facilita a solução de problemas.

Você deve adotar alguns bons padrões. As áreas mais importantes para o código de cores são energia e terra. Elas quase sempre estão nas cores vermelho e preto, respectivamente, porém, vez ou outra, é possível encontrá-las nas cores branco e preto, como mencionado no Capítulo 5. O outro tipo de conexão é geralmente chamado de *cabo de sinal*, que é um fio que envia ou recebe um sinal elétrico entre o Arduino e um componente. Os cabos de sinal podem ser de qualquer cor que não seja igual à cor da energia ou do terra.

Depois de montar seu circuito, você precisa do software apropriado para usá-lo. Na barra de menu do Arduino, escolha Arquivo ➪ Exemplos ➪ 01.Basics ➪ Fade para chamar o sketch Fade. O código completo para o sketch Fade é:

```
/*
  Fade

  Este exemplo demonstra como desvanecer (em fader) um LED no pino 9
  usando a função analogWrite ().

 A função analogWrite () usa PWM, portanto, se você quiser mudar o pino
  que está usando, faça questão de usar outro pino compatível com a
  PWM. Na maioria dos Arduinos, os pinos PWM são identificados com um
  sinal "~", como ~ 3, ~ 5, ~ 6, ~ 9, ~ 10 e ~ 11.

  Este código de exemplo está em domínio público.

  http://www.arduino.cc/en/Tutorial/Fade (conteúdo em inglês)
*/

int led = 9;           // o pino PWM do Led está atribuído
int brightness = 0;    // nível de brilho do LED
int fadeAmount = 5;    // quantos pontos para desvanecer o LED

// a rotina da setup é executada uma vez quando você pressiona reset:
void setup() {
  // declara o pino 9 para ser uma saída:
  pinMode(led, OUTPUT);
}

// a rotina de loop é executada repetidamente e não para nunca:
void loop() {
  // define o nível de brilho do pino 9
```

```
  analogWrite(led, brightness);

  // muda o nível de brilho para a próxima vez que o laço for
executado:
  brightness = brightness + fadeAmount;

  // inverte a direção do brilho no final do efeito fader:
  if (brightness <= 0 || brightness >= 255) {
    fadeAmount = -fadeAmount;
  }
  // espera 30 milissegundos para ver o efeito dimmer (escurecer)
  delay(30);
}
```

Faça o upload desse sketch para sua placa seguindo as instruções no início do capítulo. Se tudo foi carregado com sucesso, o LED brilha aos poucos de forma gradual e, depois, apaga novamente.

Se você não vir nenhum efeito fade, confira todos os seus cabos e fios:

- » Confira se você está usando o número de pinos correto.
- » Verifique se o seu LED está corretamente posicionado, com a perna longa conectada por um fio ao pino 9 e a perna curta conectada através do resistor e um fio ao GND (terra).
- » Confira as conexões na breadboard. Caso os fios de jumper ou os componentes não estiverem conectados corretamente nas linhas da breadboard, eles não funcionarão.

Entendendo o sketch Fade

À luz do seu LED em fade, observe de perto como este sketch funciona.

Os comentários na parte superior do sketch revelam exatamente o que está acontecendo: ao usar o pino 9, uma nova função chamada `analogWrite()` faz com que o LED apague e acenda em fade. Após os comentários, três declarações aparecem:

```
int led = 9;            // o pino PWM do Led está atribuído
int brightness = 0;     // nível de brilho do LED
int fadeAmount = 5;     // quantos pontos para desvanecer o LED
```

"Mas o que é uma declaração?" Consigo até ouvir você se perguntando. Siga em frente e leia para descobrir.

Declarações

As declarações (que não têm nada a ver com as declarações da Voz do Brasil) são valores armazenados para uso posterior pelo programa. Nesse caso, três variáveis são declaradas, mas você pode declarar muitas outras variáveis, ou até incluir bibliotecas de código em seu sketch. Por enquanto, lembre-se de que as variáveis são declaradas antes da função `setup`.

Variáveis

As variáveis são valores que podem mudar dependendo do que o programa faz com eles. Na linguagem de programação C, você pode declarar o tipo, o nome e o valor da variável antes do corpo principal do código, assim como quando os ingredientes são listados no início de uma receita:

```
int led = 9;
```

A primeira parte define o tipo da variável, criando um inteiro (`int`). Um inteiro é um número inteiro, positivo ou negativo, logo, nenhuma casa decimal é necessária. Observe que o Arduino tem limites inferiores e superiores para a variável `int`: -32,768 a 32,767. Além desses limites, um tipo diferente de variável deve ser utilizado, conhecido como `long`. (Você aprende mais a respeito das variáveis `long` no Capítulo 10.) Por ora, um `int` é tudo de que precisamos. O nome da variável é `led`, e é meramente para referência; pode ser qualquer palavra que seja útil para descobrir a variável à qual se aplica. Finalmente, o valor da variável é definido como 9, que é o número do pino que está sendo usado.

As variáveis são especialmente práticas quando você se refere a um valor de maneira repetida. Nesse caso, a variável é chamada de `led` porque se refere ao pino ao qual o LED físico está conectado. Agora, sempre que você quiser se referir ao pino 9, pode escrever `led`. Ainda que, à primeira vista, essa abordagem passe a impressão de que estamos fazendo um trabalho extra, se você decidisse alterar o pino para, digamos, o pino 11, seria necessário alterar apenas a variável no início; cada menção subsequente de `led` seria automaticamente atualizada. Desse modo, ganhamos mais tempo, pois não precisamos vasculhar o código para atualizar cada ocorrência de 9.

O sketch Fade apresenta três variáveis: `led`, `brightness` e `fadeAmount`. Elas são variáveis inteiras e são capazes de executar o mesmo intervalo de valores, porém cada uma é usada para uma parte diferente do processo do efeito fade em um LED.

DICA

Com as declarações feitas, o código executa a função `setup`. Os comentários são lembretes de que a função `setup` é executada somente uma vez e que apenas um pino é definido como uma saída. Aqui, você pode ver a primeira variável funcionando. Em vez de escrever `pinMode (9, OUTPUT)`, você tem `pinMode (led, OUTPUT)`. Ambos funcionam da mesma forma, mas a última usa a variável `led`:

```
// a rotina da setup é executada uma vez quando você pressiona reset:
void setup() {
  // define o nível de brilho do pino 9:
  pinMode(led, OUTPUT);
}
```

Depois, o loop começa a ficar um bocado mais complicado:

```
// a rotina de loop é executada repetidamente e não para nunca:
void loop() {
  // define o nível de brilho do pino 9:
  analogWrite(led, brightness);

  // muda o nível de brilho para a próxima vez que o laço for
executado:
  brightness = brightness + fadeAmount;

  // inverte a direção do brilho no final do efeito fader:
  if (brightness <= 0 || brightness >= 255) {
    fadeAmount = -fadeAmount;
  }
  // espera 30 milissegundos para ver o efeito dimmer (escurecer)
  delay(30);
}
```

Em vez de apenas os valores ligado e desligado, um fade precisa de um intervalo de valores. A `analogWrite` permite enviar um valor de 0 a 255 para um pino PWM no Arduino. 0 é igual a 0v e 255 é igual a 5v, e qualquer valor entre eles fornece uma tensão proporcional, consequentemente esmaecendo o LED.

O loop começa escrevendo o valor de `brightness` no pino 9. Um valor de `brightness` de 0 significa que o LED está desligado no momento:

```
  // define o nível de brilho do pino 9:
  analogWrite(led, brightness);
```

Em seguida, adicione o valor de fade à variável `brightness`, tornando-a igual a 5. Esse valor não será escrito no pino 9 até a próxima iteração do loop:

```
// muda o nível de brilho para a próxima vez que o laço for executado:
brightness = brightness + fadeAmount;
```

Brightness deve ficar dentro do intervalo que o LED consegue entender. Isso é feito utilizando uma instrução `if` que testa o valor das variáveis brightness para determinar o que fazer em seguida.

A palavra `if` inicia a declaração. As condicionais estão nos parênteses a seguir, logo, neste caso, você tem duas. `Brightness` é menor ou igual a 0 (indicada pelo símbolo <=), sendo a primeira condição. `Brightness` maior ou igual a 255 (indicada pelo símbolo >=) é a segunda condição. Entre as duas declarações de condição está o símbolo `||`, que é o símbolo para `OU`:

```
// inverte a direção do brilho no final do efeito fader:
if (brightness <= 0 || brightness >= 255) {
  fadeAmount = -fadeAmount;
}
```

Portanto, a instrução completa é: "Se a variável chamada brightness for menor ou igual a 0, ou maior que ou igual a 255, execute o que estiver dentro das chaves." Quando isso, por fim, é aplicado, a linha de código dentro das chaves é lida. Essa instrução matemática básica inverte a variável `fadeAmount`. Durante o fade até o brilho total, 5 é adicionado à brightness em todo loop. Quando se atinge 255, a instrução `if` se torna verdadeira e a `fadeAmount` muda de 5 para -5. Em seguida, todo loop é atualizado para "adicionar menos 5" à brightness até que se chegue a 0, quando a instrução `if` se torna verdadeira novamente. Isso inverte a `fadeAmount`de -5 para 5, e retorna tudo para onde começou:

```
  fadeAmount = -fadeAmount;
```

Essas condições nos fornecem um número de contagem contínua e, assim, o Arduino pode usá-lo para diminuir incessantemente seu LED e desligá-lo de novo, em fade.

Ajustando o sketch Fade

Você pode realizar uma tarefa em sua placa Arduino de muitas formas. Nesta seção, você verá uma maneira diferente de efetuar o efeito fader em um LED usando o circuito que você criou na seção anterior. O código a seguir é o exemplo do efeito fader. No menu Arduino, escolha Arquivo ➪ Exemplos ➪ 03.Analog ➪ Fading para abrir o sketch Fading. Faça o upload e você verá que não existe diferença visível entre este e o exemplo anterior.

LEMBRE-SE

Algumas áreas do código aparecem coloridas na tela, na maioria das vezes, turquesa, verde ou laranja. Essa coloração indica uma função ou uma instrução reconhecida pelo ambiente Arduino (e pode ser imprescindível para identificar erros de digitação). É impossível reproduzir as cores em um livro em preto e branco, portanto, qualquer código colorido aparece aqui em **negrito**.

```
/*
  Fading

 Este exemplo demonstra como desvanecer (em fader) um LED usando a
  função analogWrite ().

  O circuito:
  - LED conectado do pino digital 9 ao terra.

  criado em 1 novembro de 2008
  por David A. Mellis
  modificado em 30 agosto de 2011
  por Tom Igoe

  Este código de exemplo está em domínio público.

  http://www.arduino.cc/en/Tutorial/Fading (conteúdo em inglês)
*/

int ledPin = 9;  // LED conectado ao pino digital 9

void setup() {
  // nada acontece na setup
}

void loop() {
  // efeito fader a partir do mín. e máx em incrementos de 5 pontos:
  for(int fadeValue = 0;fadeValue <= 255;fadeValue += 5) {
    // define o valor (intervalo de 0 a 255):
    analogWrite(ledPin, fadeValue);
    // espera 30 milissegundos para ver o efeito dimmer (escurecer)
    delay(30);
  }

  // efeito fader a partir do mín. e máx em incrementos de 5 pontos:
```

```
  for(int fadeValue = 255 ; fadeValue >= 0; fadeValue -= 5) {
  // define o valor (intervalo de 0 a 255):
  analogWrite(ledPin, fadeValue);
  // espera 30 milissegundos para ver o efeito dimmer (escurecer)
  delay(30);
 }
}
```

O exemplo do Fade é eficiente e desempenha um efeito fader muito bem, mas depende da função `loop` para atualizar o valor do LED. Essa versão usa laços `for`, que operam dentro da função principal `loop` do Arduino.

Usando os laços for

Quando um sketch executa um laço `for`, ele define os critérios para sair do laço e não pode sair dele até que os critérios sejam atendidos. Muitas vezes, os laços `for` são utilizados para operações repetitivas; neste caso, os laços `for` são usados para aumentar ou diminuir um número em uma taxa definida para criar o fade repetitivo.

A primeira linha do laço `for` determina a inicialização, o teste e a quantidade de incremento ou decremento:

```
for(int fadeValue = 0;fadeValue <= 255;fadeValue += 5)
```

Ao pé da letra, isso quer dizer: "Faça uma variável chamada `fadeValue` (o local no contexto do laço `for`) igual a um valor de 0; verifique se é menor ou igual a 255; se for, defina a `fadeValue` como igual à `fadeValue` mais 5." A `fadeValue` é igual a 0 somente quando é criada; depois disso, ela aumenta em 5 sempre que o laço `for` roda.

Dentro do laço, o código atualiza o valor da `analogWrite` do LED e aguarda 30 milissegundos (ms) antes de tentar o laço mais uma vez:

```
for (int fadeValue = 0 ; fadeValue <= 255; fadeValue += 5) {
  // define o valor (intervalo de 0 a 255):
  analogWrite(ledPin, fadeValue);
  // espera 30 milissegundos para ver o efeito dimmer (escurecer)
  delay(30);
 }
```

Esse laço `for` comporta-se da mesma maneira que o `loop` principal no exemplo-padrão do Fade, mas como a `fadeValue` está contida em seu próprio laço e divide-se em laços que executam em fade, é muito mais fácil testar os padrões do fade de um modo mais controlado. Por exemplo, altere `+ =5` e `-=5` para valores diferentes (que se dividem em 255 ordenadamente) para algum efeito fader interessante.

Você também pode copiar e colar os mesmos laços `for` para criar outras animações em fade. Contudo, tenha em mente que o seu Arduino não pode executar mais nada enquanto estiver em um laço `for`.

O Sketch Button

A primeira e talvez a mais básica das entradas que você pode e deve aprender para seus projetos Arduino é um modesto botão (pushbutton ou chave momentânea), Button no Arduino.

Para o projeto Button, você precisa do seguinte:

- Um Arduino Uno
- Uma breadboard
- Um resistor de 10k ohm
- Um botão
- Um LED
- Fios de jumper

A Figura 6-3 mostra o layout da breadboard para o circuito do Button. É importante observar quais pernas do botão estão conectadas. Na maioria dos casos, esses botões pequenos são feitos para preencher exatamente o espaço central da sua breadboard. Caso eles se encaixem nesse espaço, as pernas geralmente serão divididas em 90 graus em relação ao espaço (neste diagrama, da esquerda para a direita).

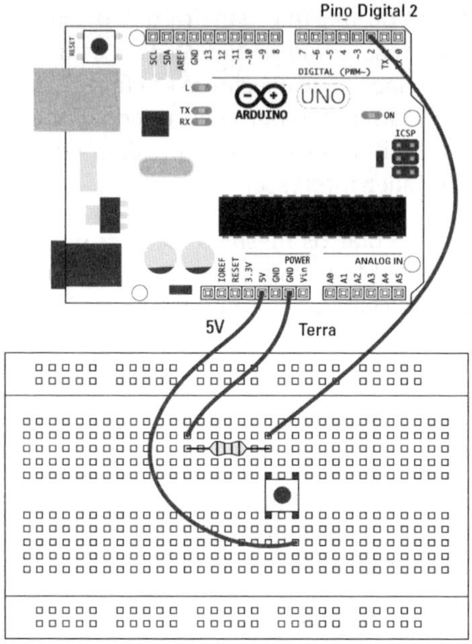

FIGURA 6-3: O pino 2 está lendo o botão.

Você pode testar as pernas de um botão com um teste de continuidade caso o multímetro tenha essa função (conforme detalhado no Capítulo 4).

A partir do esquema na Figura 6-4, você pode ver que o resistor que leva o terra deve ser conectado ao mesmo lado do botão do pino 2, e que, quando o botão é pressionado, ele conecta o pino de 5V ao D2 e ao GND. Essa configuração é usada para comparar o terra (0V) a uma tensão (5V) a fim de que você possa saber se a chave eletrônica está ligada ou desligada.

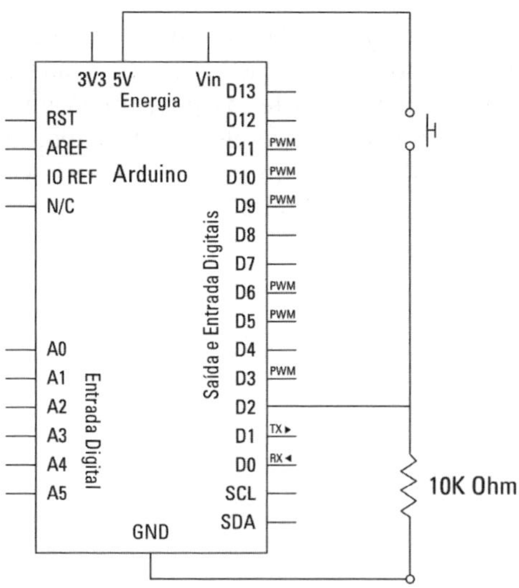

FIGURA 6-4: Um esquema do circuito de botão.

Construa o circuito e faça o upload do código em Arquivo ➪ Exemplos ➪ 02.Digital ➪ Button.

```
/*
  Button

  Liga e desliga um diodo emissor de luz (LED) conectado ao pino
  digital 13,
  ao pressionar um botão conectado ao pino 2.

  O circuito:
  - LED ligado a partir do pino 13 ao terra
  - botão ligado ao pino 2 de + 5V
  - Resistor de 10K ligado ao pino a partir do terra

  - Note: na maioria dos Arduinos já existe um LED na placa
    anexado ao pino 13.

  criado 2005
  por DojoDave <http://www.0j0.org>
  modificado em 30 de agosto de 2011
  por Tom Igoe

  Este código de exemplo está em domínio público.

  http://www.arduino.cc/en/Tutorial/Button (conteúdo em inglês)
*/

// as constantes não mudarão. Elas são usadas aqui para
// definir o número de pinos:
const int buttonPin = 2;    // o número de pinos do botão
const int ledPin = 13;     // o número de pinos do LED

// as variáveis mudarão:
int buttonState = 0;       // variável para leitura do status do botão

void setup() {
  // inicializa o pino do LED como uma saída
  pinMode(ledPin, OUTPUT);
  // inicializa o botão do pino como uma entrada
  pinMode(buttonPin, INPUT);
}

void loop(){
  // lê o estado do valor do botão
  buttonState = digitalRead(buttonPin);
```

```
  // verifica se o botão é pressionado.
  // se for, a buttonState é HIGH:
  if (buttonState == HIGH) {
    // liga o LED:
    digitalWrite(ledPin, HIGH);
  }
  else {
    // desliga o LED:
    digitalWrite(ledPin, LOW);
  }
}
```

Depois de fazer o upload do sketch, pressione o botão e você verá a luz do LED do pino 13. (Para que fique mais fácil de ver a luz, adicione um LED maior à sua placa Arduino entre o pino 13 e o GND.)

Caso não veja nada aceso, confira os seus fios e cabos:

- » Verifique se o seu botão está conectado ao número correto de pinos.
- » Se estiver usando um LED adicional, confira se ele está corretamente posicionado, com a perna longa no pino 13 e a perna curta no GND. Você também pode removê-lo e monitorar o LED montado na placa (marcado como L).
- » Confira as conexões na breadboard. Verifique se os fios de jumper estão conectados usando os barramentos corretos na breadboard.

Compreendendo o sketch Button

Este sketch é o seu primeiro projeto Arduino interativo. Todos os sketches anteriores tinham a ver com saídas, mas agora você pode afetar essas saídas ao fornecer uma entrada humana do mundo real!

Quando pressionado, o seu botão acende uma luz. Quando solto, a luz apaga. Vamos dar uma olhada no sketch para ver como isso acontece.

O primeiro passo no sketch Button é declarar as constantes e as variáveis. Uma *constante*, exibida como `const`, é um valor ou um identificador cujo valor não muda ao longo da duração do programa. No próximo exemplo, os valores de `buttonPin` e de `ledPin` são definidos como constantes. Essa técnica é melhor usada para valores que não devem mudar; desta forma, você tem certeza absoluta de que eles não mudarão. Os números de pinos estão sendo atribuídos porque você não o modifica fisicamente.

A variável `buttonState` está definida como 0. Essa variável monitora as alterações no botão:

```
const int buttonPin = 2;     // o número de pinos do botão
const int ledPin = 13;     // o número de pinos do LED
// as variáveis mudarão::
int buttonState = 0;       // variável para leitura do status do botão
```

A função `setup` implementa a `pinMode` com a `ledPin` (pino 13) como saída e a `buttonPin` (pino 2) como entrada:

```
void setup() {
  // inicializa o pino do LED como uma saída:
  pinMode(ledPin, OUTPUT);
  // inicializa o botão do pino como uma entrada:
  pinMode(buttonPin, INPUT);
}
```

No loop principal, você pode ver claramente a ordem das coisas. Primeiro, a função `digitalRead` é utilizada no pino 2. Assim como a `digitalWrite` pode escrever um valor `HIGH` ou `LOW` (1 ou 0) em um pino, a `digitalRead` pode ler o valor atual, HIGH (1) ou LOW (0), a partir de um pino. Esse valor é, então, armazenado na variável `buttonState`:

```
void loop(){
  // lê o estado do valor do botão:
  buttonState = digitalRead(buttonPin);
```

Com o estado do botão implementado, um teste usa uma instrução `if` para determinar o que acontece a seguir. A declaração diz: "Se houver um valor `HIGH` (tensão conectada ao circuito), envie um valor `HIGH` à `ledPin` (pino 13) para ligar o LED; se houver um valor `LOW` (o pino está aterrado), envie um valor `LOW` à `ledPin` para desligar o LED; repetir."

```
  // verifica se o botão é pressionado.
  // se for, a buttonState é HIGH:
  if (buttonState == HIGH) {
    // liga o LED:
    digitalWrite(ledPin, HIGH);
  }
  else {
    // desliga o LED:
    digitalWrite(ledPin, LOW);
  }
}
```

Ajustando o sketch Button

Muitas vezes, é necessário inverter a saída de um de uma chave eletrônica ou sensor, e você pode fazer isso de duas maneiras. A mais fácil é alterar uma palavra no código.

Ao alterar a linha de código no sketch anterior de

```
if (buttonState == HIGH)
```

para

```
if (buttonState == LOW)
```

a saída é invertida. Isso significa que o LED fica aceso até que o botão seja pressionado. Caso você esteja com um computador, essa opção é a mais fácil. Basta carregar o código.

No entanto, às vezes (como quando a bateria do seu notebook está acabando), você não tem meios para fazer o upload do código editado. Em geral, a maneira mais fácil de inverter a lógica é inverter a polaridade do circuito.

Em vez de conectar o pino 2 a um resistor e, em seguida, ao GND, conecte o resistor ao 5V e mude de lugar o fio GND para o outro lado do botão, conforme mostrado na Figura 6-5.

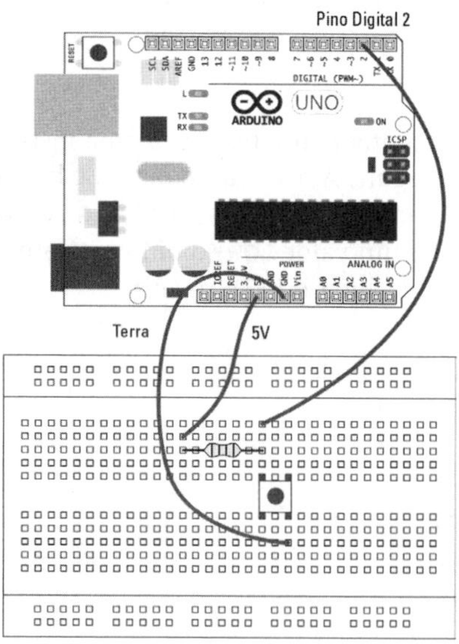

FIGURA 6-5: Um botão com a polaridade invertida.

O Sketch AnalogInput

O sketch anterior lhe mostrou como usar a `digitalRead` para ler ligado ou desligado, mas e se você quiser manipular um valor analógico, como um interruptor dimmer (interruptor de controle de intensidade da luz) ou um botão de controle de volume?

Para o projeto da AnalogInput, você precisa de:

- » Um Arduino Uno
- » Uma breadboard
- » Um resistor variável de 10k ohm
- » Um LED
- » Fios de jumper

Na Figura 6-6 você vê o layout desse circuito. Você precisa de um LED e um resistor para sua saída e um resistor variável para sua entrada. Se você não tem certeza do que é um resistor variável, confira o box "Resistores Variáveis".

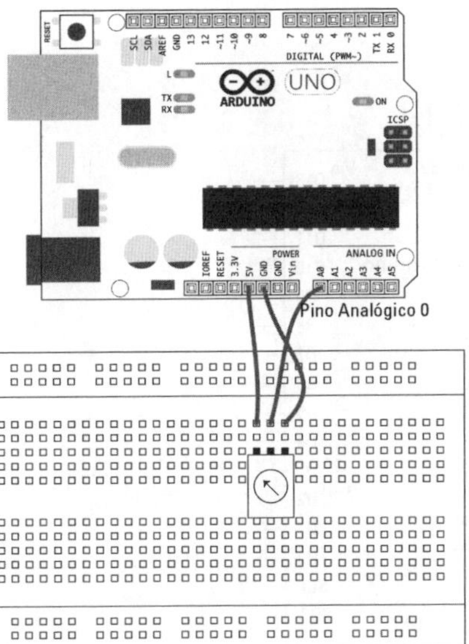

FIGURA 6-6: O potenciômetro está conectado ao pino analógico 0.

Nas Figuras 6-6 e 6-7, o resistor variável tem energia e o terra conectados por meio de pinos opostos, com o pino central fornecendo a leitura. Para ler a entrada analógica, você precisa usar o conjunto especial de pinos de entrada analógica na placa Arduino.

RESISTORES VARIÁVEIS

Os resistores variáveis (também conhecidos como ***potenciômetros*** ou trimpots), como resistores passivos padrão, resistem ao fluxo de corrente em um circuito. A diferença é que, em vez de ter um valor fixo, eles têm um intervalo. Comumente, o limite superior desse intervalo é impresso no resistor. Por exemplo, um resistor variável com um valor de 10KΩ fornece um intervalo de 0 ohms a 10.000 ohms. Essa mudança é algo que pode ser monitorado eletricamente para fornecer uma entrada analógica variável.

Os resistores variáveis vêm em uma diversidade de formas e tamanhos, como mostrado na figura acima. Qualquer coisa com atividade analógica, como um termostato, o botão indicador da sua lavadora de roupas ou o botão da torradeira para definir o tempo, provavelmente contém um potenciômetro.

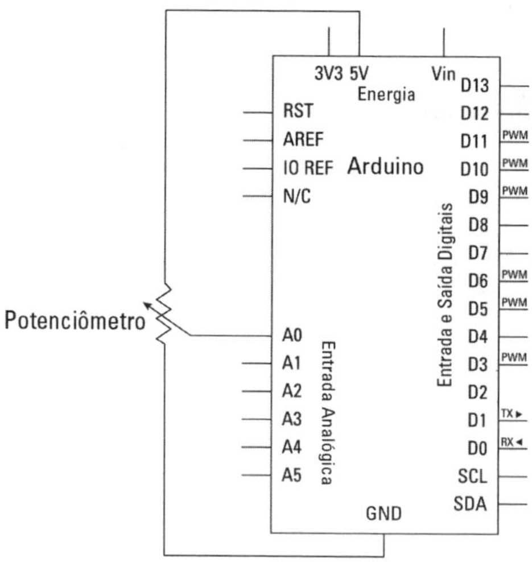

FIGURA 6-7: Um esquema do circuito AnalogInput.

DICA

Observe que, se você trocasse a polaridade do resistor (os fios positivo e negativo), a direção do potenciômetro inverteria. Isso pode ser uma solução rápida caso ache que o valor do seu resistor está indo na direção errada.

Construa o circuito na Figura 6-6 e, em seguida, faça o upload do código em Arquivo ➪ Exemplos ➪ 03.Analog ➪ AnalogInput para começar a controlar seu resistor variável.

```
/*
  Analog Input

 Demonstra entrada analógica lendo um sensor analógico no pino
 analógico 0 e
 liga e desliga um diodo emissor de luz (LED) conectado ao pino
 digital 13.
 O tempo que o LED ficará ligado e desligado depende do valor obtido
 pela analogRead().

  O circuito:
  - potenciômetro
    pino central do potenciômetro para a entrada analógica 0
    um pino lateral (ou um) para o terra
    outro pino lateral para +5V
  - LED
    ânodo (perna longa) conectado à saída digital 13
    cátodo (perna curta) conectado ao terra

  - Nota: como a maioria das placas Arduino tem um LED embutido
  conectado ao pino 13 na placa,
    o LED é opcional

  criado por David Cuartielles
  modificado em 30 de agosto de 2011
  por Tom Igoe

  Este código de exemplo está em domínio público.

  http://www.arduino.cc/en/Tutorial/AnalogInput (conteúdo em inglês)
*/

int sensorPin = A0;   // seleciona o pino de entrada para o
potenciômetro
int ledPin = 13;      // seleciona o pino para o LED
int sensorValue = 0;  // variável para armazenar o valor oriundo do
sensor

void setup() {
  // declara a ledPin como uma OUTPUT (entrada):
  pinMode(ledPin, OUTPUT);
}
```

```
void loop() {
  // lê o valor a partir do sensor:
  sensorValue = analogRead(sensorPin);
  // liga a ledPin
  digitalWrite(ledPin, HIGH);
  // para o programa em milissegundos para a <sensorValue>:
  delay(sensorValue);
  // desliga a ledPin:
  digitalWrite(ledPin, LOW);
  //  para o programa em milissegundos para a <sensorValue>:
  delay(sensorValue);
}
```

Após o sketch ser carregado, gire o potenciômetro. O resultado é um LED que pisca mais lentamente ou mais rápido, dependendo do valor do potenciômetro. Você pode adicionar outro LED entre o pino 13 e o GND para melhorar o efeito desse show.

Caso não veja nada aceso, confira os seus fios e cabos:

» Verifique se está utilizando o número de pinos corretos para o seu resistor variável.

» Verifique se o seu LED está correto, com a perna longa no pino 13 e a perna curta no GND.

» Confira as conexões na breadboard. Caso os fios de jumper ou os componentes não estiverem conectados corretamente nas linhas da breadboard, eles não funcionarão.

Entendendo o sketch AnalogInput

Os sensores analógicos apresentam uma variedade de formas, mas o princípio é geralmente o mesmo para cada um deles. Nesta seção, você examinará o sketch AnalogInput para compreender melhor como o Arduino interpreta esses sensores.

As declarações indicam quais os pinos esse sketch utiliza. O pino para a leitura analógica é escrito como `A0`, que é a abreviação para analog input pin 0 (pino de entrada analógica 0) a fim de demarcá-lo como o primeiro pino de entrada analógica na linha de 6 do barramento (numerado de 0 a 5). Tanto a `ledPin` como a `sensorValue` são declaradas como variáveis-padrão. Vale a pena notar que a `ledPin` e a `sensorPin` podem ser declaradas como inteiros constantes (`const`) porque não mudam. Como o valor da `sensorValue` será alterado, ele é armazenado como uma variável:

```
int sensorPin = A0;    // seleciona o pino de entrada para o
potenciômetro
int ledPin = 13;      // seleciona o pino para o LED
int sensorValue = 0;  // variável para armazenar o valor oriundo do
sensor
```

Durante a setup, é necessário declarar somente `pinMode` do digital `ledPin`. Os pinos de entrada analógica, como o próprio nome indica, são apenas para entrada.

DICA

Você também pode usar os pinos de entrada analógica como entrada digital mais básica ou pinos de saída. Em vez de se referir a eles como pinos analógicos A0-A5, você poderia contá-los como pinos digitais 14-19, como uma extensão dos pinos digitais existentes. Cada um deve ser declarado como entrada ou saída usando a função `pinMode`, como em qualquer pino digital:

```
void setup() {
  // declara a ledPin como uma OUTPUT (saída):
  pinMode(ledPin, OUTPUT);
}
```

Da mesma forma que o sketch Button, o sketch AnalogInput lê o sensor primeiro. Ao usar a função `analogRead`, ele interpreta o valor de tensão de um pino analógico. Conforme a resistência muda, a tensão também. A precisão do valor depende da qualidade do resistor variável. A placa Arduino usa o conversor analógico-digital no chip ATmega328 para ler essa voltagem analógica. Em vez de 0V, 0,1V, 0,2V e assim por diante, o Arduino retorna um valor como um inteiro no intervalo de 0 a 1023. Por exemplo, uma tensão de 2,5V é interpretada como 511.

Via de regra, é uma boa ideia ler os dados do sensor primeiro para evitar delays na leitura de valores, mesmo que o loop ocorra de forma extremamente rápida. Caso contrário, isso pode retardar o delay na resposta do sensor.

Depois que a `sensorValue` é lida, o sketch é basicamente o mesmo que o sketch Blink, porém com um delay variável. A `ledPin` é escrita em `HIGH`, espera e depois, é escrita em `LOW`, aguarda o mesmo intervalo de tempo, atualiza o valor do sensor e repete.

A utilização do valor bruto do sensor (0 a 1023) executa um delay entre 0 e 1,023 segundos:

```
void loop() {
  // lê o valor a partir do sensor:
  sensorValue = analogRead(sensorPin);
  // liga a ledPin
```

```
  digitalWrite(ledPin, HIGH);
  // para o programa em milissegundos para a <sensorValue>:
  delay(sensorValue);
  // desliga a ledPin:
  digitalWrite(ledPin, LOW);
  // para o programa em milissegundos para a <sensorValue>:
  delay(sensorValue);
}
```

Esse sketch pisca seu LED em uma velocidade variada. No entanto, à medida que as piscadas ficam mais lentas, os delays no loop se tornam mais longos e, portanto, as leituras do sensor tornam-se menos frequentes. Isso pode fazer com que seu sensor fique menos responsivo quando está nos valores mais altos, disponibilizando leituras menos uniformes. Para outra análise dos sensores, bem como para suavizá-los e calibrá-los, vá para o Capítulo 10.

Ajustando o sketch AnalogInput

A função `analogRead` forneceu um valor inteiro e você pode aplicar todos os tipos de condições ou de cálculos a esse número em seu sketch. Neste exemplo, mostrarei como calcular se um valor de sensor está acima de um determinado número ou limite.

Ao inserir uma instrução `if` em volta da parte do loop da `digitalWrite`, você pode definir um limite. Neste exemplo, o LED pisca somente se estiver acima do valor médio de 511 do sensor:

```
void loop() {
  // lê o valor a partir do sensor:
  sensorValue = analogRead(sensorPin);
if (sensorValue > 511){
  // liga a ledPin
  digitalWrite(ledPin, HIGH);
  // para o programa em milissegundos para a <sensorValue>:
  delay(sensorValue);
  // desliga a ledPin:
  digitalWrite(ledPin, LOW);
  // para o programa em milissegundos para a <sensorValue>:
  delay(sensorValue);
}
}
```

Tente adicionar algumas condições, mas esteja ciente de que o sensor não será atualizado com tanta frequência caso ocorram muitos delays. Para outros sketches que solucionam esse problema, confira o sketch BlinkWithoutDelay no Capítulo 10.

Um Papo sobre o Monitor Serial

É bom observar os efeitos do seu circuito através de um LED, mas, a menos que você possa ver os valores, pode ser difícil saber se um circuito está se comportando conforme o esperado. O projeto nesta seção e nas seções que seguem serão elaborados para exibir o valor das entradas usando o *monitor serial*.

Serial é um método de comunicação entre um periférico e um computador. Neste caso, é a comunicação serial via porta USB (Porta Serial Universal). Os dados são enviados um byte de cada vez na ordem em que estão escritos. Ao ler sensores com um Arduino, os valores são enviados por meio desta conexão e podem ser monitorados ou interpretados em seu computador.

O Sketch DigitalReadSerial

No projeto DigitalReadSerial, você monitora os valores `HIGH` e `LOW` de um botão no monitor serial.

Para esse projeto, você precisa do seguinte:

- » Um Arduino Uno
- » Uma breadboard
- » Um resistor de 10k ohm
- » Um botão
- » Fios de jumper

As Figuras 6-8 e 6-9 utilizam o mesmo circuito usado para o sketch Button descrito previamente neste capítulo, mas observe que há algumas pequenas mudanças no código deste projeto.

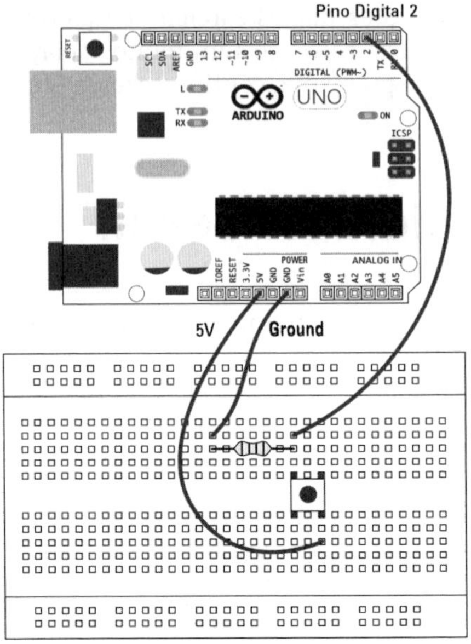

FIGURA 6-8: O pino 2 está lendo o botão.

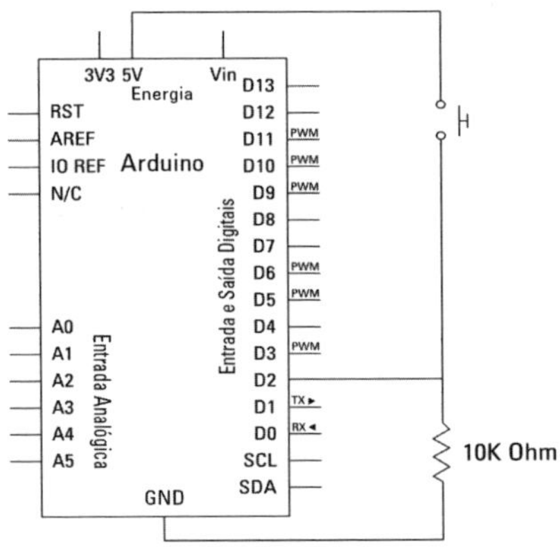

FIGURA 6-9: Um esquema do circuito de botão.

Complete o circuito e faça o upload do código em Arquivo ➪ Exemplos ➪ 01.Basics ➪ DigitalReadSerial:

```
/*
  DigitalReadSerial

  Lê uma entrada digital no pino 2, exibe o resultado no Monitor
  Serial

  Este código de exemplo está em domínio público.
```

```
  http://www.arduino.cc/en/Tutorial/DigitalReadSerial
*/

// o pino digital 2 tem um botão conectado a ele. Dê um nome a ele:
int pushButton = 2;

// a rotina da setup é executada uma vez quando você pressiona reset:
void setup() {
 // inicializa a comunicação serial a 9600 bits por segundo:
 Serial.begin(9600);
 // faz com que o pino do botão se transforme em uma entrada:
 pinMode(pushButton, INPUT);
}

// a rotina de loop é executada repetidamente para sempre:
void loop() {
 // lê o pino de entrada:
 int buttonState = digitalRead(pushButton);
 // exibe o status do botão
 Serial.println(buttonState);
 delay(1);     // delay entre as leituras visando a estabilidade
}
```

Depois de carregar o sketch, clique no botão Monitor Serial no canto superior direito da janela do Arduino. Clicar nesse botão abre a janela do monitor serial mostrada na Figura 6-10 e exibe todos os valores sendo enviados para a porta serial atualmente selecionada (que é a mesma que você acabou de carregar, a menos que tenha selecionado de outra forma).

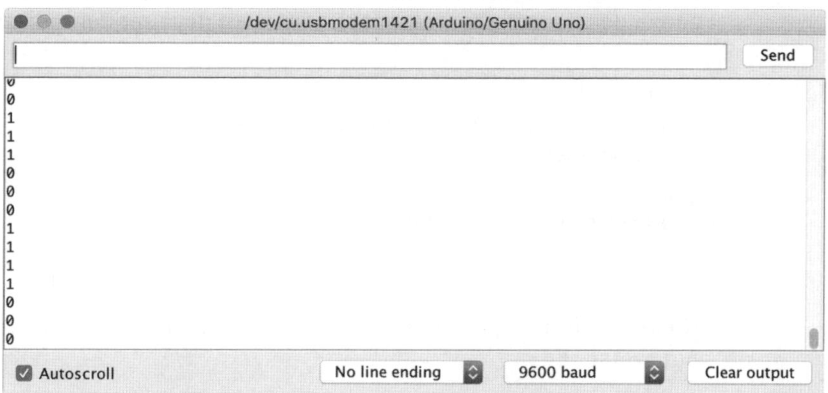

FIGURA 6-10: A janela do monitor serial é ótima para que você fique de olho no que o seu Arduino está fazendo.

Você deve ver uma cascata de valores `0` na janela. Pressione o botão algumas vezes e alguns valores `1` devem aparecer.

Se você não vir nada, ou se vir valores incorretos, confira os fios e os cabos:

» Confira se está usando o número de pinos correto.

» Confira as conexões na breadboard. Caso os fios de jumper ou os componentes não estiverem conectados corretamente nas linhas da breadboard, eles não funcionarão.

» Se receber caracteres inexplicáveis em vez de 0s e 1s, verifique a taxa de transmissão no monitor serial; caso não esteja definido em 9600, use o menu suspenso para selecionar essa taxa.

Compreendendo o sketch DigitalReadSerial

A única variável a ser declarada neste sketch é o número do pino do botão:

```
int pushButton = 2;
```

Dentro da função `setup`, existe uma nova função chamada `Serial.begin`. Essa função inicializa a comunicação serial. O número entre parênteses representa a velocidade da comunicação, ou *taxa de transmissão*, e é o número de bits enviados por segundo. Neste contexto, o Arduino está enviando dados a 9600 bits por segundo.

Ao visualizar a comunicação no monitor serial, é importante ler os dados na mesma velocidade em que estão sendo escritos. Na hipótese de você não fazer isso, os dados serão confusos e você será apresentado a algo que não faz o menor sentido. No canto inferior direito da janela, você pode definir a taxa de transmissão, mas, por padrão, ela deve ser definida em 9600.

```
void setup() {
  // inicializa a comunicação serial a 9600 bits por segundo:
  Serial.begin(9600);
  // faz com que o pino do botão se transforme em uma entrada:
  pinMode(pushButton, INPUT);
}
```

No loop, a função `pushButton` é lida e seu valor é armazenado na variável `buttonState`:

```
void loop() {
  // lê a entrada do pino:
  int buttonState = digitalRead(pushButton);
```

Em seguida, a função `Serial.println` escreve o valor da porta serial. Quando a `println` é usada, significa que o código de fim de linha (nova linha) deve ser adicionado após o valor ser exibido. O código de fim de linha é sobretudo prático quando você está lendo valores, porque aparecem mais nitidamente do que em uma linha de valores:

```
// exibe o estado do botão:
Serial.println(buttonState);
```

Um delay de 1ms é adicionado ao final do loop para diminuir a velocidade na qual o botão é lido. O fato de se ter valores escritos mais depressa do que podem ser exibidos provoca resultados instáveis, por isso, é aconselhável manter este delay:

```
  delay(1);        // delay entre as leituras visando a estabilidade
}
```

O Sketch AnalogInOutSerial

No projeto AnalogInOutSerial, você monitora um valor analógico enviado por um resistor variável para o monitor serial. Esses resistores variáveis são os mesmos que os botões de controle de volume do aparelho de som, porém muitas vezes as pessoas não têm a mínima ideia de como eles funcionam. Neste exemplo, você vai monitorar o valor conforme ele é detectado pelo sua placa Arduino e o exibir em sua tela no monitor serial, o que lhe possibilita uma melhor compreensão do intervalo de valores e do desempenho desse sensor analógico.

Você precisa do seguinte:

- Um Arduino Uno
- Uma breadboard
- Um resistor variável de 10k ohm
- Um resistor (maior que 120 ohm)
- Um LED
- Fios de jumper

O circuito, conforme mostrado nas Figuras 6-11 e 6-12, é análogo ao exemplo do circuito `AnalogInput`, mas com a adição de um LED conectado ao pino 9, como no circuito Fade. O código liga e desliga o LED em fade de acordo com a volta que você realiza no potenciômetro. Como a entrada e a saída têm um intervalo de valores diferente, o sketch contém uma conversão para usar o potenciômetro a fim de se realizar o efeito Fader no LED. Este circuito é um ótimo exemplo de utilização do monitor serial para depuração e exibe os valores de entrada e saída com uma legibilidade impressionante.

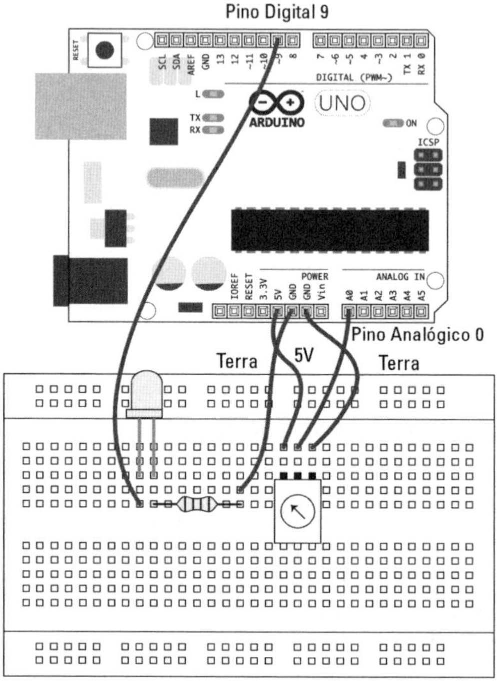

FIGURA 6-11: Circuito dimmer para ser lido em série.

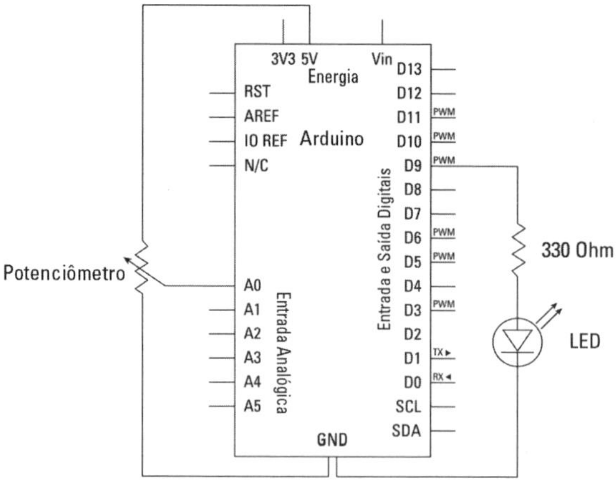

FIGURA 6-12: Um esquema do circuito dimmer.

Complete o circuito e faça o upload do código em Arquivo ➪ Exemplos ➪ 03.Analog ➪ AnalogInOutSerial.

```
/*
 Entrada analógica, saída analógica, saída serial

  Lê um pino de entrada analógica, mapeia o resultado para um
  intervalo de 0 a 255 e usa
  este resultado para definir a modulação por largura de pulso (PWM)
  de um pino de saída.
  Exibe também os resultados no Monitor Serial.

  O circuito:
  - potenciômetro conectado ao pino analógico 0.
    o pino central do potenciômetro vai no pino analógico.
    pinos laterais do potenciômetro vão para o + 5V e para o terra
  - LED conectado a partir do pino digital 9 ao terra

  criado em 29 de dezembro de 2008
  modificado em 9 de abril de 2012
  por Tom Igoe

  Este código de exemplo está em domínio público.

  http://www.arduino.cc/en/Tutorial/AnalogInOutSerial (conteúdo em
inglês)
*/

// as constantes não mudaram. Elas são usadas para nomear
// os pinos utilizados:
const int analogInPin = A0;  // Pino de entrada analógica no qual o
                                potenciômetro está conectado
const int analogOutPin = 9; // Pino de saída analógica no qual o LED
  está
                                conectado

int sensorValue = 0;        // o valor lido a partir do potenciômetro
int outputValue = 0;        // saída de valor para a PWM (analog out)

void setup() {
  // inicializa as comunicações seriais em 9600 bps:
  Serial.begin(9600);
}

void loop() {
  // lê a analog no valor:
```

```
  sensorValue = analogRead(analogInPin);
  // mapeia para o intervalo da analog out:
  outputValue = map(sensorValue, 0, 1023, 0, 255);
  // muda o valor da analog out:
  analogWrite(analogOutPin, outputValue);

  // exibe os resultados no monitor serial:
  Serial.print("sensor = " );
  Serial.print(sensorValue);
  Serial.print("\t output = ");
  Serial.println(outputValue);

  // espera 2 milissegundos antes do próximo loop
  // para o conversor analógico-digital resolver
  // depois da última leitura:
  delay(2);
}
```

Depois de carregar o sketch, gire o potenciômetro com os dedos. O resultado deve ser um LED que acenda e apague gradualmente dependendo do valor do potenciômetro. Agora, clique no botão do monitor serial no canto superior direito da janela do Arduino para monitorar os valores numéricos que você está recebendo e enviando para o LED.

Caso não veja nada aceso, confira os seus fios e cabos:

- Verifique se está utilizando o número de pinos corretos para o seu resistor variável.
- Verifique se o seu LED está na posição correta, com a perna longa conectada ao pino 9 e a perna curta conectada ao GND, por meio de um resistor.
- Confira as conexões na breadboard. Caso os fios de jumper ou os componentes não estiverem conectados corretamente nas linhas da breadboard, eles não funcionarão.
- Se você receber caracteres estranhos em vez de palavras e números, verifique a taxa de transmissão no monitor serial. Se não estiver definida como 9600, use o menu suspenso para selecionar essa taxa.

Entendendo o sketch AnalogInOutSerial

O início do sketch é simples. Ele declara as constantes para ambos os pinos utilizados para a entrada analógica e a saída PWM. Existem também duas variáveis para os dados brutos do sensor (`sensorValue`) e o valor que é enviado para o LED (`outputValue`):

```
const int analogInPin = A0;  // Pino de entrada analógica no qual o
potenciômetro está conectado
const int analogOutPin = 9; // Pino de saída analógica no qual o LED
  está conectado

int sensorValue = 0;        // o valor lido a partir do potenciômetro
int outputValue = 0;        // saída de valor para a PWM (analog out)
```

Na função `setup`, você não tem quase nada para fazer além de abrir a linha de comunicação serial:

```
void setup() {
  // inicializa as comunicações seriais em 9600 bps:
  Serial.begin(9600);
}
```

A ação em si está dentro do loop. Como no sketch Fade, o melhor lugar para começar é lendo a entrada. A variável `sensorValue` armazena a leitura da `analogInPin`, que estará no intervalo de 0 a 1023:

```
void loop() {
  // lê a analog no valor:
  sensorValue = analogRead(analogInPin);
```

Dado que o efeito fader de um LED usando a PWM requer um intervalo de 0 a 255, é necessário reduzir a `sensorValue` para que ela caiba no intervalo curto da `outputValue`. Para fazer isso, você utiliza a função `map`. A função `map` dimensiona uma variável. Ao definir o mínimo e o máximo da variável para um novo mínimo e máximo, todo o dimensionamento fica a seu cargo. A função`map` cria uma `outputValue` diretamente proporcional à `sensorValue`, só que em uma escala menor:

```
  // mapeia para o intervalo da analog out::
  outputValue = map(sensorValue, 0, 1023, 0, 255);
```

DICA

Funções como essa são convenientes, mas às vezes podem ser supérfluas. Neste exemplo, você consegue chegar a esse mesmo resultado simplesmente dividindo o valor do sensor por 4:

```
  outputValue = sensorValue/4;
```

Em razão de a `outputValue` ser um inteiro, ela é arredondada para o número inteiro mais próximo. Então, a `outputValue` é gravada no LED usando a função `analogWrite`:

```
// muda o valor da analog out:
analogWrite(analogOutPin, outputValue);
```

Esse código é o bastante para o circuito funcionar, contudo, caso queira saber o que está acontecendo, você precisa escrever alguns valores para a porta serial. O código da `Serial.print` tem três linhas antes da `Serial.println`. Cada ocorrência da `Serial.print` escreve na mesma linha do monitor serial. Utilizar a `Serial.println` finaliza o texto com o recurso fim de linha do código, iniciando uma nova linha. Portanto, uma nova linha de texto é escrita sempre que o programa conclui um loop.

O texto dentro das aspas é para indicar ou acrescentar caracteres. Você também pode usar caracteres especiais, como `\t`, que adiciona o espaçamento:

```
// exibe os resultados no monitor serial:
Serial.print("sensor = " );
Serial.print(sensorValue);
Serial.print("\t output = ");
Serial.println(outputValue);
```

Segue um exemplo dessa linha no monitor serial:

```
sensor = 1023   output = 255
```

O loop é concluído com um pequeno delay para consolidar os resultados e, em seguida, é repetido, atualizando a entrada, a saída e as leituras no monitor serial.

```
  // espera 2 milissegundos antes do próximo loop
  // para o conversor analógico-digital resolver
  // depois da última leitura:
  delay(2);
}
```

DICA

Esse tempo de delay é extremamente indiscriminado. Os 2ms poderiam ser apenas 1ms, como no exemplo anterior. Talvez você tenha que fazer alguns testes com esses pequenos delays. Se um sensor estiver tremendo, você pode testar até 10ms, ou pode achar que a leitura está funcionando perfeitamente e pode ser totalmente eliminada. Não há valor mágico.

NESTE CAPÍTULO

» **Movimentando motores CC**

» **Trocando cargas maiores com transistores**

» **Acelerando seu motor**

» **Deslocamento preciso usando um motor de passo**

» **Fazendo música eletrônica com um buzzer**

Capítulo **7**

Mais Sketches Básicos: Movimento e Som Neste Capítulo

O Capítulo 6 mostra como utilizar alguns LEDs simples como saídas para vários circuitos. Na Arduinolândia, nada é mais bonito que um LED piscando, mas há uma diversidade de outras saídas como opções. Neste capítulo, explorarei duas outras áreas: o movimento fornecido por motores e som de um buzzer, vulgo campainha.

Trabalhando com Motores Elétricos

Os motores elétricos lhe permitem movimentar as coisas com eletricidade usando a força do *eletromagnetismo*. Quando uma corrente elétrica é passada através de um fio de bobina, ela cria um campo eletromagnético. Esse processo funciona de forma semelhante a um ímã permanente normal, mas lhe dá controle sobre a presença do campo, o que significa que você pode ligá-lo e desligá-lo à vontade, e até alterar a direção do magnetismo. Talvez você se lembre, lá da escola, de que os ímãs têm dois estados possíveis: atração ou repulsão. Em um campo eletromagnético, você pode alternar entre eles alternando a polaridade, o que, na prática, significa trocar os fios positivo e negativo.

Os eletroímãs apresentam uma pluralidade de usos, como em fechaduras elétricas, válvulas automatizadas de encanamento e cabeças (heads) de leitura e gravação em discos rígidos. Eles também são utilizados para levantar sucata de metal. Até mesmo o CERN (O Grande Colisor de Hádrons) usa um eletroímã. Neste capítulo, concentro-me em outro uso importante: motores elétricos.

Um motor elétrico é composto de um fio de bobina (eletroímã) entre dois ímãs permanentes regulares. Ao alternar a polaridade da bobina, é possível girá-la, pois ela é puxada por um ímã e depois empurrada para o próximo imã. Se esse procedimento for rápido o bastante, a bobina ganha o impulso para girar.

A primeira parte a se compreender é como a bobina consegue girar se estiver acoplada aos fios. Esse giro é alcançado por meio da fixação de duas escovas de cobre no eixo. As escovas ficam em contato com dois semicírculos de cobre, conforme mostrado na Figura 7-1, para que uma conexão possa ser mantida sem nenhum fio fixo. Os semicírculos também indicam que os dois pontos nunca ficam em contato, o que provocaria um curto-circuito.

FIGURA 7-1: Como o eixo de um motor pode ser conectado e ainda assim estar livre para girar.

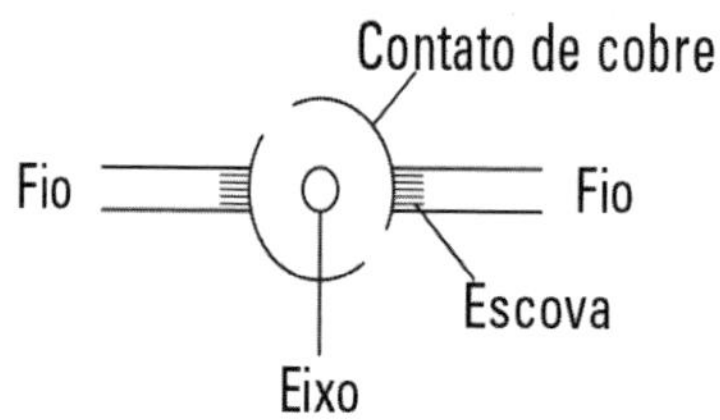

Com uma bobina girando espontaneamente no lugar em um eixo, você pode influenciar a bobina colocando dois ímãs de barra permanentes próximos a ela. Como mostrado na Figura 7-2, os ímãs são colocados em cada lado da bobina, com diferentes polos de cada lado. Caso insira a corrente elétrica através da bobina, você oferece uma polaridade — seja norte ou sul, como nos ímãs de barras convencionais. Se a bobina estiver ao norte, ela será repelida pelo ímã da barra norte e atraída pelo ímã da barra sul.

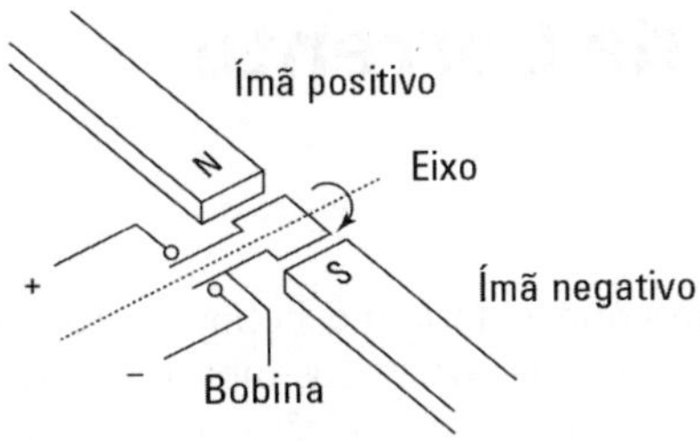

FIGURA 7-2: Um diagrama de um motor elétrico.

Se você observar a escova novamente, perceberá que mais alguma coisa ocorre quando a bobina faz meia rotação: a polaridade se inverte. Quando isso acontece, o ciclo recomeça e a bobina norte vai para o sul e é afastada pelo ímã sul de volta ao norte. Por causa do impulso produzido quando a bobina é repelida, esse movimento continua na mesma direção, enquanto existe energia suficiente.

Esse é o tipo de motor elétrico mais básico; os motores modernos são extremamente sofisticados, com mais bobinas e ímãs para produzir um movimento mais suave. Outros motores também são baseados nesse princípio, todavia, têm controles mais avançados para se movimentar, por exemplo, por um número exato de graus ou para um local específico. Em seu kit, você deve ter duas variedades de motor elétrico: um motor CC (DC) e um servomotor.

Descobrindo os Diodos

Um componente fundamental para circuitos de controle de motores é o diodo. Como explicado anteriormente neste capítulo, você pode girar um motor elétrico colocando tensão nele. Porém, se um motor está girando ou é girado sem ter uma tensão, ele gera uma tensão na direção oposta. É assim que geradores e dínamos elétricos produzem eletricidade a partir do movimento.

Caso essa inversão de tensão ocorra em seu circuito, as consequências podem ser desastrosas, entre as quais, componentes danificados ou destruídos. Então, para controlar essa corrente reversa, você usa um diodo. Os *diodos* bloqueiam a corrente em uma direção e a desbloqueiam em outra. A corrente pode fluir do ânodo para o cátodo. A Figura 7-3 demonstra como o ânodo e o cátodo são identificados para o diodo físico e o diagrama de circuito, com uma faixa no diodo físico e uma linha contínua no esquema, ambos indicando o cátodo.

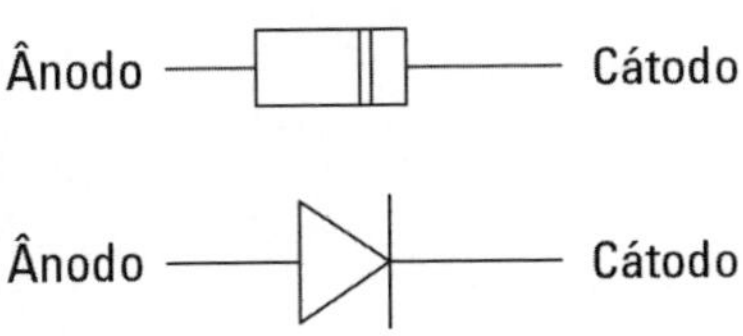

FIGURA 7-3: Um diodo físico e seu símbolo esquemático.

Girando um Motor de Corrente Contínua (CC)

O motor CC do kit (também conhecido como hobby motor ou motor de corrente contínua escovado) é o mais básico dos motores elétricos e é utilizado em todos os tipos de equipamentos eletrônicos para hobbies, como aeromodelismo e ferromodelismo. Quando a corrente é passada através de um motor CC, ele gira continuamente em uma direção até que a corrente pare. A menos que esteja especificamente marcado com um + ou –, os motores CC não têm polaridade, o que significa que você pode trocar os dois fios para inverter a direção do motor. Existem muitos outros motores maiores, mas neste exemplo eu me ative aos pequenos hobby motors.

O sketch motor

Nesta seção, mostrarei como configurar um circuito de controle simples para ligar e desligar seu motor.

Você precisa do seguinte:

- » Um Arduino Uno
- » Uma breadboard
- » Um transistor
- » Um motor CC
- » Um diodo
- » Um resistor de 2,2k ohm
- » Fios de jumper

ENTENDENDO OS TRANSISTORES

Ocasionalmente, não é possível, tampouco aconselhável, alimentar uma saída diretamente de seus pinos do Arduino. Ao utilizar um transistor, você pode controlar um circuito a partir da sua placa Arduino modestamente potente.

Geralmente, os motores e outras saídas maiores (como muitas luzes LED) exigem mais tensão e corrente do que os pinos do Arduino podem fornecer; desse modo, eles precisam de seus próprios circuitos para fornecer tal energia. Para que seja possível controlar esses circuitos maiores, você pode usar um componente chamado transistor. Da mesma forma que um interruptor físico é usado para ligar e desligar um circuito, um transistor é um interruptor eletrônico que pode ser ligado e desligado utilizando uma voltagem muito pequena.

Há inúmeras opções de transistores mundo afora, e cada um tem seu próprio número de produto, que você pode pesquisar no Google para obter mais detalhes. O que eu uso no exemplo desta seção é um P2N2222A, que é um ***transistor do tipo NPN***. (Existem dois tipos de transistores — NPN e PNP.)

Um transistor tem três pernas: base, coletor e emissor. A ***base*** (ou ***porta***) é para onde o sinal digital do Arduino é enviado; o ***coletor*** (ou ***dreno***) é a fonte de energia; e o ***emissor*** (ou ***fonte***) é o terra. As pernas são numeradas e, conforme o esperado, mencionadas na ficha técnica para se saber qual perna é qual. Em um diagrama de circuito, um transistor é desenhado como na figura a seguir, com o coletor no topo, a base à esquerda e o emissor na parte inferior.

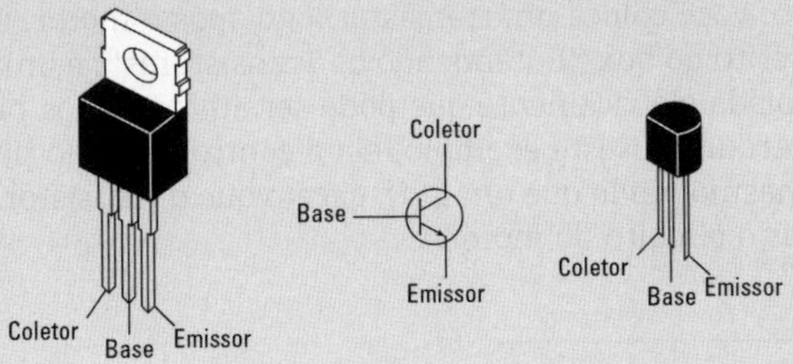

A Figura 7-4 mostra o layout desse circuito.

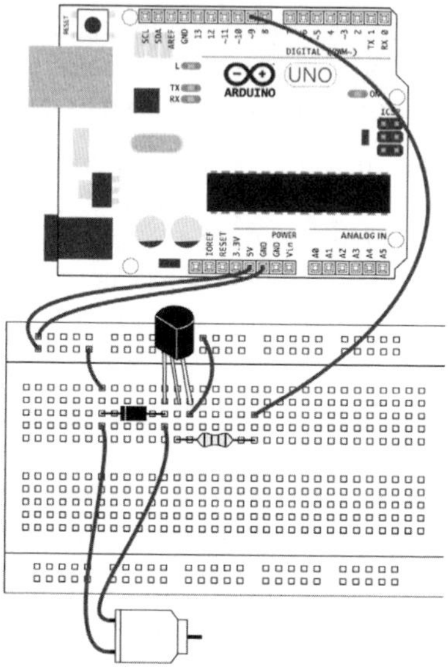

FIGURA 7-4: Um circuito de transistor para acionar o seu motor elétrico.

O diagrama do circuito na Figura 7-5 deve elucidar exatamente o que está acontecendo. Para alimentar o motor, você precisa enviar 5V através dele e depois para o terra. Essa tensão gira o motor, mas você tem controle sobre ela. Para dar ao seu Arduino o controle da potência do motor e, portanto, de sua rotação, você coloca um transistor logo após o motor. O transistor, conforme descrito no box "Entendendo os Transistores", é uma chave eletrônica controlada eletricamente que pode ser ativada pelos pinos digitais da sua placa Arduino. Neste exemplo, ela é controlada pelo pino 9 no seu Arduino, do mesmo modo que um LED, exceto que o transistor lhe permite ligar e desligar o circuito do motor.

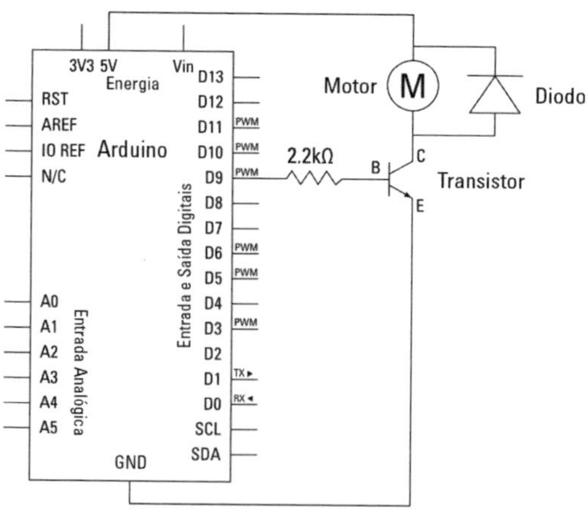

FIGURA 7-5: Um diagrama de circuito de um circuito de transistor.

Esse circuito funciona, porém ainda há a possibilidade de criar uma corrente reversa, porque o impulso do motor fica mais lento ou porque o motor pode ser girado. Se a corrente reversa for gerada, ela circulará do lado negativo do motor e tentará encontrar o caminho mais fácil para chegar ao terra. Essa rota pode ser através do transistor ou através do seu Arduino. Não há como saber exatamente o que acontecerá; desse modo, você precisa viabilizar um modo de controlar esse excesso de corrente.

Para garantir, você coloca um diodo do outro lado do motor. O diodo está virado em direção à fonte da tensão, portanto, a tensão é forçada através do motor, que é o que você quer. Caso a corrente seja gerada na direção oposta, sua circulação em direção à placa Arduino será bloqueada.

CUIDADO

Se você colocar o diodo de forma errada, a corrente desvia do motor e você cria um curto-circuito. O curto-circuito tenta aterrar toda a corrente disponível e pode danificar sua porta USB ou, no mínimo, exibir uma mensagem de aviso informando que a porta USB está consumindo muita energia.

Construa o circuito conforme mostrado e abra um sketch novo no Arduino. Pressione o botão Salvar e salve o sketch com um nome marcante, como myMotor, e digite o seguinte código:

```
int motorPin = 9;

void setup() {

  pinMode(motorPin, OUTPUT);
}

void loop() {

  digitalWrite(motorPin, HIGH);
  delay(1000);

  digitalWrite(motorPin, LOW);
  delay(1000);

}
```

Depois de digitar o sketch, salve-o e clique no botão Verificar para verificar seu código. O IDE do Arduino (apresentado no Capítulo 2) verifica seu código em busca de erros de sintaxe (gramática de código) e os destaca na área de mensagens. Os erros mais comuns incluem erros de digitação, ponto e vírgula ausentes e diferenciação de maiúsculas e minúsculas.

Se o sketch for compilado corretamente, clique em Carregar para fazer o upload do sketch na sua placa. Você deve ver seu motor girando por um segundo e parando por um segundo reiteradamente.

Caso isso não aconteça, confira os seus fios e cabos:

- » Certifique-se de que você esteja usando o pino número 9.
- » Confira se o seu diodo está virado do jeito correto, com a faixa voltada para a conexão de 5v.
- » Confira as conexões na breadboard. Caso os fios de jumper ou os componentes não estejam conectados corretamente nas linhas da placa breadboard, eles não funcionarão.

Compreendendo o sketch Motor

O sketch Motor é um sketch básico, e você já deve ter percebido que é uma variação do sketch Blink. Este exemplo modifica o hardware, mas utiliza o mesmo código para controlar um LED.

Primeiro, o pino é declarado usando o pino digital 9:

```
int motorPin = 9;
```

Na função `setup`, o pino 9 é definido como uma saída:

```
void setup() {

 pinMode(motorPin, OUTPUT);

}
```

O loop informa ao sinal de saída para ir para `HIGH`, esperar por 1000ms (1 segundo), ir para `LOW`, aguardar por mais 1000ms e, em seguida, repetir. Esse cenário lhe fornece o mais básico do controle do motor, dizendo ao motor quando ligar e desligar:

```
void loop() {

 digitalWrite(motorPin, HIGH);
 delay(1000);

 digitalWrite(motorPin, LOW);
 delay(1000);

}
```

Mudando a Velocidade do Seu Motor

É muito bonito ligar e desligar, mas às vezes você quer maior controle sobre a velocidade do seu motor. O sketch a seguir mostra como controlar essa velocidade com o mesmo circuito.

O sketch MotorSpeed

Ao utilizar o mesmo circuito da seção anterior, abra um novo sketch do Arduino, salve-o com outro nome marcante, como myMotorSpeed, e digite o seguinte código:

```
int motorPin = 9;

void setup(){

 pinMode(motorPin, OUTPUT);

}
void loop()  {

 for(int motorValue = 0; motorValue <= 255; motorValue +=5){
  analogWrite(motorPin, motorValue);
  delay(30);
 }

 for(int motorValue = 255; motorValue >= 0; motorValue -=5){
  analogWrite(motorPin, motorValue);
  delay(30);
 }

}
```

Depois de digitar o sketch, salve-o e clique no botão Verificar para verificar seu código. O Arduino IDE deve destacar quaisquer erros gramaticais na área de mensagens, caso sejam descobertos.

Se o sketch for compilado corretamente, clique em Carregar para fazer seu upload na sua placa. Quando o upload terminar, a princípio, você deverá ter um motor que gire lentamente, acelere até seu giro mais rápido, gire até parar e repita. Pode ser impraticável ver isso, então você deve fixar algo mais visível, como um pedaço de fita adesiva ou massa adesiva (como a Blu-Tack), no fuso do motor para ver o que está acontecendo.

Você pode achar que, no seu ponto mais lento, o motor somente emite um zumbido. Esse zumbido não é um problema: ele significa apenas que o eletroímã não tem tensão suficiente para girar o motor; é preciso mais tensão para gerar o magnetismo e ganhar impulso.

Entendendo o sketch MotorSpeed

O sketch MotorSpeed é uma pequena variação do sketch Fade descrito no Capítulo 6, porém funciona da mesma maneira.

O pino que você está usando para controlar o circuito do motor, pino digital 9, é declarado:

```
int motorPin = 9;
```

Por ser uma saída, você a define dentro da função `setup`:

```
void setup() {
  pinMode(motorPin, OUTPUT);
}
```

No loop principal, você usa a `analogWrite` para enviar um valor de MPL ao pino 9. Esse mesmo princípio se aplica ao sketch Fade, que acende e apaga um LED progressivamente. O primeiro laço `for` envia um valor gradualmente crescente para o pino 9 até atingir o valor máximo da MPL de 255. O segundo laço `for` retorna paulatinamente esse valor para 0; então o ciclo se repete:

```
void loop() {

  for(int motorValue = 0; motorValue <= 255; motorValue +=5){
    analogWrite(motorPin, motorValue);
    delay(30);
  }

  for(int motorValue = 255; motorValue >= 0; motorValue -=5){
    analogWrite(motorPin, motorValue);
    delay(30);
  }

}
```

Esse processo poderia ser comparado a acelerar o motor de um carro. Se você pisar fundo no acelerador do carro, acelerará o motor até a velocidade máxima. Agora, caso você toque o pedal do acelerador, o mecanismo acelerará e, em seguida, diminuirá a velocidade. Se pisar em um ritmo constante antes que ele desacelere, você mantém um pouco do impulso do motor giratório e atinge uma velocidade média (embora um tanto brusca). O transistor está realizando tal ação, porém bem rapidamente. Os intervalos entre ligado e desligado e o impulso do motor admitem um comportamento analógico a partir de um sinal digital.

Controlando a Velocidade do Seu Motor

O sketch na seção anterior lhe permitiu controlar o motor. Nesta seção, você descobrirá como empregar algumas entradas em seu circuito para lhe dar controle total do motor em tempo real.

O sketch MotorControl

Para se ter o controle da velocidade do seu motor sempre que precisar, acrescente um potenciômetro ao seu circuito.

Você precisa do seguinte:

- Um Arduino Uno
- Uma breadboard
- Um transistor
- Um motor CC
- Um diodo
- Um resistor variável de 10k ohm
- Um resistor de 2,2k ohm
- Fios de jumper

Observe o diagrama da Figura 7-6 e o diagrama do circuito na Figura 7-7 para adicionar um potenciômetro ao lado do circuito de controle do motor.

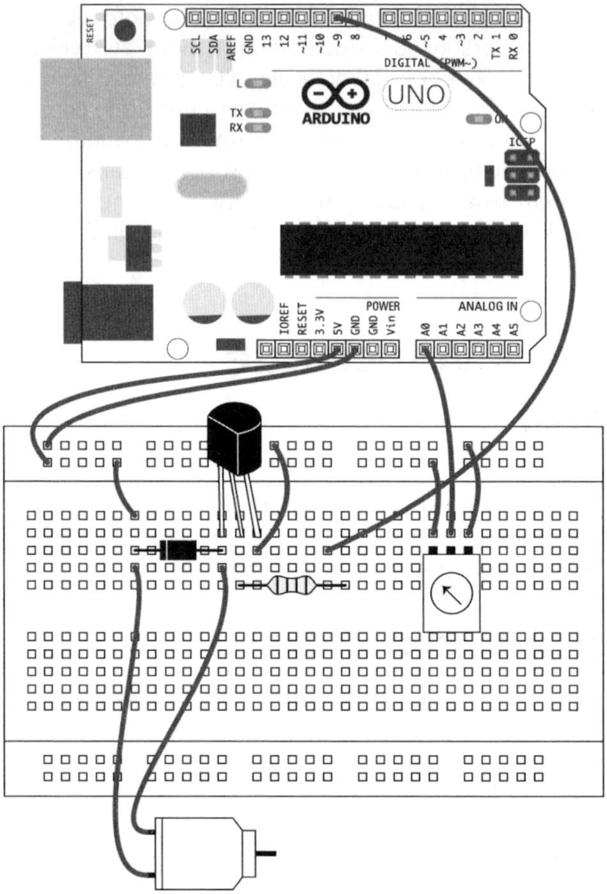

FIGURA 7-6: Um circuito de transistor para acionar o seu motor elétrico.

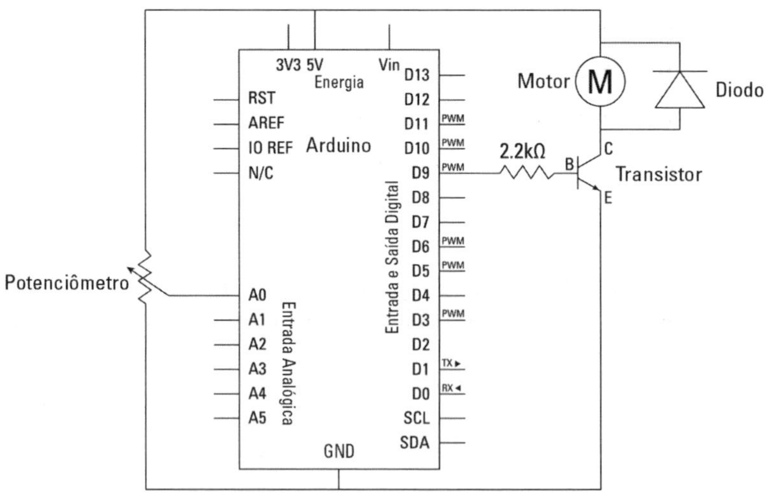

FIGURA 7-7: Um diagrama de circuito de transistor.

Encontre um espaço na sua breadboard para posicionar seu potenciômetro. O pino central do potenciômetro é conectado de volta ao pino 9 usando um fio de jumper, e os dois pinos restantes são conectados a 5V em um lado e GND do outro. O 5V e o GND podem estar em ambos os lados, mas trocá-los inverterá o valor que o potenciômetro envia ao Arduino. Ainda que o potenciômetro utilize a mesma energia e o terra do motor, observe que eles são circuitos separados que se comunicam por meio do Arduino.

Depois de construir o circuito, abra um novo sketch do Arduino e salve-o com outro nome inesquecível, como myMotorControl. Em seguida, digite o seguinte código:

```
int potPin = A0;
int motorPin = 9;

int potValue = 0;
int motorValue = 0;

void setup() {
 Serial.begin(9600);
}

void loop() {
 potValue = analogRead(potPin);
 motorValue = map(potValue, 0, 1023, 0, 255);

 analogWrite(motorPin, motorValue);

 Serial.print("potentiometer = ");
 Serial.print(potValue);
 Serial.print("\t motor = ");
 Serial.println(motorValue);

 delay(2);
}
```

Após digitar o sketch, salve-o e clique no botão Compilar para destacar os erros de sintaxe.

Se o sketch for compilado corretamente, clique em Carregar para fazer o upload do sketch na sua placa. Quando terminar de carregar, você poderá controlar seu motor usando o potenciômetro. Girar o potenciômetro em uma direção acelera o motor; girá-lo em outra desacelera o motor. A próxima seção elucida como o código admite que o potenciômetro altere a velocidade.

Entendendo o Sketch MotorControl

O sketch MotorControl é uma variação do sketch AnalogInOutSerial e funciona do mesmo modo, com algumas alterações de nome a fim de indicar melhor o que você está controlando e monitorando no circuito.

Como de costume, você declara as diferentes variáveis usadas no sketch. Utilize a variável `potPin` para atribuir o pino do potenciômetro e a variável `motorPin` para enviar um sinal ao motor. A variável `potValue` é usada para armazenar os valores brutos do potenciômetro e a variável `motorValue` armazena o valor convertido que você deseja enviar ao transistor para alternar o motor:

```
int potPin = A0;
int motorPin = 9;

int potValue = 0;
int motorValue = 0;
```

Para obter mais detalhes sobre o funcionamento desse sketch, consulte o exemplo AnalogInOutSerial no Capítulo 6.

Ajustando o sketch MotorControl

Talvez você ache que o motor só emite um zumbido abaixo da velocidade mínima. Isso acontece porque não ele tem energia suficiente para girar. Ao monitorar os valores enviados ao motor usando o sketch MotorControl, você pode encontrar o valor mínimo do motor para rotacionar e depois otimizar a `motorValue` para girá-lo dentro de seu intervalo verdadeiro.

Para encontrar o intervalo da `motorValue`, siga estas etapas:

1. **Com o sketch MotorControl carregado, clique no botão Monitor Serial no canto superior direito da sua janela do Arduino.**

   A janela do Monitor Serial exibe o valor do potenciômetro seguido pelo valor de saída enviado para o motor, desta maneira:

   potenciômetro = 1023   motor = 255

   Esses valores são exibidos em uma lista extensa e são atualizados quando você gira o potenciômetro. Se você não vir a lista com uma barra de rolagem para baixo, verifique se a opção Autoscroll está selecionada.

2. **Ao começar com o seu potenciômetro lendo um valor de 0, gire-o bem devagar até que o zumbido pare e o motor comece a girar.**

3. **Anote o valor exibido neste momento.**

4. Use uma instrução `if` para dizer ao motor para alterar a velocidade somente se o valor for maior que a velocidade mínima necessária para girá-lo, da seguinte maneira:

a. Encontre a parte do seu código que escreve a `motorValue` no motor:

```
analogWrite(motorPin, motorValue);
```

b. Substitua-a pelo seguinte trecho de código:

```
if(motorValue > yourValue) {
  analogWrite(motorPin, motorValue);
} else {
  digitalWrite(motorPin, LOW);
}
```

5. Substitua `yourValue` pelo número que você anotou.

Se o valor for maior que a `motorValue`, o motor acelera. Se for inferior, o pino será escrito como `LOW` para que fique totalmente desligado. Você também pode digitar `analogWrite (motorPin, 0)` para realizar a mesma coisa. Otimizações pequenas como essa podem ajudar seu projeto a funcionar sem problemas, sem desperdiçar nenhum movimento ou valores.

Conhecendo Melhor os Servomotores

Um servomotor é composto de um motor e um dispositivo chamado codificador ou sensor de velocidade que consegue acompanhar a rotação do motor. Os *servomotores* são usados para movimentos precisos, movimentando-se em inúmeros graus para um local exato. Ao utilizar seu Arduino, você pode dizer ao servomotor em que grau quer que ele se mova, e ele se movimentará a partir de sua posição atual. A maioria dos servomotores pode se movimentar apenas em 180 graus, contudo, você pode usar uma engrenagem para ampliar esse intervalo.

O servo do seu kit provavelmente será um hobby servo, similar aos mostrados na Figura 7-8. Um hobby servomotor tem engrenagens de plástico e pode gerenciar somente cargas relativamente leves. Depois de testar pequenos servomotores, você tem à disposição uma diversidade enorme deles, que pode escolher para cargas mais pesadas. Os servos são amplamente utilizados na comunidade robótica em andadores elétricos que precisam de movimento preciso em cada uma de suas rodinhas.

FIGURA 7-8: Um servomotor.

Os exemplos na seção a seguir lhe explicam as operações básicas de envio de sinais para um servo e controle de servomotor diretamente com um potenciômetro.

Criando Movimentos Longos e Contínuos

Este primeiro exemplo precisa somente de um servomotor e permitirá a você que rotacione o motor em seu intervalo total de movimento. O servo realiza uma varredura de 0° a 179° e depois retorna, de forma semelhante ao movimento da rotação de um relógio antigo.

O sketch Sweep

Você precisa do seguinte para o sketch Sweep:

- » Um Arduino Uno
- » Um servo
- » Fios de jumper

Os fios condutores para um servo são simples, pois ele vem com um soquete de três pinos. Para conectá-lo à sua placa Arduino, basta usar os fios de jumper entre os pinos do Arduino e os conectores do servo diretamente ou usar um conjunto de pinos header para conectar o soquete à sua breadboard.

Conforme mostrado nas Figuras 7-9 e 7-10, o servo tem um conjunto de três soquetes com fios conectados a eles, geralmente vermelho, preto e branco. Todos os cálculos e leituras para movimentar o motor são feitos no circuito dentro do próprio servo, assim, tudo que é necessário é energia e um sinal do Arduino.

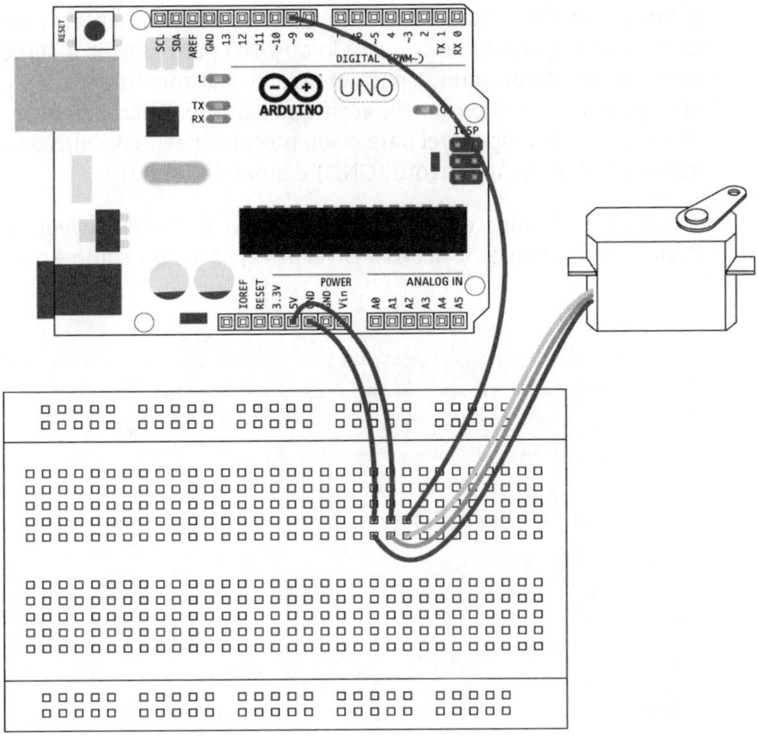

FIGURA 7-9: Um servomotor conectado ao seu Arduino.

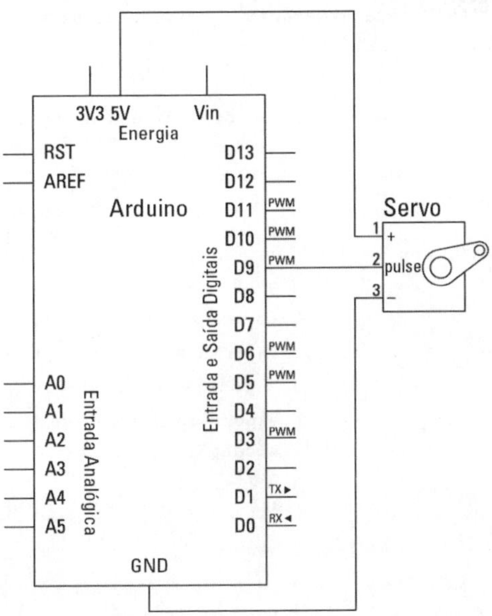

FIGURA 7-10: Um diagrama de circuito do servo.

O vermelho é conectado ao 5V no Arduino para alimentar o motor e o circuito interno; o preto é conectado ao GND para aterrar o servo e o branco está conectado ao pino 9 para controlar seu movimento. As cores desses fios podem variar, portanto, verifique sempre a ficha técnica ou qualquer documentação disponível para o seu motor específico. Outras cores comuns são vermelho (5V), marrom (GND) e amarelo (sinal).

Conclua o circuito como descrito e abra o sketch Sweep selecionando Arquivo ➪ Exemplos ➪ Servo ➪ Sweep. Veja a seguir como é o sketch Sweep:

```
/* Sweep
 por BARRAGAN <http://barraganstudio.com> (conteúdo em inglês)
 Este código de exemplo está em domínio público

 modificado em 8 de novembro de 2013
 por Scott Fitzgerald
 http://www.arduino.cc/en/Tutorial/Sweep (conteúdo em inglês)
*/


#include <Servo.h>

Servo myservo; // cria um objeto servo para controlar o servo
                 // podem ser criados doze objetos servo na maioria das
placas

int pos = 0;   // variável para armazenar a posição do servo

void setup() {
 myservo.attach(9); // conecta o servo ao pino 9 para o objeto servo
}

void loop() {
 for(pos = 0; pos < 180; pos += 1) // vai de 0 graus a 179
                                      graus
  {                                 // em etapas de 1 grau
   myserwo.write(pos);              // informa ao servo para ir para
                                    // a posição da variável 'pos'
   delay(15);                       // espera 15ms até o servo
                                      alcançar a posição
  }
 for(pos = 180; pos>=1; pos-=1)     // vai de 0 graus a 179
                                      graus
  {
   myservo.write(pos);              // informa ao servo para ir para
                                    // a posição da variável 'pos'
```

```
    delay(15);                      // espera 15ms até o servo
                                       alcançar a posição
  }
}
```

Depois de encontrar o sketch, clique no botão Compilar para verificar o código. O compilador deve, como sempre, destacar quaisquer erros gramaticais em vermelho na área de mensagens.

Se o sketch for compilado corretamente, clique em Carregar para fazer o upload dele na sua placa. Quando o sketch terminar de carregar, seu motor deve começar a girar para frente e para trás em 180 graus, como se estivesse dançando na mesa.

Caso isso não aconteça, confira os seus fios e cabos:

» Certifique-se de que esteja usando o pino 9 para a linha de dados (branco/amarelo).

» Confira se tem os outros fios do servo conectados aos pinos corretos.

Compreendendo o sketch Sweep

Uma biblioteca servo está incluída no início do sketch Sweep. Essa biblioteca vai ajudá-lo a tirar o máximo de proveito do seu servo com o código um bocado complexo a seguir:

```
#include <Servo.h>
```

A próxima linha faz um objeto servo. A biblioteca sabe como utilizar os servos, mas precisa que você dê um nome a cada um, de modo que consiga se comunicar com eles. Nesse caso, o novo objeto servo é chamado de `myservo`. Usar um nome aqui é parecido com nomear suas variáveis; ou seja, eles podem ter qualquer nome, contando que sejam uniformes em todo o seu código e você não use nenhum nome exclusivo do Arduino, como `int` ou `delay`:

```
Servo myservo; // cria um objeto servo para controlar o servo
               // podem ser criados doze objetos servo na maioria
                  das placas
```

A última linha nas declarações é uma variável para armazenar a posição do servo.

```
int pos = 0;   // variável para armazenar a posição do servo
```

Na função `setup`, o único item a ser definido é o número do pino do Arduino que está se comunicando com o servo. Aqui, você está usando o pino 9, contudo, pode ser qualquer pino PWM.

```
void setup()
{
 myservo.attach(9); // conecta o servo ao pino 9 para o objeto servo
}
```

A função `loop` executa duas ações simples e ambas são laços `for`. O primeiro laço `for` aumenta gradativamente a variável `pos` de 0 a 179. Por causa da biblioteca, você pode escrever valores em graus em vez dos normais de 0 a 255 usados para o controle da PWM. Com cada laço, o valor é elevado em 1 e enviado para o servo usando uma função específica da biblioteca servo, `<servoName>.write (<value>)`. Depois que o laço atualiza o valor, um pequeno delay de 15 milissegundos ocorre, enquanto o servo encontra seu local novo.

LEMBRE-SE

Em contrapartida com outras saídas, depois que um servo é atualizado, ele começa a se movimentar em direção à sua nova posição, em vez de precisar receber instruções para fazê-lo.

```
void loop() {
 for(pos = 0; pos < 180; pos += 1) // vai de 0 graus a 179
                                      graus
  {                                // em etapas de 1 grau
   myservo.write(pos);             // informa ao servo para ir para
                                   // a posição da variável 'pos'
   delay(15);                      // espera 15ms até o servo
                                      alcançar a posição
  }
```

O segundo laço `for` faz o mesmo na direção oposta, retornando o servo para sua posição inicial:

```
 for(pos = 180; pos>=1; pos-=1)    // vai de 0 graus a 179
                                   graus
  {
   myservo.write(pos);             // informa ao servo para ir para
                                   // a posição da variável 'pos'
   delay(15);                      // espera 15ms até o servo
                                      alcançar a posição
  }
}
```

É uma boa pedida usar esse exemplo simples de servo para testar se o seu servo está funcionando apropriadamente antes de partir para a programação de exemplos mais complexos.

Controlando Seu Servo

Agora que aprendeu a controlar o servo, você pode tentar uma coisa um pouco mais interativa. Usando um potenciômetro (ou qualquer sensor analógico), você pode controlar diretamente seu servo do mesmo modo que controlaria uma garra mecânica nas máquinas de grua de bichinhos de pelúcia.

O sketch Knob

O exemplo de um Knob mostra como você pode facilmente utilizar um potenciômetro para movimentar seu servo em um grau específico.

Você precisa do seguinte:

- Um Arduino Uno
- Uma breadboard
- Um servo
- Um resistor variável de 10k ohm
- Fios de jumper

O servo é conectado exatamente como no exemplo Sweep, mas desta vez são necessárias conexões extras do 5V e do GND para o potenciômetro, então você deve usar uma breadboard que forneça pinos adicionais. Conecte os pinos 5V e GND da placa Arduino às linhas positivas (+) e negativas (-) na breadboard. Conecte o servo à breadboard usando uma linha de três pinos headers ou três fios de jumper.

Conecte o soquete vermelho à linha de 5V, o soquete preto/marrom à linha GND e o soquete branco/amarelo ao pino 9 no Arduino. Encontre um espaço na breadboard para o potenciômetro. Conecte o pino central ao pino A0 no Arduino e os pinos remanescentes ao 5V em um lado e ao GND no outro. Consulte o diagrama do circuito na Figura 7-11 e o esquema na Figura 7-12.

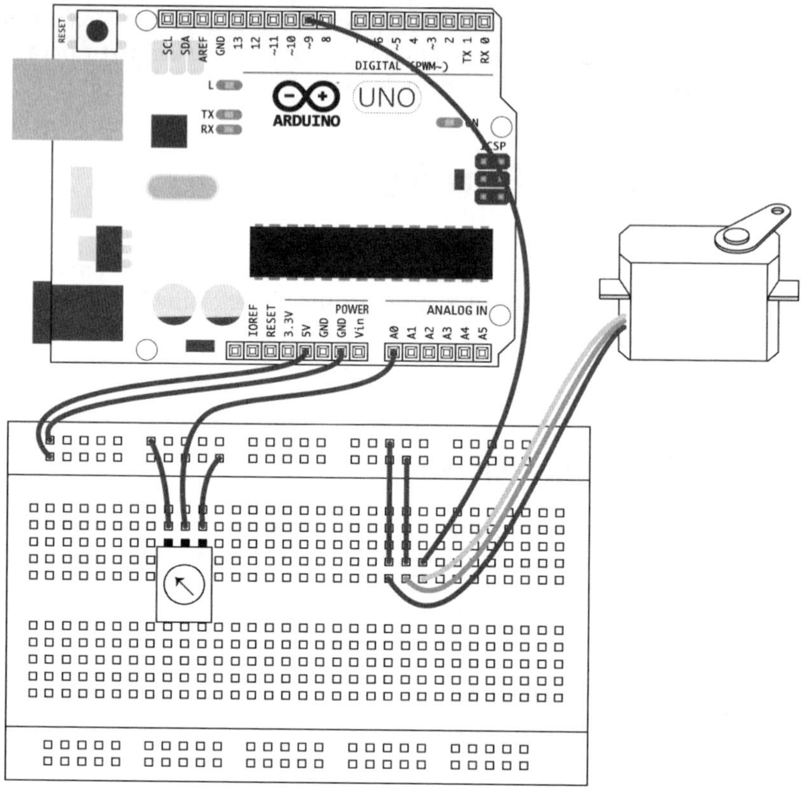

FIGURA 7-11: Um servo-motor com um botão knob.

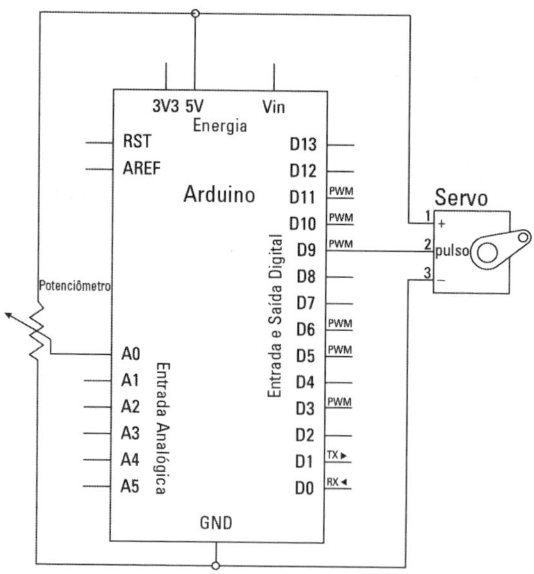

FIGURA 7-12: Um servo-motor com um botão knob.

Depois de construir seu circuito, abra o sketch em Arquivo ➪ Exemplo ➪ Servo ➪ Knob. Veja a seguir o código do sketch:

```
/*
 Controlando uma posição do servo usando um potenciômetro (resistor
  variável) de Michal Rinott <http://people.interaction-ivrea.it/m.
  rinott> (conteúdo em inglês)

 modificado em 8 de novembro de 2013
 por Scott Fitzgerald
 http://www.arduino.cc/en/Tutorial/Knob (conteúdo em inglês)
*/

#include <Servo.h>

Servo myservo; // cria o objeto servo para controlar o servo

int potpin = 0; // pino analógico usado para conectar o potenciômetro
int val;    // variável para ler o valor a partir do pino analógico

void setup() {
 myservo.attach(9); // conecta o servo no pino 9 ao objeto servo
}

void loop() {
 val = analogRead(potpin);          // lê o valor do
                                    // potenciômetro (valor entre
                                    // 0 e 1023)
 val = map(val, 0, 1023, 0, 179);   // o dimensiona para usá-lo como
                                    // um servo (valor entre 0 e
                                      180)
 myservo.write(val);               // define a posição do servo
                                     de acordo com o
                                    // valor dimensionado
 delay(15);                        // espera o servo chegar
                                     na posição
}
```

DICA

Assim como em qualquer exemplo Arduino, é melhor partir do princípio de que eles são um trabalho em andamento e nem sempre são precisos. Talvez você tenha reparado em algumas discrepâncias entre os comentários e o código. Ao se referir ao intervalo de graus para mover o servo, o sketch menciona tanto 0 a 179 como 0 a 180. O intervalo correto é de 0 a 179, o que lhe dá 180 valores. O cálculo a partir do zero é chamado de *indexação zero* e é uma ocorrência comum no Arduino, conforme você já deve ter percebido até o momento.

Depois de encontrar o sketch, clique no botão Compilar para verificar o código. Caso o compilador ache algum erro de sintaxe, ele será destacado na área de mensagens, que ficará vermelha.

Se o sketch for compilado corretamente, clique em Carregar para fazer o upload do sketch na sua placa. Quando terminar de carregar, seu servo deve rotacionar ao girar o potenciômetro.

Caso isso não aconteça, confira os seus fios e cabos:

- Certifique-se de estar usando o pino 9 para conectar a linha de dados (branco/amarelo) ao servo.
- Confira suas conexões com o potenciômetro e verifique se o pino central está conectado ao pino analógico 0.
- Confira as conexões na breadboard. Caso os fios de jumper ou os componentes não estejam conectados corretamente nas linhas da placa breadboard, eles não funcionarão.

Entendendo o sketch Knob

Nas declarações, a biblioteca servo, Servo.h e um novo objeto servo são chamados. O pino de entrada analógica é declarado com um valor de 0, mostrando que você está usando o analógico 0.

DICA

Talvez você tenha percebido que o pino é numerado como 0, não como A0, conforme em outros exemplos. Ambos os números estão corretos, pois A0 é somente um codinome de 0, como A1 é de 1 e assim por diante. Usar A0 é bom para legibilidade, porém é opcional.

Uma última variável armazena o valor da leitura, que se tornará a saída:

```
#include <Servo.h>

Servo myservo; // cria o objeto servo para controlar o servo

int potpin = 0; // pino analógico usado para conectar o potenciômetro
int val;   // variável para ler o valor a partir do pino analógico
```

Na função `setup`, o único item a definir é o `myservo`, que é o pino 9.

```
void setup() {
 myservo.attach(9); // conecta o servo no pino 9 ao objeto servo
}
```

Em vez de usar duas variáveis separadas para entrada e saída, o sketch Knob simplesmente utiliza uma. Primeiro, `val` é usada para armazenar os dados brutos do sensor, um valor de 0 a 1023. A função `map` processa esse valor ao dimensionar seu alcance para o valor do servo: 0 a 179. Desse modo, `myservo.write` escreve esse valor para o servo. Ocorre um delay de 15 milissegundos para permitir que o servomotor chegue ao seu destino. Em seguida, o loop repete e atualiza a posição do servo conforme necessário:

```
void loop() {
  val = analogRead(potpin);              // lê o valor do
                                         // potenciômetro (valor entre
                                         // 0 e 1023)
  val = map(val, 0, 1023, 0, 179);       // o dimensiona para usá-lo como
                                         // um servo (valor entre 0 e
                                           180)
  myservo.write(val);                    // define a posição do servo
                                           de acordo com o
                                         // valor dimensionado
  delay(15);                             // espera o servo chegar
                                           na posição
}
```

Com esse simples acréscimo ao circuito, é possível controlar um servo com qualquer tipo de entrada. Nesse exemplo, o código usa uma entrada analógica, mas, com algumas mudanças, pode facilmente usar uma entrada digital.

Fazendo um Som

Caso tenha concluído os sketches motor, já aprendeu sobre movimento e deve estar pronto para um novo desafio. Nesta seção, você analisa um projeto um pouco mais harmonioso do que os anteriores: tocar um som (ou, pelo menos, fazer uma baita barulheira) com o seu Arduino. Sim, você pode fazer música eletrônica — embora simples — usando um piezo buzzer (campainha piezo).

Piezo buzzer

Um piezo buzzer elétrico ou piezo elétrico é encontrado em centenas de milhares de dispositivos. Caso você ouça um tique-taque, zumbido ou bip, ele é provavelmente causado por um piezo. O *piezo* é composto por duas camadas, uma de cerâmica e uma placa de metal que ficam unidas. Quando a eletricidade passa de uma camada para outra, o piezo se curva em um nível microscópico e produz um som, como mostrado na Figura 7-13.

APRESENTANDO OS ARRAYS

Na sua forma mais simples, um *array* (matriz) é uma lista de dados. Pense nisso como uma lista de compras, conforme mostra a tabela a seguir. Cada linha tem um número, chamado de *índice*, e os dados contidos nessa parte da lista. Este tipo de array é um array unidimensional, contendo apenas um item de dados para cada índice, neste caso, o nome de uma fruta.

Em computação, é comum usar a *indexação zero*, o que significa começar sua lista de zero, como mostra a tabela a seguir.

Índice	Valor
0	maçãs
1	bananas
2	laranjas

Como um array é relevante para o Arduino? Os arrays podem armazenar números inteiros, floats, caracteres ou qualquer outro tipo de dados, porém eu uso números inteiros aqui para deixar as coisas mais simples. Veja um array de seis valores inteiros:

```
int simpleArray[] =
          {1, 255, -51, 0, 102, 27}
```

Primeiro, int define o tipo de dados que estão sendo armazenados como inteiros (números inteiros). O tipo de dados também pode ser do tipo float para números de ponto flutuante ou char para caracteres. O nome do array é simpleArray, mas pode ser qualquer nome relevante que melhor descreva seu array. Os colchetes ([ ]) armazenam seu tamanho (o número de valores que podem ser armazenados nele). Nesse caso, o espaço fica em branco, o que significa que esse array não tem um tamanho fixo. Os números dentro das chaves { } são valores definidos no array. Estes são opcionais, portanto, se não estiverem definidos, o array fica vazio.

Há outros modos adequados de declarar os arrays, dentre os quais:

```
int simpleArray[10];
float simpleArray[5] = {2.7, 42.1, -9.1, 300.6};
char simpleArray[14] = "hello, world!";
```

Observe que a entrada de caracteres do array tem um número um maior que o número de caracteres. Lembre-se desse requisito se estiver recebendo erros.

Agora que seu array está definido, você precisa saber como usá-lo. Para usar valores em um array, você os referencia pelo seu índice. Caso quisesse enviar um valor para o monitor serial, escreveria o seguinte:

```
Serial.println(simpleArray[2]);
```

Essa linha exibiria um valor de -51, pois este é o valor armazenado no índice 2 do array.

Você também pode atualizar valores no array. Um jeito prático de realizar essa atualização é com um laço for, para contar através de cada índice no array (veja o Capítulo 10 para obter mais detalhes), como no exemplo a seguir:

```
for (int i = 0; i < 6; i++) {
    simpleArray [i] = analogRead (sensorPin);
}
```

O laço for, nesse caso, executará seis vezes, aumentando a variável i em 1 para cada iteração. A variável i também é empregada para representar o índice do array, portanto, para cada iteração, uma nova leitura analógica do sensorPin é armazenada no índice atual, e o índice do array é incrementado para a próxima iteração.

Esse laço é uma maneira inteligente e prática de se trabalhar com os arrays, usando ou atualizando os dados armazenados dentro neles. Os arrays podem ficar ainda mais complicados, armazenando muitas strings de texto, ou podem ser multidimensionais, como uma planilha, com muitos valores associados a cada índice. Para mais informações, acesse a página de referência oficial do Arduino em arrays: `http://arduino.cc/en/Reference/Array` (conteúdo em inglês).

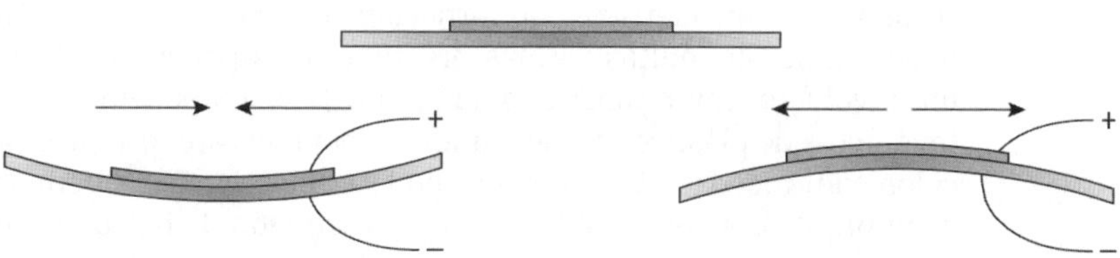

FIGURA 7-13: Um exagero dos movimentos em miniatura de um piezo.

Se você alternar entre tensão e o terra, o piezo se curva e gera um som de tique-taque; se isso acontecer rápido o suficiente, esses tique-taques se tornam um tom. Esse tom pode ser bastante grave, semelhante ao antigo toque de celular ou aos sons de jogos de computador dos anos 1980, e é conhecido como onda quadrada. Sempre que o piezo muda completamente a polaridade, ele produz uma onda quadrada com bordas acentuadas e intensas, como um quadrado. Outros tipos de ondas incluem ondas triangulares e ondas senoidais (ou sinusoidal), que são progressivamente menos graves. A Figura 7-14 é uma ilustração dessas ondas para que você possa ver as diferenças entre elas.

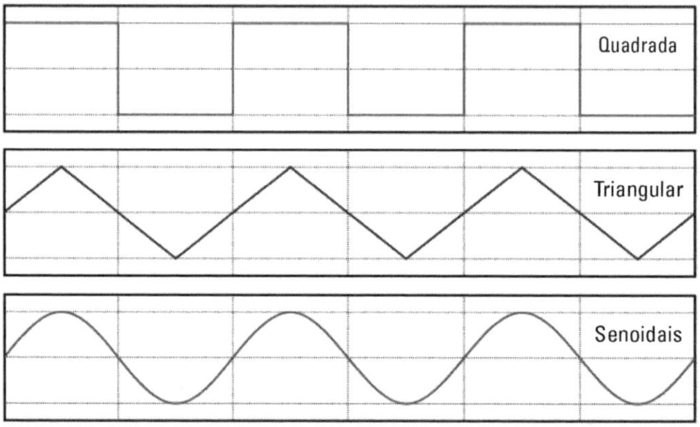

FIGURA 7-14: As ondas quadradas, triangulares e senoidais têm formas diferentes, que produzem sons distintos.

Os piezos geram ondas quadradas, resultando em um zumbido. Eles não estão restritos a apenas um som. Ao alterar a frequência de acordo com o acionamento do buzzer (a amplitude entre as ondas quadradas), você pode gerar frequências diferentes e, portanto, notas diferentes.

O sketch toneMelody

Com o sketch toneMelody, você vê como alterar a frequência do seu piezo e tocar uma melodia predefinida. Esse circuito permite a você que programe seus próprios sons. Com um pouco de tempo e estudo, é possível transformar esses sons em melodias.

Os piezo buzzers elétricos são fornecidos na maioria dos kits Arduino, mas podem assumir muitas formas distintas. Eles podem ser fornecidos sem um invólucro, como mostrado na Figura 7-15, ou podem ser colocados em invólucros de plástico, desde cilindros pequenos até formatos planos parecidos com moedas. Eles também podem ter conexões diferentes, seja um conjunto de dois pinos salientes saindo do lado de baixo do piezo ou dois fios protuberantes saindo de sua lateral.

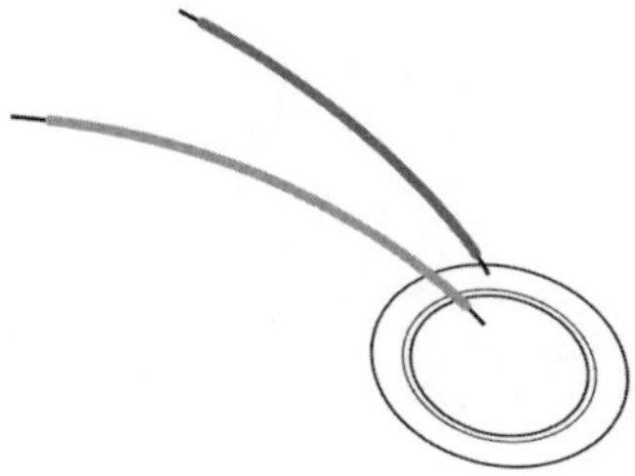

FIGURA 7-15: Um piezo buzzer fora de sua clausura.

Para o sketch toneMelody, você precisa do seguinte:

- » Um Arduino Uno
- » Uma breadboard
- » Um piezo buzzer
- » Fios de jumper

Conecte o piezo buzzer elétrico à breadboard e use um conjunto de fios de jumper para conectá-lo ao pino digital 8 de um lado e aterrar do outro. Alguns piezos têm uma polaridade, portanto, certifique-se de conectar o positivo (+) ao pino 8 e o negativo (–) ao GND. Outros piezos não têm polaridade, logo, caso não veja nenhum símbolo, não se preocupe. O circuito piezo é mostrado na Figura 7-16, e o diagrama do circuito aparece na 7-17.

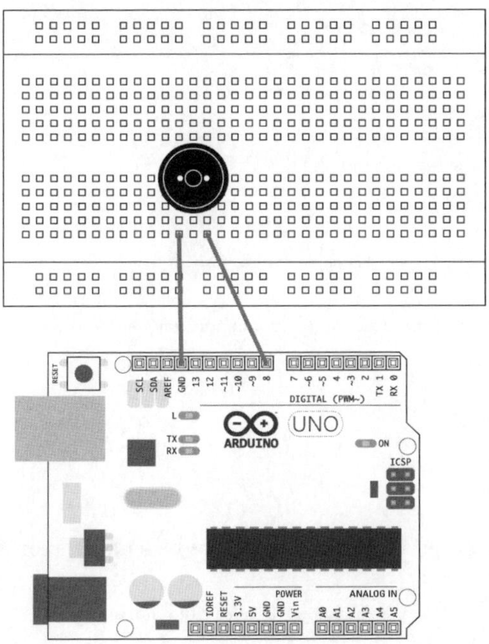

FIGURA 7-16: Um circuito piezo buzzer.

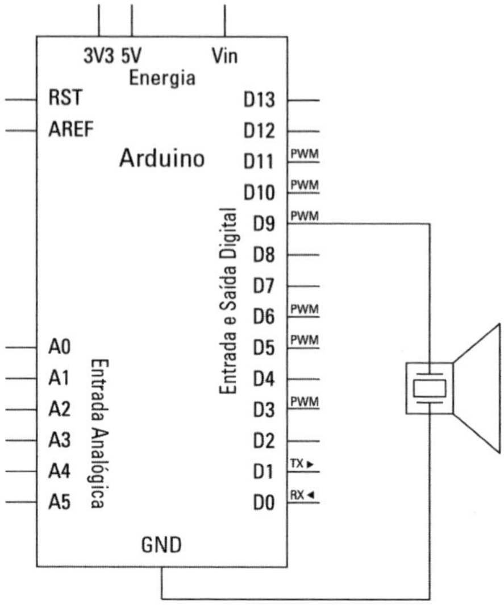

FIGURA 7-17: Um diagrama de circuito de um circuito piezo buzzer.

Complete o circuito e abra o sketch ao clicar em Arquivo ➪ Exemplos ➪ 02.digital ➪ toneMelody. Você verá o seguinte código:

```
/*
 Melody

 Toca uma música

 circuito:
 * Alto-falante de 8 ohms no pino digital 8

 criado em 21 de janeiro de 2012
 modificado em 30 de agosto de 2011
 por Tom Igoe

 Este código de exemplo está em domínio público.

 http://arduino.cc/en/Tutorial/Tone (conteúdo em inglês)

 */
 #include "pitches.h"

// notas da música:
int melody[] = {
  NOTE_C4, NOTE_G3,NOTE_G3, NOTE_A3, NOTE_G3,0, NOTE_B3, NOTE_C4};

// duração das notas: 4 = semínima, 8 = oitava nota, etc .:
int noteDurations[] = {
```

```
  4, 8, 8, 4,4,4,4,4 };

void setup() {
  // itera sobre as notas da música:
  for (int thisNote = 0; thisNote < 8; thisNote++) {

    // para calcular a duração da nota, pegue um segundo
    // dividido pelo tipo de nota.
    // por exemplo, semínima = 1000/4, oitava nota = 1000/8, etc.
    int noteDuration = 1000/noteDurations[thisNote];
    tone(8, melody[thisNote],noteDuration);

    // para diferenciar as notas, defina um tempo mínimo entre elas.
    // a duração da nota + 30% aparentemente funciona bem:
    int pauseBetweenNotes = noteDuration * 1.30;
    delay(pauseBetweenNotes);
    // para de tocar o tom:
    noTone(8);
  }
}

void loop() {
  // não é necessário repetir a música
}
```

No sketch toneMelody, você tem outra aba chamada pitches.h, que contém todos os dados necessários para tocar os tons corretos com o seu buzzer. Em sua pasta sketch do Arduino, essa aba (e outras abas adicionais) aparece como seu próprio arquivo individual e deve ser incluída no sketch principal usando a função `#include` seguida do nome do arquivo a ser incluído. Nesse caso, o código lê `#include "pitches.h"`. Segue abaixo o arquivo pitches.h para consulta.

pitches.h

```
/*************************************************
* Public Constants
*************************************************/

#define NOTE_B0 31
#define NOTE_C1 33
#define NOTE_CS1 35
#define NOTE_D1 37
#define NOTE_DS1 39
```

(continua)

(continuação)

```
#define NOTE_E1 41
#define NOTE_F1 44
#define NOTE_FS1 46
#define NOTE_G1 49
#define NOTE_GS1 52
#define NOTE_A1 55
#define NOTE_AS1 58
#define NOTE_B1 62
#define NOTE_C2 65
#define NOTE_CS2 69
#define NOTE_D2 73
#define NOTE_DS2 78
#define NOTE_E2 82
#define NOTE_F2 87
#define NOTE_FS2 93
#define NOTE_G2 98
#define NOTE_GS2 104
#define NOTE_A2 110
#define NOTE_AS2 117
#define NOTE_B2 123
#define NOTE_C3 131
#define NOTE_CS3 139
#define NOTE_D3 147
#define NOTE_DS3 156
#define NOTE_E3 165
#define NOTE_F3 175
#define NOTE_FS3 185
#define NOTE_G3 196
#define NOTE_GS3 208
#define NOTE_A3 220
#define NOTE_AS3 233
#define NOTE_B3 247
#define NOTE_C4 262
#define NOTE_CS4 277
#define NOTE_D4 294
#define NOTE_DS4 311
#define NOTE_E4 330
#define NOTE_F4 349
#define NOTE_FS4 370
#define NOTE_G4 392
```

```
#define NOTE_GS4 415
#define NOTE_A4 440
#define NOTE_AS4 466
#define NOTE_B4 494
#define NOTE_C5 523
#define NOTE_CS5 554
#define NOTE_D5 587
#define NOTE_DS5 622
#define NOTE_E5 659
#define NOTE_F5 698
#define NOTE_FS5 740
#define NOTE_G5 784
#define NOTE_GS5 831
#define NOTE_A5 880
#define NOTE_AS5 932
#define NOTE_B5 988
#define NOTE_C6 1047
#define NOTE_CS6 1109
#define NOTE_D6 1175
#define NOTE_DS6 1245
#define NOTE_E6 1319
#define NOTE_F6 1397
#define NOTE_FS6 1480
#define NOTE_G6 1568
#define NOTE_GS6 1661
#define NOTE_A6 1760
#define NOTE_AS6 1865
#define NOTE_B6 1976
#define NOTE_C7 2093
#define NOTE_CS7 2217
#define NOTE_D7 2349
#define NOTE_DS7 2489
#define NOTE_E7 2637
#define NOTE_F7 2794
#define NOTE_FS7 2960
#define NOTE_G7 3136
#define NOTE_GS7 3322
#define NOTE_A7 3520
#define NOTE_AS7 3729
#define NOTE_B7 3951
```

(continua)

(continuação)

```
#define NOTE_C8 4186
#define NOTE_CS8 4435
#define NOTE_D8 4699
#define NOTE_DS8 4978
```

Depois de encontrar o sketch, clique no botão Compilar para verificar o código. A área de mensagens destaca os erros gramaticais em vermelho, casos sejam descobertos.

Se o sketch for compilado corretamente, clique em Carregar para fazer o upload do sketch na sua placa. Quando terminar de carregar, você ouvirá um buzzer que canta uma musiquinha e depois para. Para ouvir a música novamente, pressione o botão reset no seu Arduino.

Se você não ouvir um buzzer, confira os seus fios e cabos:

» Certifique-se de usar o pino 8 como saída.

» Verifique se o seu piezo está posicionado adequadamente. Os símbolos podem estar escondidos na parte de baixo caso não estejam visíveis na parte de cima. Se você não vir nenhuma marca, tente alinhar o piezo de outro modo.

» Confira as conexões na breadboard. Caso os fios de jumper ou os componentes não estiverem conectados corretamente nas linhas da placa breadboard, eles não funcionarão.

Entendendo o sketch

O sketch toneMelody é o primeiro deste livro que utiliza um monte de abas. Às vezes, você usa *abas* como uma maneira conveniente de separar os sketches. Nesse caso, a aba `pitches.h` é uma referência ou tabela de pesquisa para todas as notas possíveis no intervalo do piezo. Como esse código não muda, ele não precisa estar no corpo principal do código.

Na parte superior do sketch toneMelody, há uma nota para incluir `pitches.h`, que é tratado da mesma maneira que uma biblioteca. É um arquivo externo que pode ser trazido para dentro dos sketches, caso necessário. Nesse caso, precisamos determinar quais frequências são usadas para criar as notas:

```
#include "pitches.h"
```

Agora que o sketch conhece as diferentes notas, a música é definida em um array para que as notas possam ser intensificadas ordenadamente. Para saber mais a respeito dos arrays, veja o box "Apresentando os Arrays". Os nomes, como `NOTE_C4`, referem-se aos nomes das notas na aba pitches.h. Se você observar pitches.h, verá que ele usa uma função C chamada `define` para cada uma dessas referências, que são acompanhadas por um número, como `#define NOTE_C4 262`. Portanto, sempre que `NOTE_C4` for mencionado, ele é, de fato, apenas um nome de variável para o valor 262:

```
// notas da música:
int melody[] = {
  NOTE_C4, NOTE_G3,NOTE_G3, NOTE_A3, NOTE_G3,0, NOTE_B3, NOTE_C4};
```

Sem um ritmo, sua música não teria um som muito bom, então outro array armazena a duração de cada nota:

```
// duração das notas: 4 = semínima, 8 = oitava nota, etc .:
  int noteDurations[] = {
 4, 8, 8, 4,4,4,4,4 };
```

Na `setup`, um laço `for` é utilizado para percorrer cada uma das oito notas, de 0 a 7. O valor `thisNote` é usado como um índice para apontar para os itens corretos em cada array:

```
void setup() {
  // itera sobre as notas da música:
  for (int thisNote = 0; thisNote < 8; thisNote++) {
```

A duração é calculada dividindo 1.000 (ou 1 segundo) pela duração exigida, 4 para uma semínima e 8 para colcheia, e assim por diante. Esse valor é, então, gravado no tom da função, que envia a nota atual para o pino 8, conforme a duração atribuída:

```
    // para calcular a duração da nota, pegue um segundo
    // dividido pelo tipo de nota.
    // por exemplo, semínima = 1000/4, oitava nota = 1000/8 etc.
    int noteDuration = 1000/noteDurations[thisNote];
    tone(8, melody[thisNote],noteDuration);
```

Uma pequena pausa entre as notas é usada para que elas sejam mais bem definidas. Aqui, a pausa é relativa ao tamanho da nota e está definida para 30% da duração da nota atual:

```
// para diferenciar as notas, defina um tempo mínimo entre elas.
// a duração da nota + 30% aparentemente funciona bem:
int pauseBetweenNotes = noteDuration * 1.30;
delay(pauseBetweenNotes);
```

Em seguida, a função `noTone` é usada para desativar o pino 8, parando a nota depois de sua execução:

```
// para de tocar o tom:
noTone(8);
```

No loop, nada acontece. Tal como se apresenta, a música toca uma vez no início e depois termina. Ela pode ser deslocada para o loop de modo que toque sem parar, porém tal decisão pode acarretar problemas frequentes:

```
void loop() {
  // não é necessário repetir a música
}
```

DICA

O sketch toneMelody é um ótimo exemplo do uso de uma música como sinal de áudio no início de um sketch. O feedback de áudio pode ser uma excelente alternativa ou um acréscimo ao feedback visual em seu projeto.

Fazendo um Instrumento

Na seção anterior, você descobre como fazer seu projeto tocar um som em vez de piscar uma luz, conforme os sketches anteriores. No exemplo desta seção, você vai além do som: construirá seu próprio instrumento, algo parecido com um teremim. O *teremim*, nomeado em homenagem ao inventor Léon Theremin, foi um dos primeiros instrumentos eletrônicos desenvolvidos na década de 1920. Ele funcionava ao detectar o campo eletromagnético das mãos do músico para alterar os sinais: uma mão determina o volume e outra a frequência/tom.

O sketch PitchFollower

No sketch PitchFollower, você descobre como fazer um cálculo com o teremim usando um piezo como um sensor de luz para controlar o tom.

Você precisa do seguinte:

- » Um Arduino Uno
- » Uma breadboard
- » Um piezo
- » Sensor de luz
- » Um resistor de 4,7k ohm
- » Fios de jumper

Esse circuito tem duas partes separadas: o piezo e o circuito de sensor de luz. O piezo é conectado como no sketch toneMelody, com um fio para o pino digital 9 e o outro para o GND. O sensor de luz é conectado ao analógico 0 de um lado e 5V do outro; o resistor de 4,7k é conectado entre o analógico 0 e o terra (como mostrado nas Figuras 7-18 e 7-19). Caso não tenha um resistor de 4,7k, use o valor mais próximo a esse.

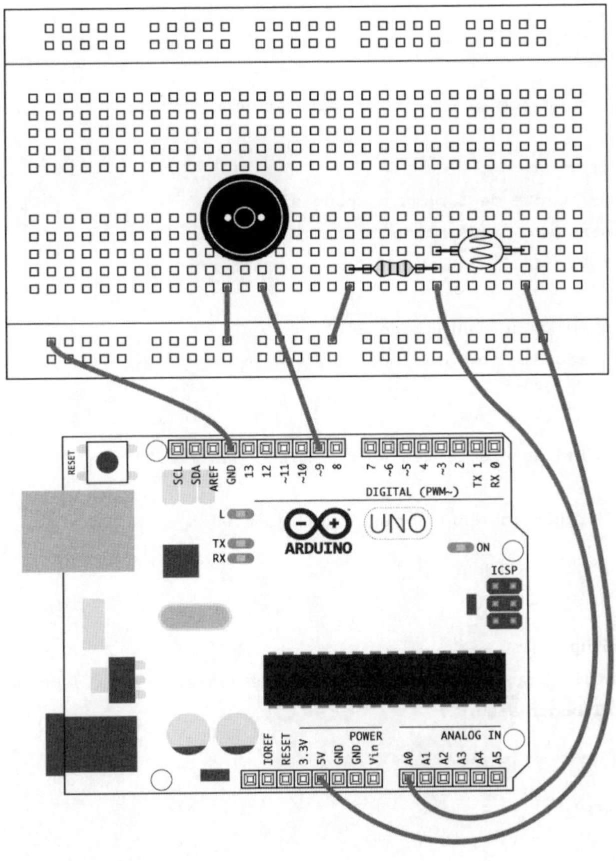

FIGURA 7-18: Um circuito de sensor de luz que controla um teremim.

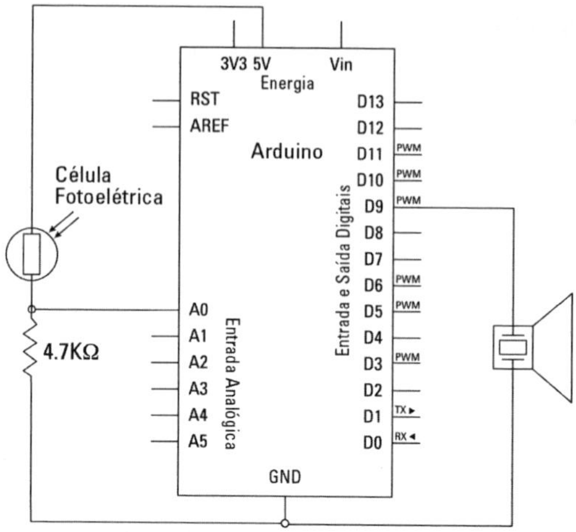

FIGURA 7-19: Um diagrama de circuito do sensor de luz controlado pelo teremim.

Complete o circuito e abra o sketch clicando em Arquivo ➪ Exemplos ➪ 02.Digital ➪ tonePitchFollower:

```
/*
  Pitch follower

 Reproduz um tom que muda com base em uma entrada analógica alterada

 circuito:
 * Alto-falante de 8 ohms no pino digital 9
 * foto-resistor no analógico 0 para 5V
 * Resistor de 4,7K no analógico 0 para terra

 criado em 20 de janeiro de 2010
 modificado em 9 de abril de 2012
 por Tom Igoe

Este código de exemplo está em domínio público.

 http://arduino.cc/en/Tutorial/Tone2 (conteúdo em inglês)

 */

void setup() {
  // inicializa as comunicações seriais (somente para depuração):
  Serial.begin(9600);
}

void loop() {
  // lê o sensor:
```

```
    int sensorReading = analogRead(A0);
    // exibe a leitura do sensor para que você saiba o alcance dela
    Serial.println(sensorReading);
    // mapeia o intervalo de entrada analógica (neste caso, 400 - 1000
    // a partir do foto-resistor) para a entrada do intervalo do tom
    (120- 1500Hz)
    // alterar os números de entrada mínimo e máximo abaixo dependendo
    // do intervalo que o sensor fornece:
    int thisPitch = map(sensorReading, 400, 1000, 120, 1500);

    // reproduz o tom:
    tone(9, thisPitch, 10);
    delay(1);        // delay entre as leituras visando estabilidade
  }
```

Depois de encontrar o sketch, clique no botão Compilar para verificar o código. Quaisquer erros de sintaxe, ao serem descobertos, deixam a área de mensagens vermelha, e você vê uma mensagem de erro informando o que está errado.

Se o sketch for compilado corretamente, clique em Carregar para fazer o upload do sketch na sua placa. Quando terminar de carregar, você deverá ter um sensor de luz que alterará o tom do seu buzzer. Se não ouvir nenhuma mudança, faça questão de estar em uma área bem iluminada ou acenda uma luminária sobre sua breadboard para ressaltar a diferença ao cobrir o sensor de luz com a mão.

Caso isso não aconteça, confira os seus fios e cabos:

- » Certifique-se de estar usando o número de pinos correto para as entradas e as saídas.
- » Verifique se o seu piezo está convertido da maneira adequada. Os símbolos podem estar escondidos na parte de baixo caso não estejam visíveis na parte de cima.
- » Confira as conexões na breadboard. Caso os fios de jumper ou os componentes não estiverem conectados corretamente nas linhas da placa breadboard, eles não funcionarão.

Compreendendo o sketch

Este sketch é muito mais curto do que o sketch toneMelody, apresentado anteriormente neste capítulo, porque ele converte as leituras do sensor de luz em uma frequência de modo direto, em vez de exigir uma tabela de pesquisa. Como você está convertendo as leituras, pode deslizar por entre as notas, bem como escolhê-las individualmente.

Na função `setup`, a porta serial é aberta para possibilitar que você monitore as leituras do sensor à medida que elas chegam:

```
void setup() {
  // inicializa as comunicações seriais (somente para depuração):
  Serial.begin(9600);
}
```

No loop principal, o sensor de luz é lido a partir do pino analógico 0. Essa leitura também é enviada para o monitor serial:

```
void loop() {
  // lê o sensor:
  int sensorReading = analogRead(A0);
  // exibe a leitura do sensor para que você saiba o alcance dela
  Serial.println(sensorReading);
```

A fim de converter o intervalo do sensor para o intervalo de frequências que o buzzer pode abranger, use a função `map`:

```
  // mapeia o intervalo de entrada analógica (neste caso, 400 - 1000
  // a partir do foto-resistor) para a entrada do intervalo do tom
  (120- 1500Hz)
  // alterar os números de entrada mínimo e máximo abaixo dependendo
  // do intervalo que o sensor fornece:
  int thisPitch = map(sensorReading, 400, 1000, 120, 1000);
```

A função tone, então, envia a nota com o valor do sensor mapeado e uma duração muito curta de 10 milissegundos. Essa duração contribui para tornar o som audível, mas a duração real é determinada pela quantidade de tempo em que você mantém a mão sobre o sensor, como descrito anteriormente:

```
  // reproduz o tom:
  tone(9, thisPitch, 10);
```

Por fim, um pequeno delay ocorre no final do loop para melhorar a estabilidade das leituras:

```
  delay(1);          // delay entre as leituras visando
  estabilidade
}
```

Com essa configuração, você pode controlar rapidamente o teremim, e quem sabe até montar uma banda de teremins com seus amigos.

3 Construindo os Alicerces

NESTA PARTE...

Veja alguns dos usos variados do Arduino por meio de alguns projetos já lançados ao redor do mundo.

Transforme seus protótipos básicos em algo mais sólido ao aprender sobre soldagem.

Utilize código para melhorar a confiabilidade do seu projeto.

Aprenda a escolher os sensores adequados para seus projetos.

Descubra novas possibilidades utilizando os shields e as bibliotecas.

NESTE CAPÍTULO

» Analisando projetos Arduino bem-sucedidos

» Compreendendo como esses projetos funcionam e por que eles são tão espetaculares

» Inspirando-se para fazer seus próprios projetos Arduino incríveis

Capítulo 8
Aprendendo com Exemplos

Nos capítulos anteriores, mostrei os alicerces e princípios dos projetos Arduino. Mas pode ser difícil saber o que fazer com esse conhecimento. Leia este capítulo para uma noção da grande diversidade de usos e do enorme potencial do Arduino. Aqui, você fica sabendo de projetos que usaram o Arduino para criar instalações de arte de tirar o fôlego, exposições interativas de longa duração e protótipos de produtos que foram lançados ao redor do mundo.

Skube

O projeto Skube foi desenvolvido por Andrew Nip, Ruben van der Vleuten, Malthe Borch e Andrew Spitz como parte do módulo Tangible User Interface (Inteface do Usuário Tangível) do Instituto de Interação de Copenhague (CIID). É um excelente exemplo de como usar o Arduino para prototipagem e desenvolvimento de produtos.

O Skube (mostrado na Figura 8-1) é um produto que permite a interação com serviços de música digital que você normalmente acessaria em seu computador. Para aproveitar melhor os serviços de música digital, o projeto tem como finalidade repensar a forma como os dispositivos de áudio funcionam e como são utilizados. Cada Skube tem dois modos, Playlist e Discovery, que você seleciona tocando na parte superior do dispositivo. A playlist é reproduzida por meio de uma seleção musical predefinida de músicas, e o Discovery procura por artistas ou faixas semelhantes. Os Skubes também podem ser combinados para embaralhar as playlists predefinidas. Eles se encaixam fisicamente, viabilizando ao usuário uma maneira tangível de mesclar as diferentes playlists e descobrir músicas novas.

FIGURA 8-1: Um único Skube.

Cortesia de Andrew Spitz

Felizmente, a equipe Skube disponibiliza uma grande quantidade de documentação e um excelente vídeo dos protótipos acabados, bem como o detalhamento técnico de todo o dispositivo. Dentro de cada Skube há um módulo wireless Arduino e um XBee (infelizmente, este livro não tem espaço o bastante para abordar esse módulo incrível, mas você deve encontrar uma gama enorme de recursos online com uma rápida pesquisa no Google).

A principal função do Arduino é servir como intermediário, hospedando diversos sensores e dispositivos de comunicação e transmitindo os dados adequados para os lugares corretos. O sensor tap (detecção) é o mesmo descrito no Capítulo 11 e utiliza um simples elemento piezo para monitorar as vibrações. Quando os skubes se encaixam, o ímã também atua como um interruptor, ativando um reed-switch (interruptor de lâminas). O *reed-switch* fecha seus contatos de metal quando um ímã se aproxima, dando ao dispositivo uma indicação evidente de quando o ímã está presente.

O projeto também tem um módulo de rádio FM, usado para emitir a música para cada Skube. Com os módulos XBee wireless, você pode se comunicar e coordenar cada Skube utilizando um software personalizado em um computador, escrito na linguagem Max/MSP, uma linguagem de programação visual encontrada em muitos projetos de áudio e música.

A equipe do Skube agrupou os dados de playlists na Last.fm e no Spotify para encontrar características semelhantes dos artistas. Essas empresas oferecem inúmeras funcionalidades para seus clientes (como montar playlists baseadas em suas faixas favoritas e fornecer um banco de dados de álbuns e artistas), além de acesso a tais funcionalidades para os desenvolvedores que têm ideias interessantes relacionadas a projetos, aplicativos para smartphone ou produtos. Essa funcionalidade é conhecida como uma interface de programação de aplicação (API). A API para a Last.fm (`www.last.fm/api`) e para o Spotify (`developer.spotify.com/technologies/web-api/`), ambas em inglês, são somente dois exemplos; muitos outros estão disponíveis para outros serviços específicos da internet, por isso, sempre pesquise no Google!

Você pode observar que esse projeto tem muitos elementos, envolvendo não apenas a transmissão sem fio usando o Arduino (que pode ser uma função em si), mas também a comunicação com outro software e, a partir desse software, a transmissão de outros serviços na internet. Para os programadores de plantão, essa aplicação do Arduino possibilita que você construa, a partir do seu conhecimento existente, a integração de um hardware com outro software. Na Parte 5, apresento outros softwares disponíveis e entro em mais detalhes sobre a transmissão do ambiente do software Processing.

Leituras complementares

Você pode obter mais informações sobre esse projeto consultando as páginas do projeto no site do CIID em `ciid.dk/education/portfolio/idp12/courses/tangible-user-interface/projects/skube` e no site de Andrew Spitz em: `http://www.soundplusdesign.com/?p=5516` (conteúdos em inglês).

Chorus

A Chorus é uma exposição de arte cinética da United Visual Artists (UVA), uma prática de arte e design sediada em Londres. O trabalho da UVA permeia muitos campos, incluindo escultura, arquitetura, performance ao vivo, imagem em movimento e exibição de arte. O grupo tem a reputação de criar projetos visualmente deslumbrantes, que ultrapassam os limites desses campos.

A Chorus (mostrado na Figura 8-2) usa som, luz e movimento com efeito impactante e é um excelente exemplo de como o Arduino pode desempenhar um papel importante em exposições de arte enormes, bem como em protótipos minúsculos. A exposição é composta de oito pêndulos pretos altos balançando para frente e para trás, emitindo simultaneamente luz e som. Os espectadores podem andar sob os pêndulos, participar completamente da performance, pois "o ritmo do trabalho se movimenta entre o caos e a harmonia". Cada pêndulo tem sua própria partitura, composta por Mira Calix, que pode ser ouvida quando o público chega perto o suficiente.

FIGURA 8-2: A Chorus funcionando a todo vapor.

Cortesia da United Visual Artists

Como a Chorus funciona

Neste projeto, uma placa Arduino é empregada não apenas para luz e som, mas também para o movimento dos pêndulos. O balanço de cada pêndulo é controlado por um motor elétrico montado em uma caixa de redução. Esse motor pode ser controlado com um circuito de relé, permitindo que o Arduino interfira nesse enorme objeto mecânico. Cada pêndulo tem duas placas de circuito personalizadas, cada uma com 50 LEDs para fornecer a luz para a peça e um alto-falante montado na base do pêndulo e controlado pelo Arduino. A própria placa Arduino é controlada por um software personalizado que envia e recebe dados constantemente a fim de assegurar que os pêndulos estejam sincronizados para coincidir com a partitura que está sendo tocada.

Esse projeto demonstra que você pode usar uma placa Arduino com grande êxito quando combinada com os conhecimentos de outros domínios, como arte, engenharia mecânica e arquitetura. Sozinhos, cada um dos elementos desse projeto são relativamente simples: controlar um motor, controlar um LED e tocar uma melodia. O desafio é quando a escala de cada um deles aumenta. Controlar motores de alta potência exige conhecimento de cargas e mecânica; controlar muitos LEDs requer um entendimento do controle de tensão e corrente mais altas, e reproduzir som de altíssima qualidade demanda equipamentos específicos.

O Capítulo 12 apresenta os shields, que podem desempenhar muitas atividades, semelhantes àquelas na Chorus, muito mais fáceis de se colocar em prática com seu Arduino.

Leituras complementares

Você pode encontrar a página do projeto no site da UVA em: `www.uva.co.uk/works/chorus` (conteúdo em inglês). Além do mais, um excelente artigo de Vince Dziekan examina detalhadamente as práticas de trabalho da UVA e o projeto Chorus: `http://fibreculturejournal.org/wp-content/pdfs/FCJ-122Vince Dziekan.pdf` (conteúdo em inglês).

Push Snowboarding

O Push Snowboarding é um projeto colaborativo entre a Nokia e a Burton que tinha como objetivo visualizar todos os dados sobre sua corrida de snowboard. A empresa Vitamins Design Ltd (agora Special Projects) foi encarregada de desenvolver e construir um conjunto de sensores wireless para se comunicar com um celular no bolso do snowboarder. A Vitamins foi fundada por Duncan Fitzsimons, Clara Gaggero e Adrian Westaway, que, por sua vez, intitulam-se como "estúdio de design e invenção". Estão localizados em Londres, onde desenvolvem e criam produtos, experiências, conceitos e sistemas para seus clientes. Eles trabalharam em uma variedade de projetos, mais bem descrito em suas próprias palavras, como tendo "trabalhado desde passarelas de moda até em salas de cirurgia... com snowboarders profissionais e operários... tanto para o teatro experimental quanto para os aposentados tecnofóbicos".

Para o projeto de snowboarding, a Vitamins desenvolveu um conjunto de caixas de sensores impressos em 3D (mostrados na Figura 8-3) para medir a resposta galvânica da pele, a frequência cardíaca, o equilíbrio, o movimento 3D, posição, localização geográfica, velocidade e altitude. Depois, esses dados foram estratificados em camadas em um vídeo ao vivo de corrida de snowboard para mostrar as ligações entre diferentes situações e a resposta física do snowboarder. Esse projeto é um excelente exemplo de produtos Arduino bem desenvolvidos que estão mais próximos de produtos personalizados do que de protótipos.

FIGURA 8-3: Sensores de snowboard em caixas personalizadas de sensores.

Cortesia da Vitamins Design Ltd

Como funciona

Cada sensor está em um invólucro à prova d'água com um botão liga/desliga. Quando ligado, o Arduino se comunica via wireless com smartphone, transmitindo seja lá quais dados encontrar. A partir daí, o smartphone, com sua capacidade de processamento superior, fragmenta os números e compila os dados para apresentar visualmente o snowboard ao snowboarder.

O primeiro desafio desse projeto foi o tamanho. Muitos sensores podem ser pequenos, mas a próprio Arduino cria uma footprint grande, e, caso um snowboarder esteja usando várias caixas de sensores, os dados serão desnecessários se as caixas estiverem bloqueando os movimentos. Por esse motivo, cada caixa de sensor em um Arduino Pro Mini tem cristais semicondutores e tem apenas 18mm x 33mm. O mesmo vale para a fonte de energia, que é fornecida por uma bateria de lítio recarregável, o mesmo tipo de bateria encontrada em aeromodelos e smartphones.

O projeto emprega uma variedade de sensores: sensores de pressão nos pés para avaliar o equilíbrio; unidades de medida inerciais (IMU), também conhecidas como sensores de graus de liberdade, usadas para localizar a orientação 3D do snowboarder; sensores galvânicos de resposta da pele para monitorar os níveis de suor do snowboarder e um monitor de frequência cardíaca para acompanhar o bpm dele.

Esses dados são enviados de volta ao telefone wireless usando um módulo Bluetooth localizado em cada caixa do sensor. O módulo Bluetooth é pequeno, tem uma conexão segura e funciona de forma confiável na curta distância entre a caixa do sensor e o telefone no bolso do snowboarder. Assim, os dados podem ser combinados com outros dados coletados pelo telefone, como o Sistema de Posicionamento Global (GPS), e formatados via software personalizado no telefone.

Cada um dos sensores nesse projeto está disponível na maioria das lojas online que vendem produtos Arduino, juntamente com exemplos e tutoriais de como você pode integrá-los a seu próprio projeto. A implementação desse projeto é o que o torna um ótimo exemplo para os aspirantes a arduinistas. A combinação de sensores fornece aos snowboarders uma infinidade de informações que podem ser usadas para melhorar a técnica ou avaliar o desempenho de maneiras diferentes. Além disso, esses produtos foram desenvolvidos para sobreviver em ambientes inóspitos. Os componentes eletrônicos estão localizados atrás de um case resistente para protegê-los do impacto e são cuidadosamente acolchoados para protegê-los contra colisões, mas também são acessíveis. O case inclui até mesmo um sistema de umidade que identifica qualquer nível de umidade que possa entrar em contato com os componentes.

Leituras complementares

Você pode encontrar mais detalhes sobre o projeto no site da Vitamins em: `specialprojects.studio/project/push-snowboarding/` (conteúdo em inglês).

Baker Tweet

Baker Tweet é um projeto da Poke que tuíta as refeições que acabaram de sair do forno do Albion Café. A Poke é uma empresa criativa sediada em Londres e Nova York, especializada em tudo o que é digital. O projeto foi fruto de uma missão que foi dada à Poke London para tornar o recém-inaugurado Albion Café reconhecido. A empresa propôs uma "caixa mágica" que permitia ao café divulgar seus produtos recém-assados usando o Twitter, para que os clientes soubessem qual era o melhor horário de comprar pãezinhos e croissants fresquinhos. Você pode ver uma foto do dispositivo Baker Tweet na Figura 8-4 ou visitar o café se estiver na vizinhança!

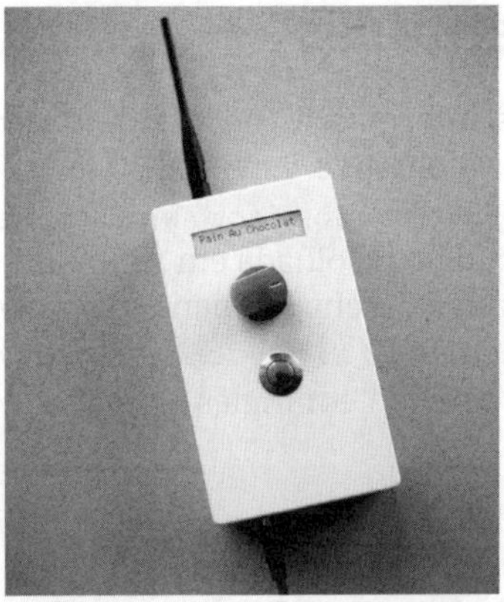

FIGURA 8-4: Baker Tweet do Café e Padaria Albion.

Cortesia da Poke London

Como o Baker Tweet funciona

A "caixa mágica" que produz mensagens no Twitter tem uma interface simples, que consiste em um botão indicador, um botão e uma tela LCD. O funcionário do café usa o botão indicador para selecionar o tipo de pão recém-assado a ser tuitado, então o tweet é exibido na tela LCD; a pessoa aperta o botão para enviar o tweet e o feedback que, por sua vez, aparece na tela LCD quando o tweet é enviado com sucesso. Essa interface simples é ideal para um café movimentado, exigindo pouco tempo para atualizar o status online. Para adicionar novos itens, o projeto usa uma interface da internet fácil de usar que atualiza a lista.

No coração desse projeto está um Arduino que se comunica com a internet. Isso pode ser feito com uma conexão Ethernet com fio, usando um shield Arduino Ethernet, ou sem fio, usando um adaptador Linksys Wi-Fi. O botão indicador fornece uma entrada analógica; o botão fornece uma entrada digital. Combinado com a tela LCD, eles criam uma interface de usuário que pode percorrer facilmente a lista e enviar tweets. O protótipo é encapsulado em um compartimento reforçado para impedir que a massa e as mãos cheias de farinha danifiquem o circuito.

Esse projeto demonstra o uso significativo do Arduino que executa a atividade, muitas vezes demorada, de atualizar um status online de maneira rápida e fácil. O protótipo também é construído para se adequar ao seu ambiente, sendo robusto o bastante com suas entradas de aço inoxidável para resistir ao uso recorrente. Ele também é fácil de limpar, considerando o ambiente atrapalhado de uma padaria. A complexidade desse projeto reside na comunicação com a internet, que para os entendidos em web pode ser uma área de interesse, permitindo que seu projeto físico envie dados para a Rede Mundial de Computadores e vice-versa.

Leituras complementares

Você pode encontrar muito mais informações no site da Baker Tweet em `http://www.bakertweet.com` (conteúdo em inglês) e na página de projetos da Poke London em `pokelondon.com/work/baker-tweet/` (conteúdo em inglês). Além disso, dê uma olhada em algumas fotos excepcionais dos protótipos que mostram o desenvolvimento do projeto da breadboard para a padaria e café Albion em: `flickr.com/photos/aszolty/sets/72157614293377430/` (conteúdo em inglês).

O Compass Lounge e Compass Card do Museu Nacional Marítimo de Londres

O Compass Lounge foi desenvolvido como parte de uma nova ala do Museu Nacional Marítimo em Londres. O estúdio de design Kin, localizado em Londres, projetou e desenvolveu os espaços interativos do Compass Lounge, que usou vários projetos Arduino nos bastidores para possibilitar ao público que interagisse com o arquivo digital do museu e também com as peças físicas em exposição.

Um conjunto de telas interativas digitais (*telas interativas digitais sensíveis ao toque* são como gavetas grandes que geralmente armazenam grandes cópias digitais, desenhos ou documentos) permitem aos visitantes navegar pelo arquivo online do museu e acessar os itens mais populares em alta resolução. Quando tais gavetas são abertas, uma tela sensível ao toque grande é ativada e o visitante pode navegar pelos itens exibidos. Enquanto os visitantes estão navegando, um visor de LED oculto aparece no papel de parede (como mostrado na Figura 8-5), exibindo o número de referência do item atual para que ele possa ser encontrado no arquivo físico.

FIGURA 8-5: O display LED escondido ilumina-se debaixo do papel de parede.

Cortesia da Kin

Outra particularidade desse projeto desenvolvido em Arduino é o sistema de Card Compass. Cada visitante recebe um cartão para coletar itens de todo o museu. Ao lado de determinados itens estão os pontos de coleta nos quais o cartão é digitalizado para buscar o item digitalmente e carimbado para deixar uma marca física nele a fim de mostrar aos visitantes a jornada pelo museu. Os visitantes podem procurar os itens coletados no Compass Lounge ou em casa, em um navegador.

Como o Compass Lounge e o Compass Card funcionam

As telas interativas digitais usam alguns projetos Arduino simples para complementar o conteúdo digital exibido nas telas maiores sensíveis ao toque.

Placas Arduino são utilizadas para ativar as telas quando elas são abertas. Se as telas permanecerem acesas ao longo do dia, quando não estiverem em uso, a imagem poderá ser gravada na tela, deixando sombras quando o conteúdo for alterado. Definir o plano de fundo para preto quando a tela interativa estiver fechada minimiza seu desgaste e prolonga a vida útil dos monitores. Tal efeito é realizado por um microinterruptor na parte de trás de cada gaveta — nada muito diferente da configuração do sketch Button no Capítulo 6. Sempre que o botão é pressionado, um caractere é enviado pela porta serial para que o monitor fique preto. Esse tipo de comunicação é abordado no Capítulo 7.

Acima das telas interativas digitais há uma tela de letras em LED oculta composta por fileiras de LEDs alinhados em uma rede. As letras são enviadas pela porta serial como uma string do software personalizado que exibe as imagens para que o número correto apareça com a imagem certa. Como os LEDs são bastante brilhantes, eles podem refletir através papel de parede de tecido quando estão ligados e permanecem ocultos quando desligados. Esse é um excelente exemplo do uso de um produto pré-fabricado em uma organização diferente para atender a determinado fim.

Os Compass Cards também são um ótimo exemplo do uso de tecnologias (relativamente) antigas e existentes de uma maneira nova e interessante. Eles utilizam códigos de barras para saber qual cartão está sendo escaneado. Isso retorna um número para o Arduino, que pode ser encaminhado para um servidor central que, por sua vez, sincroniza-se com o número do código de barras e o número do scanner para identificar onde o cartão foi escaneado e por quem.

Todas essas informações são enviadas pela Ethernet para um servidor usando uma placa shield Ethernet, na qual as informações podem ser agrupadas e emitidas conforme necessário. As placas Arduino estão fazendo a tarefa relativamente complicada de retransmitir dados através de uma rede sem a necessidade de computadores em cada ponto de coleta. Esse cenário não somente reduz o custo da transferência de dados, mas também facilita a operação da rede, porque um Arduino não exige procedimentos de inicialização ou desligamento. Esse sistema digital funciona em conjunto com um sistema de estampagem física para marcar os cartões com uma impressora, que faz uma impressão no cartão quando a alavanca é empurrada. (O interior do ponto de coleta do Compass Card é mostrado na Figura 8-6.)

FIGURA 8-6: O interior da coleta de pontos do Compass Card.

Cortesia da Kin

Esse conjunto de projetos ilustra quantos usos você pode agrupar para criar uma experiência, proporcionando muitas formas diferentes de interação e feedback. É também um ótimo exemplo de um caso de uso extremo de uma placa Arduino. Muitos projetos, protótipos ou exibições artísticas mostram que o Arduino pode funcionar, porém muitas vezes não é considerada digna de confiança e é vista como uma solução temporária em vez de uma solução de longo prazo. Nesse caso, o museu reclamou uma solução confiável e robusta, e o Arduino era mais do que capaz de realizar a tarefa quando usada corretamente.

Leituras complementares

Você pode encontrar muito mais informações e exemplos na página do projeto Kin em `kin-design.com/commissioned-work/arts_culture/compass-card-system-national-maritime-museum/` (conteúdo em inglês).

A Luminária Good Night

O projeto Good Night Lamp é uma família de luminárias conectadas à internet criadas por Alexandra Dechamps-Sonsino. Cada família é composta de uma luminária grande e variadas luminárias pequenas. Quando a Big Lamp (Luminária Grande) está acesa, as Little Lamps (Luminárias Pequenas) conectadas também acendem, seja lá onde estiverem. Elas permitem aos entes queridos que mantenham contato uns com os outros simplesmente realizando sua rotina diária, sem usar ativamente qualquer aplicativo. Atualmente, a Luminária Good Night está em desenvolvimento usando o Arduino como base para os protótipos. Um conjunto de lâmpadas aparece na Figura 8-7.

FIGURA 8-7: Sempre que a Big Lamp é acesa, a Little Lamp acende também, independentemente da localização.

Cortesia da Good Night Lamp Ltd

Como a Good Night Lamp funciona

O sistema para os protótipos de pré-produção da Luminária Good Night é relativamente simples. A Big Lamp é uma luz funcional operada com um botão, semelhante ao exemplo ButtonChangeState no Capítulo 10. Ele acende a luz e envia o número de ID da lâmpada e o estado da luz para um servidor web usando uma placa shield Wi-Fi Arduino.

Em algum outro lugar, talvez do outro lado do mundo, as Little Lamps fazem o download do estado da Big Lamp usando a mesma shield Wi-Fi. Se uma Big Lamp estiver acesa, qualquer Little Lamps que estiver emparelhada com ela também estará acesa.

As próprias luminárias são lâmpadas LED de alta potência que funcionam com 12V e exigem 0,15 amperes para as Little Lamps e 0,4 amperes para a Big Lamp. Essas lâmpadas LED são ideais para a alta luminosidade necessária para luminárias funcionais e exigem um circuito de transistor para executá-las, o mesmo que foi explicado no Capítulo 7.

Esse projeto é um ótimo exemplo do uso do Arduino para produzir um protótipo de um produto com comportamento relativamente complexo. O uso do Arduino e de outras ferramentas permite que você desenvolva a eletrônica dentro de um produto para demonstrar de maneira confiável seu comportamento.

Leituras complementares

Se você quiser ler mais a respeito da Luminária Good Night, acesse a página do produto em: `goodnightlamp.com` (conteúdo em inglês).

A Little Printer

A Little Printer (mostrada na Figura 8-8) é uma impressora doméstica em miniatura desenvolvida pela Berg, uma consultoria de design sediada em Londres. Usando seu smartphone, você pode gerenciar o conteúdo da internet para imprimir todo tipo de informação para criar seu próprio jornal pessoal. Entre o seu telefone e a web está o BERG Cloud, que faz todo o trabalho pesado. A Little Printer é desenvolvida com hardware e software personalizados, mas foi prototipada usando o Arduino.

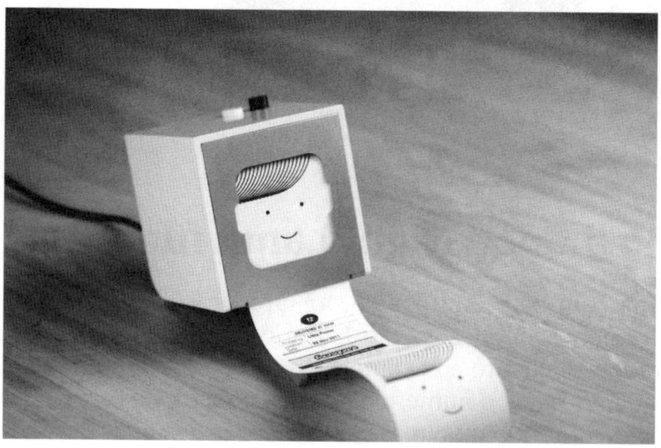

FIGURA 8-8: Uma Little Printer pronta para imprimir os dados que você quiser.

Cortesia da Berg

Como a Little Printer funciona

A Little Printer é composta de várias partes, começando pela própria impressora, que é uma impressora térmica, similar àquelas usadas para imprimir recibos de compras. As impressoras térmicas se comunicam em série, portanto, com o código correto, é possível falar diretamente com um dispositivo, como uma placa Arduino. A Adafruit tem estoque de uma dessas impressoras, que é fácil de integrar em seus próprios projetos Arduino (acesse: `www.adafruit.com/products/597`).

A própria impressora está ligada, porém se comunica via wireless com o BERG Cloud Bridge, um pequeno dispositivo que lida com todos os dados de maneira semelhante ao seu roteador doméstico. Os dados são, então, enviados e recebidos usando uma conexão de internet a cabo, a mesma usada na shield Ethernet Arduino.

Nos primeiros protótipos, os módulos wireless XBee — os mesmos usados no shield wireless — lidavam com a comunicação entre a Little Printer e o BERG Cloud Bridge.

Grande parte da complexidade deste produto é tratada no BERG Cloud, no qual os dados são coletados, classificados e enviados para a impressora, conforme solicitado.

A Little Printer é um ótimo exemplo de um produto que usou o Arduino para desenvolver e refinar a ideia antes de ser desenvolvida em um produto com seu próprio hardware personalizado. Demonstra também que é possível para o seu projeto Arduino fazer uso da abundância de dados na internet.

Leituras complementares

Infelizmente, a Little Printer não existe mais, mas continua sendo um exemplo didático do que é possível com o Arduino. Para saber mais sobre sua jornada, acesse: `littleprinterblog.tumblr.com` (conteúdo em inglês).

Flap to Freedom

O Flap to Freedom foi um jogo da ICO, uma consultoria de design com sede em Londres, criado como parte da V&A Village Fete, descrita pela V&A como uma "visão contemporânea da Festa de Verão Britânica". Tomou a forma de um jogo em que dois jogadores competiam, mano a mano, para ajudar uma galinha a escapar de sua da granja de uma fazenda (conforme mostrado na Figura 8-9). Se um jogador agitar os braços, a galinha agita as asas, mas, se ela bater as asas muito rápido, logo se cansa. Cada corrida foi cronometrada e colocada no quadro de líderes por "hierarquia de bicada" para determinar o vencedor.

FIGURA 8-9: Corrida de galinhas!

Reproduzido com permissão da ICO Design Printers Ltd

Como funciona o Flap to Freedom

Para o projeto Arduino, as galinhas de brinquedo existentes usadas nessa corrida foram desmontadas e receberam novos circuitos personalizados que se comunicavam via wireless com o software em um computador. Os circuitos dentro das galinhas foram refeitos para dar à placa Arduino controle dos vários motores que moviam as asas, o bico e os pés. Foi transmitido a cada uma delas o que fazer usando módulos wireless, semelhantes aos módulos XBee na shield wireless Arduino, que se comunicavam com um software personalizado em um computador.

O software usado foi o OpenFrameworks. Ao utilizar uma webcam escondida, o programa analisou os movimentos das pessoas para determinar a rapidez com que as galinhas deveriam andar e, em seguida, enviou o sinal apropriado para cada uma.

Esse aplicativo divertido e envolvente para o Arduino permite a pessoas de todas as idades que participem de um jogo e recebam feedback físico instantâneo das galinhas de brinquedo. O programa também ilustra como hackear um brinquedo existente para dar a ele um uso diferente e pode ser aplicado a outros produtos.

Leituras complementares

Você pode encontrar muito a respeito do projeto da OIC em: `icoex.co.uk/work/project/flap-for-freedom` (conteúdo em inglês). Benjamin Tomlinson e Chris O'Shea trabalharam no lado técnico do projeto; para uma descrição mais técnica, acesse a página do projeto de Chris O'Shea em: `www.chrisoshea.org/flap-to-freedom` (conteúdo em inglês).

NESTE CAPÍTULO

» **Aprendendo tudo sobre soldagem**

» **Descolando os kits adequados para o trabalho**

» **Montando um shield**

» **Da placa breadboard à placa de prototipagem (strip board)**

» **Concretizando seu projeto no mundo real**

Capítulo **9**

Soldagem

Nos capítulos anteriores, abordo em detalhes como montar circuitos em uma breadboard. Caso tenha lido esses capítulos, provavelmente você já tem alguma noção de como construir e combinar alguns dos exemplos básicos, e pode estar se perguntando: "O que eu faço agora?"

Este capítulo lhe explicará especificamente a técnica da soldagem. Você descobrirá todas as ferramentas necessárias para concretizar seu projeto no mundo real. Chega de breadboards equilibradas de modo precário ou fios bagunçados! De agora em diante, você saberá o necessário para soldar placas de circuito que tenham durabilidade.

Noções Básicas sobre Soldagem

A *soldagem* é uma técnica para unir metais. Ao derreter o metal a um ponto de fusão bem menor do que o metal que está unindo, você pode fixar peças metálicas para formar o seu circuito. As articulações mecânicas são ótimas para prototipagem, viabilizando que você mude de ideia e altere rapidamente seu circuito; porém, uma vez que tenha certeza do que está fazendo, é hora de se comprometer.

Você usa um ferro de solda ou pistola de solda para fundir a *solda*, uma liga de metal (mistura de metais) com um baixo ponto de fusão, e aplica à junta. Quando a solda esfria ao redor das peças que estão sendo fundidas, ela forma uma ligação química estável, em vez de uma ligação mecânica. Esse método é um meio muitíssimo superior de se fixar componentes em um lugar, e as áreas soldadas ainda podem ser ressoldadas, caso necessário.

Mas, afinal, por que você precisa de uma solda? Imagine só: você tem seu circuito em uma breadboard e está pronto para usá-lo, mas, toda vez que o faz, os fios ficam todos bagunçados. Você pode até continuar insistindo e substituir os fios, mas corre o risco de substituir o fio errado e danificar o Arduino ou se machucar. A melhor solução é montar uma placa de circuito soldada que seja resistente e possa sobreviver no mundo real.

Uma breadboard sem solda permite que você construa e altere de forma rápida e fácil seu circuito, mas depois de saber como tudo funciona você precisa soldá-lo para mantê-lo intacto.

Criar sua própria placa de circuito também é uma oportunidade para aperfeiçoar seu circuito, fazendo placas de circuito que se encaixam nos componentes. Depois de saber o que quer fazer, o processo de construir miniaturas pode ser iniciado e, por fim, você acaba ficando com uma placa de circuito que ocupa apenas o espaço necessário e não mais do que isso.

Juntando Tudo que É Necessário para a Soldagem

Antes de entrar de cabeça na soldagem, faça questão de ter o necessário para colocar a mão na massa. Leia mais para descobrir.

Montando um espaço de trabalho

Para as suas aventuras com soldagem, antes de tudo, você precisa de um bom espaço de trabalho. Dispor de um bom espaço de trabalho pode fazer toda a diferença entre um projeto de sucesso e passar horas a fio com as mãos e os joelhos no chão, praguejando contra tudo e contra todos. Uma mesa ou bancada grande seria perfeita, mas até mesmo a mesa da cozinha, se estiver limpa, servirá. Como você está lidando com ferros de solda quente e metal fundido, é uma boa ideia cobrir a superfície com algo que você não se importe em danificar. Um pedaço de tapete, madeira ou papelão serve perfeitamente para essa finalidade.

Seu espaço de trabalho deve estar bem iluminado também. Garanta uma ótima luminosidade durante o dia e uma boa luminosidade durante a noite para ajudar a encontrar aqueles componentes minúsculos.

É bom também ter acesso fácil a uma fonte de energia. Se o seu ferro de solda funcionar a uma dada temperatura e com um condutor curto ligado diretamente a um plugue, é imprescindível estar próximo a uma tomada. Caso estique demais seu fio, você corre o risco de derrubar o ferro de solda da mesa e queimar qualquer coisa que entre em contato com ele. Uma régua de energia ou uma extensão com várias tomadas é a melhor solução, pois fornece energia para seu notebook, sua lâmpada e seu ferro de solda.

Uma cadeira confortável é sempre importante. Lembre-se também de levantar-se a cada meia hora para evitar cãibras nas costas. Você pode facilmente ficar entretido com a soldagem e esquecer-se da postura horrível em que se encontra.

Os vapores de solda, embora não letais, não são nada bons para os pulmões, portanto, evite respirá-los. Trabalhe sempre em uma área bem ventilada. Recomenda-se também trabalhar com solda sem chumbo, conforme será mencionado nesta seção.

DICA

Caso esteja trabalhando em casa e sujeito à pressão de outras pessoas que moram com você para não espalhar pedaços de metal em tudo, você deve arranjar uma superfície para soldar. Essa superfície pode ser uma superfície de madeira rígida que pode acomodar todo seu kit e possa ser movimentada, embalada ou coberta quando não estiver em uso. Tal organização o poupa da tarefa de desembalar e embalar tudo todas as vezes que quiser soldar — e deixa todo mundo feliz também.

Escolhendo um ferro de solda

A ferramenta mais importante para a soldagem é, obviamente, um ferro de solda ou estação de solda. Você tem à disposição uma diversidade gigantesca de ferros de solda para escolher, mas eles geralmente são divididos em quatro tipos: ferros de solda sem controle de temperatura, ferros de solda portáteis, ferros de solda com controle de temperatura e estações de solda completas. Descrevo o tipo de cada um deles nas seções a seguir e forneço um preço aproximado dos meus revendedores locais. Se você tem uma ideia do que quer, pesquise por aí para ver quais ofertas pode encontrar. Caso tenha sorte, pode até encontrar alguns equipamentos de segunda mão de alta qualidade no eBay!

Ferro de solda sem controle de temperatura

Um *ferro de solda sem controle de temperatura* do tipo lápis (veja um exemplo na Figura 9-1) é normalmente vendido como um ferro em um pedaço de cabo elétrico com um plugue na outra extremidade. Via de regra, eles são vendidos com uma esponja e um pedaço de metal dobrado como um suporte que deixa muito a desejar. Outros, um pouco melhores, têm um suporte de plástico com um lugar para colocar sua esponja e um compartimento decente, tipo um coldre com uma mola, para acomodar sua solda.

FIGURA 9-1: Um ferro de solda básico sem controle de temperatura.

Os ferros de solda sem controle de temperatura são convenientes, todavia, não oferecem controle sobre a temperatura de sua solda. Eles são vendidos com potência nominal ou limite de tensão, o que não serve de muita coisa para a maioria das pessoas. Nesses ferros de solda, uma potência maior significa uma temperatura mais alta, embora isso possa variar muito de fabricante para fabricante.

CUIDADO

Essa variação pode causar problemas em componentes mais delicados, pois uma temperatura alta é conduzida rapidamente e derrete os circuitos integrados e os componentes de plástico.

Uma análise rápida da RadioShack demonstra que os ferros de solda em um espectro de potências de 15W a 60W podem englobar um intervalo de temperatura de aproximadamente 200°C a 398°C. A dificuldade está em encontrar um ferro de solda suficientemente quente de modo que esquente a parte que você quer aquecer rapidamente e lhe possibilite soldar e derreter antes que o calor se espalhe. Por essa razão, um ferro de solda de baixa temperatura pode frequentemente causar mais danos do que um de alta temperatura. Se você for aumentar muito a temperatura, terá outros problemas, como a erosão mais rápida das pontas e um risco maior de superaquecimento das peças.

Caso queira utilizar um ferro de solda sem controle de temperatura, meu conselho é começar com um ferro de alcance médio. Recomendo um ferro de 25W para um bom começo, que custa mais ou menos de US$22 na RadioShack. Nas Lojas Americanas, você pode encontrar a partir de R$16.

Ferro de solda portátil

Um *ferro de solda portátil* deixa de lado os cabos e a eletricidade em favor da energia a gás. Ele queima gás butano (normalmente conhecido como um combustível mais leve) para produzir calor. Um ferro de solda portátil tem uma potência nominal que possibilita a comparação com outros ferros, mas, ao contrário dos ferros de solda sem controle de temperatura descritos na seção anterior, essa classificação indica a temperatura máxima, que pode ser reduzida com o uso de uma válvula.

CUIDADO

As chamas queimam em torno da borda do ferro, o que pode fazer com que fique difícil de usá-lo em juntas precisas, então recomendo usar um ferro de solda portátil apenas se necessário.

Um ferro de solda portátil (mostrado na Figura 9-2) é ótimo para situações complicadas, como quando um fio é muito curto, porém é um pouco caro para ser usado com frequência. Ele também é considerado muito mais perigoso do que os ferros de solda convencionais pela maioria dos aeroportos por causa do uso de gás. Logo, se você está planejando fazer qualquer solda em outro país, compre um ferro de solda elétrico.

FIGURA 9-2: Um ferro de solda de butano. Cuidado com as sobrancelhas!

Ferros de solda de butano variam de preço, mas normalmente você pode encontrá-los na faixa de US$45 a US$90. Você também precisa comprar latas adicionais de butano por US$7,50 cada. No Brasil, no Mercado Livre, você pode encontrá-lo entre R$110 e R$189.

Ferro de solda com controle de temperatura

Um *ferro de solda com controle de temperatura,* mostrado na Figura 9-3, é preferível ao ferro sem controle de temperatura, porque lhe dá mais controle por um preço razoável. Esse aumento no controle pode fazer toda a diferença entre o derretimento e a queima. Os ferros de solda com controle de temperatura devem ter uma potência nominal, mas será a potência máxima possível. Para esse tipo de ferro de solda, é preferível uma potência mais elevada, porque ele deve oferecer um intervalo melhor de temperaturas mais elevadas.

FIGURA 9-3: Um ferro de solda com controle de temperatura.

Um indicador de controle de temperatura permite representar em escala seu intervalo de temperatura alto ou baixo, conforme necessário. A diferença entre esse tipo de controle de temperatura e aquele utilizado nas estações de solda mais precisas é que você não tem uma leitura da temperatura atual. A maioria dos ferros de solda com controle de temperatura tem um círculo cromático indicando a intensidade da temperatura, portanto, talvez seja necessário um bocado de tentativa e erro para se chegar à temperatura certa.

Você pode comprar um ferro de solda acessível com controle de temperatura por cerca de US$30. No Brasil, sai em média R$60. Como você tem mais controle sobre a temperatura do ferro, tem também maior controle e durabilidade do que teria com um ferro sem controle de temperatura.

Estações de solda

Depois que você ganha um pouco de experiência e prática (e pode justificar a despesa), uma estação de solda é o que você vai querer. Uma *estação de solda* é geralmente composta de um ferro de solda, um suporte ou gaiola para o ferro, um visor de temperatura, um indicador ou botões para ajuste de temperatura e uma bandeja para uma esponja. Ela também pode ter vários acessórios integrados para a dessoldagem ou retrabalho, como um soprador de ar quente ou uma ferramenta de coleta a vácuo, mas, em geral, esses tipos de estação são para usos mais profissionais, não sendo uma necessidade imediata.

Você pode encontrar muitas marcas disponíveis de estações de solda, mas uma das marcas mais conceituadas e usadas é a Weller (veja a Figura 9-4). Dentre as estações da Weller, recomendo a WES51 (120V AC), a WESD51 (120V AC) ou a WESD51D (240V AC). Minha estação WES51 ainda tem um excelente desempenho, mesmo após quatro anos de uso. Repare que os ferros de solda de 120V precisam de um transformador para diminuir a tensão nos países que usam 240V de CA; muitas vezes, o transformador pode ser mais pesado que a própria estação de solda!

FIGURA 9-4: Uma estação de solda Weller.

Antes de usar uma estação de solda da Weller, eu tinha um ferro de solda mais barato, com controle de temperatura, que funcionou muito bem durante anos. Conforme abordarei detalhadamente mais adiante neste capítulo, a melhor maneira de manter e tirar o máximo proveito de sua solda de ferro é usá-la corretamente. Deixe um pouco de metal derretido na ponta para protegê-la quando não estiver em uso. Em seguida, antes de usar o ferro de solda novamente, use a esponja para remover o metal.

Pontas de ferro de solda

Independentemente de qual ferro de solda você comprar, recomendo também comprar alguns carretéis de fios ou fitas de solda extras, porque eles, em algum momento, se deterioram. Você também encontrará muitos tipos de pontas para diversas finalidades, por isso, é bom ter um conjunto delas para atender às diferentes necessidades.

Solda

A solda é o que você usa para se juntar os seus circuitos. Embora muitos tipos diferentes de solda sejam usados com diferentes combinações de metais, eles geralmente se dividem em duas categorias: com chumbo e sem chumbo. Muitas pessoas preferem a solda de chumbo, achando mais fácil trabalhar com ela, talvez porque ela tenha um ponto de fusão mais baixo, de modo que seu ferro fica mais frio e há menos probabilidade de danificar os componentes.

Faz muito tempo que o envenenamento por chumbo já é velho conhecido, e o comportamento a respeito do uso do chumbo começou a mudar. Em 1980, os tubos de chumbo foram trocados por tubos de cobre, e o uso da solda de chumbo em aparelhos eletrônicos foi abordado em 1996, quando a Legislação de Restrição de Substâncias Perigosas (RoHS) e a Diretiva de Resíduos de Equipamentos Elétricos e Eletrônicos da União Europeia (WEEE) debateu o uso e o descarte de certos materiais em dispositivos eletrônicos.

Geralmente você encontra a sigla RoHS em componentes que atendem às diretrizes da legislação, que, por isso mesmo, devem ser melhores para o meio ambiente quando descartados. Comercialmente, as empresas dos EUA e da Europa usufruem de benefícios fiscais pelo uso de solda sem chumbo (mostrada na Figura 9-5), mas o chumbo ainda é amplamente usado no resto do mundo. Steven Tai, um colega meu, visitou a China para concluir um projeto em que estávamos trabalhando. Quando ele perguntou onde poderia comprar solda sem chumbo, riram dele de imediato, porque a solda sem chumbo não era apenas desconhecida na maioria dos casos, mas nem mesmo estava disponível! Para os arduinistas mais conscientes, a maioria dos fornecedores e lojas de eletrônicos oferecem solda sem chumbo que contém outros metais, como estanho, cobre, prata e zinco. Por experiência própria, a solda sem chumbo funciona muito bem em qualquer projeto Arduino, então, se você quer fazer a sua parte para o meio ambiente e evitar o uso de chumbo em seu trabalho, por favor, faça isso!

FIGURA 9-5: Solda sem chumbo.

Outra variedade de solda é a solda em fio flux-cored (solda com fio de fluxo). A *flux-cored* é usada para reduzir a oxidação — reação na superfície de um metal quando ele reage com o ar (oxigênio) —, como acontece com a ferrugem em uma âncora de ferro. Reduzir a oxidação permite uma ligação melhor e mais confiável em sua junta de solda e permite que a solda circule mais facilmente e preencha a junta. Algumas soldas têm um fio com núcleo de fluxo, distribuindo o fluxo para a junta à medida que a solda é derretida. De vez em quando você vê fumaça enquanto derrete sua solda; na maioria dos casos, a fumaça é do fluxo queimando. Você pode ter certeza de que tem um fio com núcleo de fluxo se, quando corta a solda, você vê um centro preto cercado por um tubo de solda.

Trabalhe sempre em uma área bem ventilada e evite respirar os gases da solda, independentemente da solda que estiver usando. Os vapores da solda não lhe fazem nada bem, é como se você estivesse comendo-a. Lave sempre bem as mãos e o rosto após a soldagem. Às vezes, o fluxo na solda pode respingar em você, então não use as suas roupas preferidas — e, definitivamente, use proteção para os olhos.

Terceira mão (mão auxiliar)

Às vezes, você simplesmente não tem mãos suficientes para segurar os eletrônicos complicados que está tentando soldar. Seria ótimo ter alguém próximo com mãos de amianto para segurar as minúsculas peças de metal quentes, mas, na falta delas, você poderá usar um pequeno dispositivo conhecido como *terceira mão* ou *mão auxiliar,* como mostrado na Figura 9-6. Uma terceira mão é um conjunto de garras jacaré em um braço ajustável. Você pode organizar as garras para ajudá-lo a manter no lugar seu componente, placa de circuito e solda.

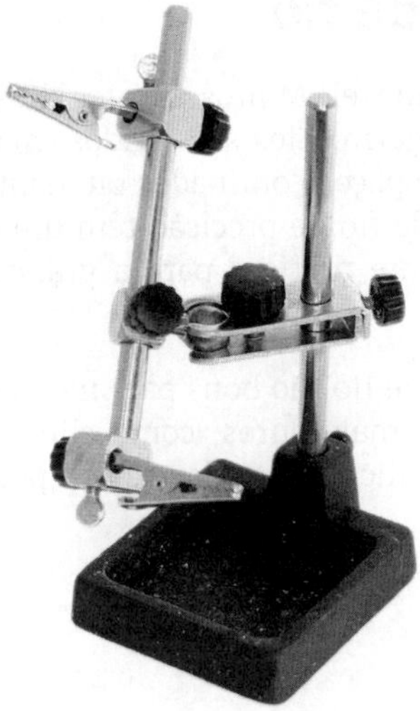

FIGURA 9-6: Dê uma mãozinha aqui!

Uma terceira mão custa de US$5 a US$50; no Brasil, sai em torno de R$40 a R$60 e pode ser extremamente útil para segurar a placa de circuito em um ângulo ou segurar os componentes juntos enquanto você trabalha na solda. A desvantagem é que ajeitá-la pode ser complicado. Caso esteja fazendo muitas juntas de solda, você poderá perder muito tempo ao desapertá-la, ajustá-la e reapertá-la. Se comprar uma terceira mão, verifique se todas as peças são de metal. Peças plásticas, como as garras na base de peso estável, não suportarão muito uso.

Massa adesiva

Uma boa alternativa a uma terceira mão é a massa adesiva, como a Blu--Tack, da Bostik, a White Tack, da UHU ou a Fun-Tak, da Locktite. Em vez de usar um dispositivo mecânico para prender um componente ou uma placa de circuito, você usa a massa adesiva para prender os objetos que está soldando em um dos lados da placa, deixando-o livre para trabalhar do outro lado da placa sem que os componentes ou placa de circuito se movimentem. Você também pode usar a massa adesiva para prender o seu trabalho à sua superfície de trabalho, evitando que ele se movimente por ela enquanto você solda. Depois que as juntas de solda são feitas, você remove a massa adesiva, que pode reutilizar. Perceba que a massa fica extremamente macia se for aquecida e demora um pouco para voltar à sua aderência habitual. Depois que ela esfria, você pode rolar a bola de massa ao longo da placa de circuito para remover quaisquer pedaços restantes.

Alicates cortadores de fio

Um alicate cortador de fio é inestimável. Muitos alicates desse tipo têm o corpo arredondado, em forma de garra. Eles são rígidos, mas podem ser difíceis de usar ao cortar fios em espaços confinados ou identificar um fio específico. Os alicates cortadores de fio de precisão têm uma forma mais certeira e pontiaguda, extremamente práticos para a grande maioria do trabalho eletrônico.

Observe que os alicates cortadores de fio são bons para metal macio, como cobre, mas não resistem a metais mais duros, como clipes de papel ou grampos. A Figura 9-7 mostra um alicate cortador de fios pontiagudo.

FIGURA 9-7: Alicates cortadores de fio são bons para entrar e sair de lugares difíceis.

Alicates descascadores de fios

Para conectar os fios ao seu projeto, é preciso retirar o isolamento de plástico. Você pode fazer isso com uma faca se for cuidadoso ou não se preocupar com a ponta dos dedos, mas a maneira mais rápida, fácil e segura de desencapar um fio é usar um alicate desencapador de fios. Há dois tipos de alicate desencapador de fios: manuais e mecânicos (veja a Figura 9-8). Os alicates desencapadores de fio manual são como cortadores de unha, mas eles têm entalhes semicirculares feitos em vários diâmetros. Quando um alicate cortador de fios segura um fio, ele corta apenas o suficiente para cortar a capa de plástico, mas para antes de atingir o fio. Os alicates desencapadores mecânicos trabalham com dispositivo de acionamento para remover o isolamento do fio sem necessidade de puxar o fio.

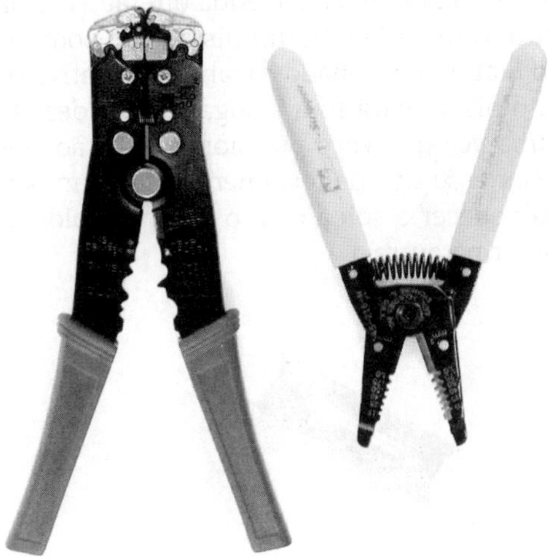

FIGURA 9-8: Alicates cortadores de fio manuais e mecânicos.

Eles poupam muito tempo, todavia, podem ser menos confiáveis a longo prazo, porque os mecanismos são mais propensos a falhas do que os alicates manuais simples.

Alicates de bico reto e liso

Os alicates de bico reto e liso, como uma breadboard sem solda, são de grande ajuda para se chegar a lugares difíceis de alcançar. Eles são especialmente práticos na soldagem porque poupam seus dedos de qualquer excesso de calor. Abordo os alicates de bico reto e liso em mais detalhes no Capítulo 4.

Multímetro

Um multímetro é de grande ajuda para testar seus circuitos. Quando você está soldando conexões, a função de teste de continuidade pode ser importante para verificar se as juntas de solda estão como deveriam estar e se estão conectadas aos locais adequados. Veja o Capítulo 4 para mais informações sobre como trabalhar com um multímetro.

LEMBRE-SE

Ao testar a continuidade, sempre desconecte as fontes de alimentação conectadas ao seu circuito para evitar falsos bipes.

Sugador de solda

Todo mundo comete erros, e eles podem ser mais difíceis de desfazer quando você está lidando com metal quente. Uma ferramenta para se ter à mão a fim de corrigir erros é um sugador de solda, mostrado na Figura 9-9, ou uma pistola de dessoldagem. Cada uma dessas ferramentas é uma bomba pneumática que suga a solda derretida diretamente da superfície de uma placa de circuito. A maioria tem um pistão que pode ser pressionado e trava quando todo o ar é pressionado. Quando você ativa o acionamento, uma mola empurra o pistão para fora e suga a solda derretida na câmara do pistão. Da próxima vez que você pressionar o pistão, ele suga a solda que foi removida. Usar esse tipo de ferramenta exige um pouco de prática, porque você precisa aquecer a solda com o ferro de solda em uma mão e sugá-la com o sugador na outra.

FIGURA 9-9: Um sugador de solda pode salvar seu projeto.

Malha dessoldadora

Outro método de remoção de solda é usar uma malha dessoldadora (veja a Figura 9-10), também conhecida como fita removedora de solda. A malha dessoldadora é um fio de cobre trançado e você a compra em carretéis. Ela fornece muita área de superfície para a solda, para removê-la de outras superfícies. Coloque a trança na junta ou buraco que tem muita solda e segure o ferro de solda em cima dele para aquecer a malha dessoldadora. Pressione um pouco, e a solda continua a derreter e preencher as lacunas entre as tranças do fio de cobre. Remova a malha e o ferro de solda juntos e a solda deve ser removida. Se não for, repita conforme necessário. Depois que a solda for removida, você pode cortar a malha dessoldadora usada e descartá-la.

FIGURA 9-10: A massa dessoldadora é ótima para os erros mais teimosos.

CUIDADO

Não puxe a malha dessoldadora se a solda tiver esfriado. Você corre o risco de arrancar as proteções de metal da sua placa, tornando-a inutilizável, porque a malha dessoldadora estará presa à placa.

DICA

Os sugadores de solda e a malha dessoldadora são igualmente eficazes na remoção da solda, mas são adequados para diferentes situações e exigem destreza e habilidade de uso. Caso esteja preocupado com componentes superaquecidos, um sugador de solda é mais adequado; se você não puder remover toda a solda com o sugador ou não conseguir se aproximar o suficiente dos componentes, a malha dessoldadora pode ser uma opção melhor. Aconselho que tenha os dois à mão para qualquer situação.

Fios conectores

Fio conector é o nome geral dado ao fio elétrico. É o mesmo que os fios de jumper que você pode ter no seu kit, mas é inacabado. Você o compra em carretéis. O fio conector pode ser rígido ou flexível. O fio rígido é feito de um pedaço sólido de arame e é maleável, por isso ele mantém sua forma se dobrado, mas se rompe caso seja muito dobrado. O fio flexível é composto de muitos fios finos e pode suportar muito mais flexão do que um rígido, mas não conserva sua forma se dobrado. Para utilizar o fio conector, você precisa cortá-lo no comprimento adequado e retirar o isolamento das extremidades para aparecer o fio de baixo.

O fio também vem em diâmetros diferentes, indicados com números como 7/0,2 ou 1/0,6. Nesse formato, o primeiro dígito é o número de fios no agrupamento e o segundo é o diâmetro desses fios individuais. Então 7/0,2 é um agrupamento de 7 fios, cada um medindo 0,2mm, sendo flexível; 1/0,6 é um fio rígido com um diâmetro de 0,6mm.

Quando você está começando, pode ser difícil saber em que tipo de fio investir. O fio é mais barato quando comprado em carretéis, porém você não quer ficar de mãos atadas com fio que não é adequado para seus propósitos. Como orientação geral, descobri que o fio flexível é o mais versátil e robusto para a maioria das aplicações. O diâmetro 7/0,2 deve caber na maioria dos furos da PCI (placa de circuito impressa). Recomendo também ter três cores — vermelho, preto e uma cor para sinalizar os fios. Com três carretéis de fios desse tipo e tamanho, você deve conseguir concluir a maioria dos projetos. Algumas lojas eletrônicas para hobbistas também oferecem comprimentos em várias cores, como os da Oomlout, mostrados na Figura 9-11.

FIGURA 9-11: Fios conectores em várias cores.

Preze pela Sua Segurança ao Soldar

Com algumas precauções simples, você pode soldar com segurança. Lembre-se de que a soldagem não é perigosa se você tomar os devidos cuidados — mas pode ser se você não o fizer. Por favor, tenha em mente as dicas desta seção sempre que estiver soldando.

Manuseando seu ferro de solda

Um ferro de solda é seguro se usado corretamente, mas ainda pode ser perigoso. O ferro tem duas extremidades, a ponta quente e o cabo. Não o segure pela ponta quente! A maneira correta de segurar um ferro de solda é como uma caneta, entre o polegar e o indicador, descansando no dedo médio. Quando não estiver usando o ferro, mantenha-o no estojo ou no suporte, o que ajuda a dissipar o calor e evitar queimaduras acidentais.

Mantendo seus olhos protegidos

Ao soldar, você deve usar proteção ocular adequada. A solda, principalmente a solda em fio com fluxo, tende a respingar quando aquecida. Além disso, quando você usa alicates para aparar a sua placa de circuito, os pedacinhos de metal que você corta geralmente ficam espalhados para tudo quanto é lado se não forem recolhidos. Para completar, se estiver trabalhando em grupo, você precisa se proteger da pessoa ao seu lado. Óculos de segurança são relativamente baratos, dependendo da quantidade de conforto que você quer, e custam bem menos do que uma cirurgia ocular.

Trabalhando em um ambiente ventilado

Não faz nada bem respirar gases de qualquer tipo, por isso é importante sempre soldar em um ambiente bem ventilado. Certifique-se também de que não esteja trabalhando debaixo de nenhum alarme de fumaça, pois os gases da soldagem podem dispará-los.

Limpando seu ferro de solda

Seu ferro de solda deve vir com uma esponja, que você usa para limpar o excesso de solda. Você deve umedecer a esponja, mas não usá-la molhada; desse modo, faça questão de espremer o excesso de água. Quando você está aquecendo a solda, ela oxida na ponta do ferro. Se a ponta se oxidar, pode se degradar com o tempo. Para evitar sua oxidação, deixe uma gota de solda no final do ferro enquanto ele estiver no suporte. Proceder dessa forma faz com que a bolha de solda oxide, em vez da ponta, e você precise apenas limpá-la com a esponja da próxima vez que precisar do ferro.

Não ingira a solda!

Embora os produtos químicos e metais na solda não sejam mortais, eles definitivamente não são saudáveis e podem causar irritação. Durante a soldagem, evite tocar o rosto para que seus olhos e sua boca não entrem em contato com os produtos químicos. É bom também lavar as mãos (e rosto, se necessário) após a soldagem.

Montando um Shield

A soldagem exige o aprendizado de muitas técnicas, e você as desenvolve praticando. Neste exemplo, você descobrirá como montar uma placa Arduino shield. Um *shield* é uma placa de circuito impresso específica (PCI) que se encaixa à placa Arduino para lhe dar uma função. (Você aprenderá mais sobre os shields no Capítulo 12.)

Existem diferentes shields para diferentes funções. O usado no exemplo é o kit proto shield (mostrado na Figura 9-12), que é essencialmente uma tela em branco para soldar seu projeto, depois de prototipá-lo em uma breadboard. Neste exemplo, você verá como montar o mínimo necessário do kit para anexá-lo ao seu Arduino e, em seguida, como construir um circuito simples nele.

FIGURA 9-12: Um proto shield completo.

USANDO A PLACA DE PROTOTIPAGEM (STRIPBOARD) EM VEZ DE UM PCB

Os shields são especialmente projetados para se encaixar perfeitamente no seu Arduino, porém, não raro, podem ter um preço salgado. Em geral, as chamadas placas de prototipagem stripboard ou perfboard proporcionam uma alternativa barata e extremamente versátil. A stripboard é uma placa de circuito com tiras de cobre e uma grade de furos perfurados que você pode usar para dispor seu circuito de maneira semelhante à de uma breadboard. Um exemplo de stripboard aparece na figura a seguir.

O espaçamento dos furos e o layout das faixas de cobre podem variar. O espaçamento mais útil para usos relacionados ao Arduino é o mesmo que a distância entre os furos do Arduino, de 0,1 polegadas (2,54mm), porque esse espaçamento permite a você que construa o layout do seu Arduino para criar seus próprios shields personalizados. Você também pode comprar stripboards organizadas de vários jeitos a partir das lâminas de cobre, normalmente colunas longas de cobre que percorrem o comprimento da placa ou conjuntos de colunas com três fileiras de profundidade (geralmente chamadas de triplas).

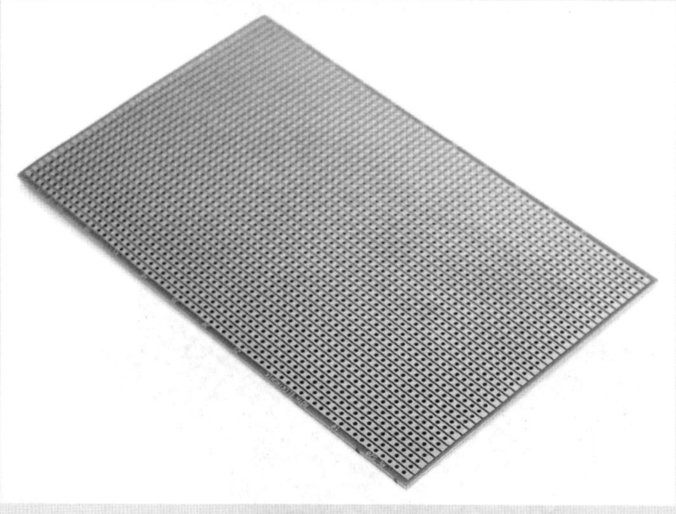

Como acontece com muitos kits Arduino, você precisa montar esse shield por conta própria. Os princípios básicos da soldagem permanecem os mesmos; entretanto, podem variar em dificuldade à medida que você encontra componentes menores ou mais sensíveis.

Preparando todas as peças do circuito

Ao montar um circuito, o primeiro passo deve ser expor todas as peças para conferir se você tem tudo de que precisa. Sua superfície de trabalho deve estar limpa e ter um revestimento de cor sólida para facilitar a localização das coisas.

A Figura 9-13 mostra o kit de protótipo Arduino exposto de forma ordenada. Certifique-se de que ele contenha o seguinte:

- Pinos header (40x1)
- Soquetes header (3x2)
- Botões
- LEDs (vários)
- Resistores (vários)

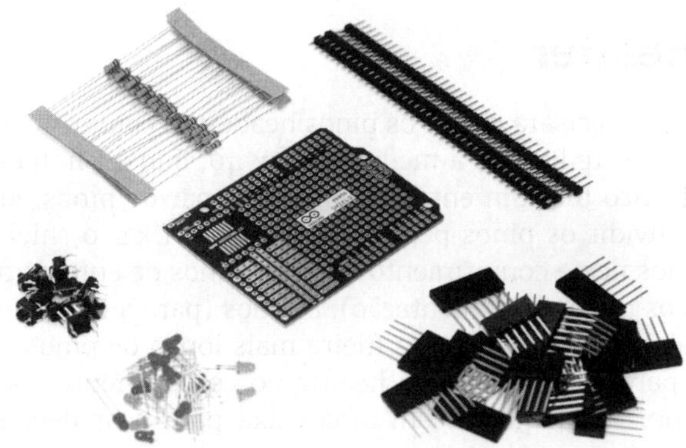

FIGURA 9-13: Todas as partes do shield expostas.

Alguns kits podem enviar apenas a PCI e deixar você escolher os headers que são conectados. Lembre-se de que não existe um caminho certo ou errado, desde que a montagem seja adequada ao seu propósito.

Para montar esse shield, você pode trabalhar a partir de uma imagem para ver o layout dos componentes, mas, para os mais difíceis, geralmente há instruções. Neste exemplo, explico passo a passo a construção deste shield e destaco muitas técnicas para soldar no decorrer do processo.

Montagem

Para montar este kit, você precisa soldar os pinos header e o botão. A soldagem dessas peças permite que o shield se fixe nos soquetes header do seu Arduino, estendendo todas as conexões dos pinos para a proto shield. Observe que algumas versões da placa proto têm soquetes header (ou headers empilháveis) em vez de pinos header. Os soquetes header têm pernas longas para que possam se encaixar em cima de um Arduino da mesma forma que os pinos header, mas também permitem que soquetes de outro shield sejam colocados na parte superior. A vantagem dos pinos header é que seu shield é menor e precisa de menos espaço para qualquer gabinete. Os soquetes header são usados na montagem do shield mostrado na Figura 9-12. São os soquetes pretos que estão de ambos os lados na parte superior da placa, com pinos estendendo-se por baixo.

Neste exemplo, uso pinos header e não ligo o conector ICSP (programação serial em circuito), que é o conector 3x2 no centro à direita do Uno (veja a primeira figura no Capítulo 2). O ICSP é utilizado como uma alternativa para o fazer o upload de sketches com um programador externo em contrapartida ao Arduino, e é para usuários avançados.

Pinos header

Primeiro, você precisará cortar os pinos header no comprimento adequado (Figura 9-14). Este kit usa a medida de 1 x 40, que é 1 linha de 40 pinos. A tira de plástico tem um entalhe entre cada par de pinos que você pode cortar para dividir os pinos perfeitamente. Para fixar o shield, você precisa de 6 pinos neste comprimento (para os pinos de entrada analógica), 8 pinos (para os pinos de alimentação), 8 pinos (para a fileira mais curta de pinos digitais) e 10 pinos (para a fileira mais longa de pinos digitais). Use seu alicate para cortar os pinos header no comprimento correto; devem sobrar 8 pinos. (Coloque-os em uma caixa para usar depois!) Os pinos devem se encaixar perfeitamente porque há um espaçamento de 2,54mm (0,1 polegada) entre eles, o que corresponde à placa. Você precisa procurar pelo mesmo espaçamento se estiver comprando pinos header de quaisquer outros conectores separadamente.

FIGURA 9-14: Pinos header de perto.

Agora que sabe onde os pinos header vão, você pode soldá-los no lugar. Na próxima seção, falo sobre a técnica de soldagem. Leia atentamente antes de começar.

Aprendendo Sua Técnica de Soldagem

A primeira etapa da soldagem é garantir que seus componentes estejam firmes em uma superfície. É comum tentar equilibrar a sua placa de circuito seja lá onde for, em algum lugar mais próximo à mão para organizá-la em uma posição acessível. Mas, se fizer isso, a placa está fadada a cair em algum momento, certamente quando você estiver com um ferro de solda quente em sua mão.

Como mencionado na seção "Juntando Tudo que É Necessário para a Soldagem", anteriormente neste capítulo, duas boas maneiras de assegurar seu trabalho são utilizar uma terceira mão ou uma massa adesiva. Você pode usar as garras jacaré na terceira mão para segurar o plástico dos pinos e da placa de circuito, mantendo-os firmes a 90 graus um do outro. Da mesma forma, pode segurar os pinos a 90 graus e pressionar a massa adesiva na parte inferior para fixá-los juntos. Você pode, então, pressioná-los em um apoio rígido e que suporte peso para aproximar a placa de você. Às vezes, uso um carretel grande de solda como suporte.

CUIDADO

Uma terceira maneira de proteger seus componentes pode até lhe passar pela cabeça; por ser tentadora, eu a descrevo aqui para que não a faça de modo algum! Você pode pensar que a maneira perfeita de dispor os pinos seria colocá-los no próprio Arduino (com as extremidades compridas grudadas nos soquetes) e depois colocar a placa de circuito no topo. Essa abordagem mantém tudo em 90 graus; no entanto, como os pinos são projetados para se conectar à placa Arduino e conduzir a corrente elétrica, eles também podem conduzir outras coisas, como o calor. Se eles conduzirem o calor do seu ferro de solda, esse calor pode ser passado através da placa para as pernas do microcontrolador, que é muito sensível, e danificá-lo de forma irreparável.

Quando tiver sua placa de circuito em um suporte e pronta, você pode girá-la em um ângulo de trabalho confortável, provavelmente o mesmo ângulo do seu ferro de solda, conforme mostrado na Figura 9-15.

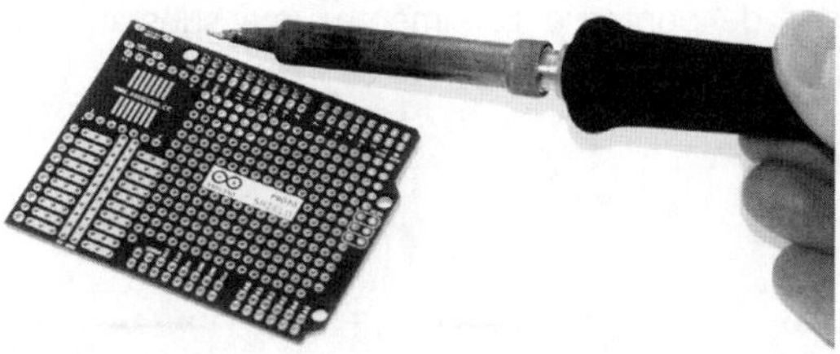

FIGURA 9-15: Sempre organize seu trabalho em uma posição confortável.

Ligue seu ferro de solda. O meu Weller WES51 tem um intervalo de temperatura de 35 a 85 e as unidades mostram isso como °F x 10, então o intervalo real é de 350°F a 850°F (176°C a 454°C)! Quanto mais quente você definir a temperatura, mais rápido ela vai derreter a solda para fazer juntas, mas também derreterá tudo mais rápido, como peças de plástico e chips de silício. Defina sempre a temperatura de seu ferro de solda como a mais baixa possível. Um bom modo de testar a temperatura do ferro é derreter uma solda. Se estiver demorando muito para derreter, certifique-se de que você tenha uma boa quantidade de área de superfície da ponta do ferro de solda em contato com a solda. Caso ainda não esteja funcionando, aumente a temperatura gradualmente, dando tempo para que ela aqueça. Normalmente, ajusto em 650°F (340°C), que é quente o suficiente, mas não muito quente.

Alguns ferros de solda de qualidade têm um termostato que informa quando o ferro atinge a temperatura. Os mais sofisticados têm um visor digital. Com os mais baratos, é preciso ter bom senso.

Enquanto seu ferro está aquecendo, você pode molhar sua esponja. Em alguns ferros de solda, a esponja fica presa por comodidade, no entanto, é bem incômodo quando você precisa umedecê-la. Recomendo tirá-la e colocá-la em uma bacia, em vez de derramar água sobre o ferro de solda e a área ao redor. A esponja deve estar úmida, mas não cheia de água. A umidade impede que a esponja queime ao passá-la no ferro de solda. No entanto, caso a esponja esteja muito úmida, ela pode diminuir a temperatura do ferro de solda, o que significa que a solda endurece ou solidifica e não pode ser removida até que a temperatura volte a subir.

Agora, você está pronto para começar a soldar. Siga estas instruções:

1. **Derreta uma pequena quantidade de solda na ponta do seu ferro de solda (isso se chama estanhar a ponta do ferro de solda); veja a Figura 9-16.**

   A solda deve ficar na ponta e soltar fumaça. Geralmente, com um ferro de solda novo ou bem conservado, a solda agarra na ponta sem problemas. Caso a solda não cole de uma ponta à outra, talvez seja necessário tentar girá-la para encontrar um pedaço que não esteja oxidado. Caso contrário, você pode usar algum limpador de ponta para remover qualquer camada acumulada de solda. Ao pressionar o seu ferro de solda quente no limpador de ponta e limpar qualquer acúmulo à medida que ele se solta, você pode restaurar seu ferro de solda à sua antiga forma.

CUIDADO

O limpador de pontas é geralmente uma substância desagradável e tóxica. Assegure-se de não ingeri-lo ou inalá-lo.

2. **Quando você tiver uma bolha de solda em seu ferro, limpe-a em uma esponja para que apareça uma ponta metálica brilhante em seu lugar.**

   O objetivo é aplicar essa borda recém-estanhada (não a ponta) na área em que você está fazendo a junta. Usando a borda, você ganha mais área de superfície e permite que a junta aqueça mais rápido. É importante também ressaltar que existe uma variedade de pontas disponíveis para ferros de solda e, caso opte por aquelas boas, elas são facilmente substituíveis, permitindo que você as adapte a diferentes situações. Algumas são pontudas ou do tipo cônica padrão, como na Figura 9-16; outras são do tipo pontas chave de fenda, pontas cinzel, pontas faca e pontas chanfradas para fornecer diferentes quantidades de área de superfície para diferentes situações.

3. **Começando no primeiro pino em uma das linhas, aplique o ferro na placa de metal na placa de circuito e o pino que se conecta a ele.**

   Essa etapa aquece a placa e o pino, preparando-os para a solda.

4. **Com a outra mão (a que não segura o ferro de solda), aplique a solda no ponto em que o ferro, o pino e a placa metálica se encontram.**

   À medida que a solda é aquecida, ela se funde e se espalha para preencher a lacuna, vedando o pino e a placa juntos. Para aplicar mais solda, pressione-o na junta onde estiver derretendo; para aplicar menos, simplesmente puxe-a de volta. Você pode precisar somente de alguns milímetros de solda para pequenas juntas.

5. **Quando a solda preencher a área, remova-a, mas mantenha o ferro lá por um ou dois segundos a mais.**

   Esse tempo adicional permite que a solda derreta completamente e preencha quaisquer lacunas para uma junta estável.

6. **Retire o ferro de solda, limpando-o até a perna do pino.**

   Qualquer excesso de solda é direcionado para cima em um ponto que pode ser cortado em vez de ficar em uma bolha.

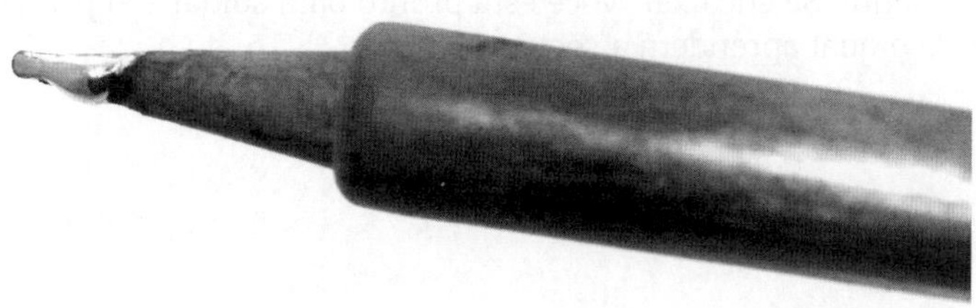

FIGURA 9-16: Estanhar a ponta ajuda a preservar o ferro e facilita a soldagem.

Todo esse processo demora de dois a três segundos. Provavelmente parece impossível, mas, depois de se acostumar com o ritmo, é totalmente possível. Tudo que isso exige é prática.

Seguindo as etapas anteriores, você deve ter uma junta de solda simples em forma de pirâmide, com a placa de metal na placa de circuito completamente revestida. Se você puder ver o furo pelo qual o pino passou ou se tiver uma bolha de solda no pino que não esteja conectado à placa de circuito, precisará reaplicar o calor usando o ferro de solda e talvez reaplicar um pouco de solda também.

Depois de soldar o primeiro pino, é uma boa ideia soldar o pino do outro lado da linha. Ao soldar esses dois, você fixa a linha no lugar e, se não estiver nivelada ou a 90 graus, ainda pode endireitá-la aquecendo a solda em cada extremidade. Caso não ache que tenha muita solda, primeiro tente reaplicar o calor. Veja como a solda derrete e você deve vê-la preenchendo todas as lacunas. Se ainda tiver muita solda, você pode usar um sugador de solda ou fita removedora de solda (descrito em "Juntando Tudo que É Necessário para a Soldagem", anteriormente neste capítulo) para remover qualquer excesso e tentar novamente.

Para exemplos de juntas bem soldadas versus juntas que deixam a desejar, veja a imagem em: `learn.sparkfun.com/tutorials/how-to-solder-through-hole-soldering#soldering-your-first-component-` (conteúdo em inglês).

Quando estiver satisfeito com a linha, você pode soldar todos os pinos no lugar e repetir esse processo para cada seção de pinos header. Para o botão, basta colocá-lo na posição indicada no lado superior da placa de circuito; ele deve ser fixado por causa do design das pernas do botão. Fixe com massa adesiva se necessário e, em seguida, vire a placa e repita a mesma técnica de solda de antes. Quando terminar, faça uma última verificação visual para certificar-se de que não haja juntas de solda se tocando. Ter dois pinos conectados pode provocar um curto-circuito e danificar sua placa, portanto, verifique com muito cuidado. Em caso de dúvida, você pode usar a função de teste de continuidade em seu multímetro para verificar os pinos consecutivos. Não deve ser possível ouvir nenhum bipe nos pinos que não estejam soldados.

Posicione o shield no topo do seu Arduino e confira se ela se encaixa corretamente. Se encaixar, você está pronto para soldar seu primeiro circuito, sobre o qual aprenderá a seguir.

Construindo Seu Circuito

Depois de ter um shield para trabalhar (veja "Montando um Shield", anteriormente neste capítulo), você pode pensar em qual circuito você quer construir nele. Antes de construir esse circuito, porém, você deve planejar adequadamente para evitar desfazer o que fez, o que pode ser difícil. O melhor modo de começar é prototipando o circuito em uma breadboard sem solda. Esse processo é rápido, fácil e — mais importante — não é permanente. Como abordado nos Capítulos 6 e 7, juntar um circuito e garantir que ele funcione são tarefas simples. Para esse exemplo, eu uso o exemplo AnalogInOutSerial (veja o Capítulo 6) para demonstrar como você pode transformar uma breadboard sem solda em uma breadboard soldada.

Conhecendo seu circuito

Em primeiro lugar, recrie o circuito AnalogInOutSerial na breadboard, conforme mostrado no final do Capítulo 6. Carregue o sketch clicando em Arquivo ➪ Exemplos ➪ 03.Analog ➪ AnalogInOutSerial. Isso deve lhe dar um LED que pode executar o efeito fade ao girar o potenciômetro.

Quando tiver esse circuito funcionando, dê uma olhada no circuito AnalogInOutSerial novamente na breadboard. Uma diferença que você pode observar de imediato é que a proto shield não tem as mesmas linhas e colunas que a breadboard, exceto em um canto. Essa área de canto é projetada para os CIs (circuitos integrados) ou chips, mas pode ser utilizada para qualquer coisa. O resto da proto shield tem furos individuais nos quais os componentes podem ser soldados. Você pode conectá-los a esses fios para unir muitos componentes.

A maneira mais fácil de converter o circuito em um circuito que funcionará no shield é analisar o diagrama do circuito. As linhas que conectam os componentes podem ser substituídas por fios reais e soldadas diretamente aos pinos corretos. Para o potenciômetro, você precisa de três fios: o 5V, o GND e o analógico 0. Para o LED e o resistor, precisa de mais dois: o GND e o pino 9. É sempre uma boa ideia desenhar o circuito primeiro a fim de se ter maior clareza. Ele não precisa ser tão organizado quanto o diagrama de circuito nos exemplos, mas o planejamento do seu circuito lhe poupará de uma possível e dolorosa dessoldagem. Como diz um velho ditado da carpintaria, *meça duas vezes, corte uma vez* (ou neste caso, *desenhe duas vezes, solde uma vez)*.

Note que todos os fios vão para os furos ao lado do fio no qual eles precisam se conectar. Como você não tem espaço o suficiente para encaixar confortavelmente os fios e as pernas do componente em um furo, é necessário aproximá-los e, em seguida, preencher as lacunas usando as extremidades do fio ou as pernas dos componentes.

Expondo seu circuito

Agora que desenhou o circuito, você deve colocá-lo de modo que saiba a que distância cortar seus fios. Para fixar os componentes à placa, insira-os e dobre em 45 graus as partes das pernas que sobressaem através da placa. Elas devem se parecer com as pernas exemplificadas na Figura 9-17.

FIGURA 9-17: Um LED fixado em uma placa de circuito visto de baixo.

Preparando seu fio

Você pode ver que os comprimentos de fio necessários são relativamente curtos. Se tiver um fio rígido flexível, você pode dobrá-lo perfeitamente na forma adequada para se encaixar horizontalmente na placa de circuito usando um alicate de bico fino. Se tiver fio flexível, é mais fácil fazer um arco de fio em um furo para o próximo. Lembre-se de medir ou estimar a distância e adicionar uma pequena quantidade em cada extremidade para encaixar no furo antes de cortá-los no comprimento adequado. Retire o fio e encaixe-o no lugar para ter certeza de que o comprimento está correto. Repare que às vezes o final do fio flexível pode ficar desfiado. Caso isso ocorra, segure-o entre o polegar e o indicador e enrole a ponta em sentido horário. Se você revestir levemente a ponta com solda, poderá evitar que o fio desfie, em seguida, estanhe o fio em preparação para a soldagem. Quando estiver satisfeito com o comprimento, coloque os fios de lado.

Soldando seu circuito

Agora que você tem todos os componentes e fios, é hora de soldá-los no lugar. Anteriormente, você dobrou a perna do componente em 45 graus, para que os fios ficassem presos. Como o resistor e o LED estão próximos um do outro, você pode usar as pernas para conectá-los, evitando o uso de outro fio. Lembre-se de conferir se o seu LED está na polaridade adequada. Se necessário, use massa adesiva para fixar ainda mais os componentes no lugar e, em seguida, solde-os com os pinos header.

Quando todos os componentes estiverem no lugar, você pode soldar o fio. Insira-o e dobre-o na posição de 45 graus, como antes. Quando ele estiver fixado, solde-o no lugar ou dobre-o para encontrar as pernas do componente, preenchendo a lacuna entre o resistor e o LED. Como de costume, não há certo ou errado na aparência do seu resultado; isso depende de quanto organizado você quer ser. Algumas pessoas preferem enrolar o fio ao redor das pernas do componente para obter uma boa aderência; outras preferem agrupá-los lado a lado para se soldar uma junta limpa. A escolha é sua. Contanto que você tenha uma boa conexão, funciona.

Limpando tudo

Quando terminar de soldar, dê uma boa conferida na placa para ver se há quaisquer conexões soltas. Se tudo parece bem, você pode começar a preparar a placa. Usando seu alicate, remova cuidadosamente as pernas dos componentes de cima da junta de solda, no topo da pirâmide. Você pode cortar mais abaixo, porém a solda é mais espessa, e você corre o risco de arrancar os contatos de metal da placa de circuito, que não pode ser consertada. Lembre-se de sempre segurar ou cobrir o pedaço de metal que você está cortando com o alicate. Se não fizer isso, o pedaço de metal pode se soltar e ser arremessado para longe, machucando gravemente alguém.

Testando seu shield

Agora que você tem seu shield com um circuito completo montado, é hora de ligá-lo e testá-lo. Caso tudo esteja funcionando bem, você deve ter um shield de circuito dimmer montado perfeitamente e semelhante ao exemplo da Figura 9-18.

FIGURA 9-18: Meu shield dimmer novo, pronto para conhecer o mundo!

Protegendo Seu Projeto

Agora que seu circuito já não corre mais o risco de cair e se despedaçar, é uma boa ideia pensar em como protegê-lo do mundo exterior ao embalá-lo.

Gabinetes de proteção

O meio mais simples de proteger seu circuito é colocando-o em uma caixa. Em termos eletrônicos, essa caixa é chamada de gabinete ou caixa de projeto (também case ou box). Você pode encontrar uma diversidade de gabinetes acrílicos ou metálicos em uma ampla variedade de formas, tamanhos e acabamentos. O único trabalho é encontrar o que melhor lhe serve.

Muitos dos fornecedores online (RS, Farnell, Digi-Key e outros) têm listas enormes de possíveis gabinetes, porém você não pode afirmar se um gabinete é adequado ou não sem antes tê-lo em mãos. Muitos têm medidas exatas para dimensões internas e externas, mas, mesmo com essas informações, há geralmente algumas delas que são negligenciadas, como o plástico moldado para a fixação dos parafusos. Meu conselho é encontrar uma loja de varejo, como a RadioShack, e levar um Arduino com você para ver se ele se encaixará corretamente com espaço suficiente para os fios e quaisquer shields. Assim, você saberá o que funciona e o que pedir da próxima vez.

Tenha em mente as seguintes considerações ao proteger o seu projeto:

- **A possibilidade de acessar o USB para alterações de código:** Você pode ter que desparafusar seu gabinete para atualizar o código. Se esse processo tomar muito tempo, talvez seja necessário fazer um furo grande o suficiente para conectar o USB pelo lado de fora.
- **Energia para executar o Arduino:** Se o seu Arduino não é alimentado por USB, como ele é alimentado? Pode ser uma fonte de alimentação externa que se conecta ao conector jack, que precisa de um furo grande o bastante para o plugue. Você pode remover o plugue e soldar os fios sem revestimentos nos pinos Vin e Gnd, caso esteja procurando algo mais permanente. Ou você pode até executar seu Arduino a partir de uma bateria e só abri-lo durante a semana para carregá-lo.
- **A capacidade de acessar as entradas e saídas:** De que serve um LED ou um botão se estiver dentro da caixa? A maioria dos projetos precisa de algum contato com o mundo exterior somente para lhe dizer que eles ainda estão trabalhando, e a maioria dos componentes é projetada com essa necessidade em mente. A borda em um LED significa que você pode fazer um furo de 1,9 polegadas (5mm) e empurrar a extremidade frontal sem passá-la totalmente pelo furo; caso você tire o botão de volume e plástico ou de metal de um rádio, verá uma montagem similar também.

Sempre pense cuidadosamente sobre as necessidades do seu circuito antes de soldá-lo no lugar e protegê-lo. Examine outros equipamentos eletrônicos disponíveis para ver quais truques o setor vem usando. Por exemplo, você pode se surpreender ao descobrir que a maioria dos controles remotos para carrinhos de controle remoto que lhe permitem ir para frente e para trás, para a esquerda e para a direita são apenas alguns simples botões embaixo de controles analógicos mais complexos.

Fiação

Com o intuito de ter mais flexibilidade em relação à sua fiação, considere conectar entradas, saídas ou energia a cabos com comprimentos flexíveis usando blocos de terminais, que às vezes também são conhecidos como réguas de conectores, régua borne ou terminais roscados. Ao fazer isso, você pode corrigir as entradas e saídas para o gabinete, e não para a placa de circuito. Essa abordagem lhe dá mais flexibilidade — e se você furar um buraco um pouco fora de alinhamento não precisará dessoldar ou soldar novamente seu circuito.

A seguir, um pouco mais de detalhes sobre adicionar fios ao seu projeto e a seleção de blocos de terminais, coisa que acrescenta flexibilidade e facilita muito sua montagem e desmontagem.

Torcendo e trançando

Ao manipular conectores de fio, recomendo torcer ou trançar os fios juntos. A trança dá aos fios uma força extra caso eles sejam puxados e, como um bônus, fica elegante! Para torcer dois fios juntos, corte-os no comprimento e segure uma extremidade em uma furadeira elétrica. Segure a outra extremidade dos dois fios com a mão ou em um torno. Puxe o fio esticado o suficiente para não ter folga, mas não muito apertado. Gire a broca até que os fios fiquem bem torcidos juntos, e você deve ficar com um fio torcido.

Caso tenha três fios, pode trançá-los da mesma maneira que trança os cabelos. Com três fios na mão, segure-os em uma extremidade voltada para a frente. Passe o fio mais à esquerda no meio e sob o lado direito. Continue repetindo esse processo com o novo fio esquerdo até que tenha trançado todo o comprimento. Seu projeto será mais robusto e terá uma aparência mais profissional. Aconselho a utilizar cores diferentes para os fios; se você usar a mesma cor para todos os três fios, precisará usar o teste de continuidade no multímetro para descobrir qual é qual.

Blocos de terminais

Os blocos de terminais vêm em uma variedade de tamanhos, dependendo da quantidade de corrente que passa por eles, e são geralmente marcados com o limite superior que eles podem manter. Ao selecionar um para a sua fonte de alimentação, sempre leia a classificação atual e escolha um tamanho com um pouco de tolerância. Se você tiver uma fonte 3A, escolha um bloco de terminais de 5A. Ao conectar os fios, sobretudo os fios flexíveis, você deve estanhar a ponta do fio com uma pequena quantidade de solda ou dobrar o fio de volta embaixo da camada de isolamento para que o parafuso se fixe ao lado isolado. Essa técnica evita que o parafuso corte qualquer fio quando for apertado.

Protegendo a placa e outros elementos

Quando você estiver satisfeito com sua fiação e tiver todos os furos necessários, é uma boa ideia proteger seus itens para que eles não se movimentem dentro da caixa ou gabinete. Para proteger seu Arduino, terminais roscados ou placa de prototipagem (stripboard), você pode usar fita adesiva tipo velcro ou cola quente. Se tiver algum fio solto, você pode usar braçadeiras para amarrá-los juntos ordenadamente.

NESTE CAPÍTULO

» **Entendendo os temporizadores**

» **Fazendo o debounce de seus botões**

» **Obtendo mais de seus botões**

» **Calculando a média de seus resultados**

» **Ajustando a sensibilidade dos sensores**

Capítulo **10**

Desenvolvendo Suas Habilidades com o Código

À medida que você encontra diferentes usos e necessidades para o Arduino, pode melhorar seu código de modo que ele fique mais preciso, responsivo e legível. Além do mais, ao pensar sobre o código em seu projeto, você poderá evitar ou minimizar muitos dos resultados inesperados que podem ocorrer ao lidar com hardware físico e o mundo real. Neste capítulo, você verá alguns sketches que o ajudarão a aperfeiçoar seu projeto.

Um Blink Melhor

Provavelmente, o Blink é o primeiro sketch com o qual você deparou. É um momento mágico quando o primeiro LED acende, não é? Mas e se eu lhe disser que pode ficar melhor ainda? O sketch Blink básico apresentado no Capítulo 3 desempenha bem sua tarefa, com uma desvantagem significativa: não pode fazer mais nada enquanto pisca.

Dê uma olhada no sketch Blink novamente:

```
void setup() {
  // a função setup é executada uma vez quando você pressiona reset ou
  liga a placa
  pinMode (LED_BUILTIN, OUTPUT);
}
// a função loop é rodada repetidas vezes, infinitamente
void loop() {
  digitalWrite(LED_BUILTIN, HIGH);    // liga o LED (HIGH é o nível
                                        da tensão)
  delay(1000);                        // espera um segundo
  digitalWrite(LED_BUILTIN, LOW);     // desliga o LED ao tornar
                                        a tensão LOW
  delay(1000);                        // espera um segundo
}
```

Os loops podem ser resumidos desta maneira:

1. Ligue o LED.
2. Espere por um segundo.
3. Desligue o LED.
4. Espere por um segundo.

Esse delay, ou espera, pode ser problemático para muitas pessoas quando tentam integrar o sketch Blink a outro pedaço de código. Quando o sketch usa a função delay, ele aguarda o tempo especificado (nesse caso, um segundo), durante o qual não faz mais nada. De fato, o sketch fica de braços cruzados, esperando.

Caso quisesse mudar alguma coisa — por exemplo, você gostaria que o LED piscasse apenas quando um sensor de luz estivesse apagado —, você poderia pensar em escrever um código parecido com este na seção de loop:

```
void loop() {

sensorValue = analogRead(sensorPin);

if (sensorValue < darkValue) {
  digitalWrite(LED_BUILTIN, HIGH);    // liga o LED (HIGH é o nível
                                        da tensão)
  delay(1000);                        // espera um segundo
```

```
    digitalWrite(LED_BUILTIN, LOW);    // desliga o LED ao tornar
                                          a tensão LOW
    delay(1000);                       // espera um segundo
  }
```

Esse código quase funciona. Quando o limite de valor para `darkValue` é ultrapassado, o loop `if` inicia e liga o LED, aguarda um segundo e, em seguida, desliga e aguarda por mais um segundo. Mas, como o sketch está ocupado executando essa piscada por dois segundos, não pode verificar se o nível de luz fica mais claro novamente até que a piscada termine.

A solução é usar um temporizador em vez de pausar o programa. Um temporizador, ou contador, é como um relógio que pode ser usado para eventos de tempo. Por exemplo, o temporizador pode contar de 0 a 1.000 e, quando atinge 1.000, consegue *fazer alguma coisa* e, em seguida, começar a contar a partir de 0 novamente. Os temporizadores podem ser ainda mais eficazes para eventos regularmente programados, como a verificação de um sensor a cada segundo — ou, neste caso, acionar um LED a cada segundo.

Configurando o sketch BlinkWithoutDelay

Para completar este projeto, você precisa de:

- » Um Arduino Uno
- » Um LED

Coloque as pernas do LED entre o pino 13 (perna longa) e o GND (perna curta), conforme mostrado nas Figuras 10-1 e 10-2. Esse posicionamento facilita um pouco a visualização da piscada em ação. Se você não tiver um LED, procure o que está fixado no seu Arduino, marcado como L. Carregue o sketch na porta serial correta para ver o LED piscando, como faria com o sketch Blink padrão.

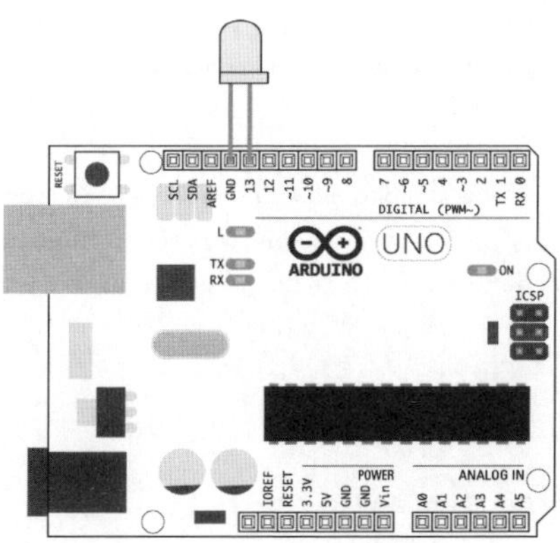

FIGURA 10-1: Tudo o que você precisa é de um LED no pino 13.

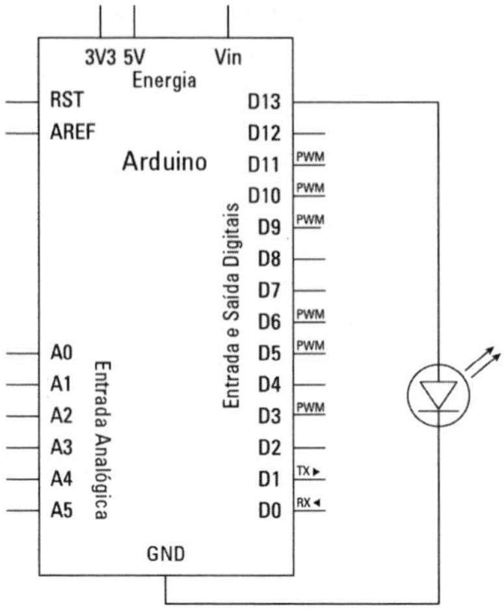

FIGURA 10-2: Um diagrama de circuito mostrando o LED no pino 13.

Encontre o sketch BlinkWithoutDelay ao clicar em Arquivo ➪ Exemplos ➪ 02.Digital➪ BlinkWithoutDelay e depois o abra.

O código completo para o sketch BlinkWithoutDelay é o seguinte:

```
/*
  Blink sem Delay

  Liga e desliga um diodo emissor de luz (LED) conectado a um pino
  digital,
  sem usar a função delay (). Isso significa que outro código pode ser
  executado no
  mesmo tempo sem ser interrompido pelo código do LED.

  O circuito:
  - Use o LED integrado à placa.
  - Nota: A maioria das placas Arduinos tem um LED integrado que você
    pode controlar. No Arduino ONU, MEGA e ZERO,
    ele está conectado ao pino digital 13, na MKR1000 no pino 6.
    LED_BUILTIN é definido como o pino de LED correto
  independentemente
    de qual placa é usada.
    Se você quiser saber em que pino o LED integrado está conectado na
   sua placa Modelo Arduino, confira as especificações técnicas da sua
   placa em https://www.arduino.cc/en/Main/Products (conteúdo em
inglês)

  criado em 2005
  por David A. Mellis
  modificado em 8 de fevereiro de 2010
```

```
  por Paul Stoffregen
  modificado em 11 de novembro de 2013
  por Scott Fitzgerald
  modificado em 9 de janeiro de 2017
  por Arturo Guadalupi
  Este código de exemplo está em domínio público.

  http://www.arduino.cc/en/Tutorial/BlinkWithoutDelay (conteúdo em
inglês)
*/

// as constantes não mudarão. Aqui, elas são usadas para definir o
número de pinos
const int ledPin =  LED_BUILTIN;// o número do pin LED

// Variáveis que mudarão:
int ledState = LOW;             // ledState usada para definir o LED

// Geralmente, você deve usar "long sem sinal" para variáveis que
   armazenam tempo
// O valor rapidamente ficará muito grande para um int armazenar
unsigned long previousMillis = 0;        // armazenará pela última vez
                                         o LED atualizado

// as constantes não mudarão:
const long interval = 1000;           // intervalo do BLINK
                                        (milissegundos)

void setup()
  // defina o pino digital como saída:
  pinMode(ledPin, OUTPUT);
}

void loop() {
  // aqui é onde você insere o código que precisa ser executado toda
  hora
  // confira para ver se já é hora de piscar o LED; ou seja, se a
     diferença
  // entre a hora atual e a última vez que você piscou o LED é maior
  que
  // o intervalo em que você quer piscar o LED.
  unsigned long currentMillis = millis();

  if (currentMillis - previousMillis >= interval) {
    // salva a última vez que você piscou o LED
    previousMillis = currentMillis;
```

```
    // se o LED estiver desligado, ligue-o e vice-versa:
    if (ledState == LOW) {
      ledState = HIGH;
    } else {
      ledState = LOW;
    }
    // define o LED com a variável da ledState
    digitalWrite(ledPin, ledState);
  }
}
```

Esse sketch é um pouco maior que o do Blink e pode parecer mais confuso, então vamos percorrê-lo uma linha de cada vez para ver o que está acontecendo.

Entendendo o sketch BlinkWithoutDelay

Primeiro, nas declarações, uma `const int` é utilizada para definir o `ledPin` para o LED embutido (também conhecido como pino 13) porque é uma constante de valor inteiro e não muda:

```
const int ledPin = LED_BUILTIN;
```

Agora, as variáveis. `ledState` estão definidas como `LOW` para que o nosso LED inicie o sketch em um estado desligado:

```
int ledState = LOW;
```

Então, há uma variável nova referenciada como `long`, em vez de `int`. Veja o box "Long e Long Sem Sinal", mais adiante neste capítulo, para mais detalhes a respeito dos modificadores de tipo `long`. À primeira instância, `previousMillis`, armazena o tempo em milissegundos para que você possa monitorar quanto tempo passou toda vez que executa um loop:

```
unsigned long previousMillis = 0;
```

O segundo valor, uma constante chamada `interval`, é o tempo em milissegundos entre cada piscada, definido como 1.000 milissegundos ou 1 segundo:

```
const long interval = 1000;
```

LONG E LONG SEM SINAL

Os longs servem para armazenamento de número muito longos e podem armazenar um valor de -2.147.483.648 a 2.147.483.647, ao passo que um int pode armazenar apenas -32.768 a 32.767. Ao calcular o tempo em milissegundos, você precisa acessar números grandes, porque cada segundo é armazenado como mil milissegundos. Para ter uma ideia de como é grande um valor long, imagine o tempo máximo que ele pode armazenar: 2.147.483,6 segundos, ou 35791,4 minutos, ou 596,5 horas, ou aproximadamente 24,9 dias!

Em alguns casos, você não precisa de um intervalo negativo; portanto, para evitar cálculos desnecessários, use um long sem sinal. Um long sem sinal é semelhante a um long normal, entretanto, não tem valores negativos, coisa que viabiliza em seu long sem sinal um intervalo descomunal de 0 a 4.294.967.295.

Na função `setup`, você tem somente um pino para definir como `OUTPUT`. O pino 13 é referenciado como `ledPin`, assim como nas declarações:

```
void setup() {
  // define o pino digital como saída:
  pinMode(ledPin, OUTPUT);
}
```

No loop, as coisas começam a ficar mais complicadas. Como o código do temporizador pode ser executado no final de cada loop, você pode adicionar seu próprio código no início do loop para que ele não interfira no temporizador. Seguindo o seu código, o código do temporizador inicia, o qual declara outra variável: uma `unsigned long` para armazenar o valor atual do temporizador em milissegundos. O código do temporizador usa a função `millis ()`, que retorna o número de milissegundos desde que o programa atual do Arduino começou a ser executado. Depois de aproximadamente 50 dias, esse valor é redefinido como 0, e esse tempo é mais que suficiente para a maioria das aplicações.

```
unsigned long currentMillis = millis();
```

DICA

As variáveis declaradas dentro de um loop ou dentro de outras funções são conhecidas como *variáveis locais*. Elas existem somente dentro da função na qual são declaradas (e em outras subfunções contidas dentro delas), e deixam de existir depois que a função é executada. Elas são declaradas novamente na próxima vez que a função é chamada. Caso tenha uma variável que precise ser lida ou escrita por outras funções ou partes do código, você deve usar uma variável *global* e declará-la no início do sketch, antes da função `setup`.

Em seguida, é necessário conferir o valor atual da `millis ()` para ver quanto tempo passou. Você faz isso usando um simples loop `if` que subtrai o valor anterior do valor atual para obter a diferença. Se essa diferença for maior que o valor do intervalo, o sketch sabe que é hora de piscar. É importante que você também informe o código para redefinir a `previousMillis`; caso contrário, ele calculará o intervalo apenas uma vez. Isso é o que a configuração da `previousMillis = currentMillis` faz:

```
  if(currentMillis - previousMillis > interval) {
    // salva a última vez que você piscou o LED
    previousMillis = currentMillis;
```

Como o LED já pode estar ligado ou desligado, o código precisa verificar seu estado para saber o que fazer. O estado é armazenado na `ledState`, portanto, outra simples instrução `if` pode conferir o estado e fazer o oposto. Se `LOW`, faça `HIGH`; ou se `HIGH`, faça `LOW`. O código a seguir atualiza a variável `ledState`:

```
// se o LED estiver desligado, ligue-o e vice-versa:
    if (ledState == LOW){
      ledState = HIGH;
    } else {
      ledState = LOW;
    }
```

Agora, tudo o que resta a fazer é escrever o estado recém-atualizado para o LED usando a `digitalWrite`:

```
    // define o LED com a variável da ledState:
    digitalWrite(ledPin, ledState);
  }
```

Esse código possibilita que você pisque alegremente o seu LED, enquanto executa qualquer número de outras funções.

Removendo o Bounce do Seu Botão

Uma ocorrência peculiar que acontece com os botões é a trepidação, conhecida no Arduino como bouncing. O microcontrolador da sua placa Arduino pode ler uma chave eletrônica milhares de vezes por segundo, muito mais rápido do que você pode operá-lo. Essa velocidade garante que a leitura seja instantânea (até onde a percepção humana pode acompanhar), mas às vezes há um momento de confusão, quando o contato em uma chave eletrônica não está totalmente inativo nem totalmente ligado, o que faz com que ele seja ligado e desligado apressadamente em uma sucessão rápida até atingir o estado correto. Esse comportamento é chamado de bouncing. Para remover essa peculiaridade, você deve ignorar quaisquer alterações repentinas quando o estado da chave eletrônica for alterado usando um temporizador. É relativamente simples e pode melhorar muito a precisão de seus botões. A utilização de temporizadores funciona tanto para as entradas quanto para as saídas, conforme observado na seção anterior, "Um Blink Melhor".

Configurando o sketch Debounce

Complete o circuito na Figura 10-3 para testar o sketch Debounce. Você precisa do seguinte:

- Um Arduino Uno
- Uma breadboard
- Um botão
- Um LED
- Um resistor de 10k ohm
- Fios de jumper

Finalize o circuito mostrado nas Figuras 10-3 e 10-4 usando uma breadboard para montar a parte do botão do circuito. O LED pode ser inserido diretamente no pino 13 e no pino GND vizinho.

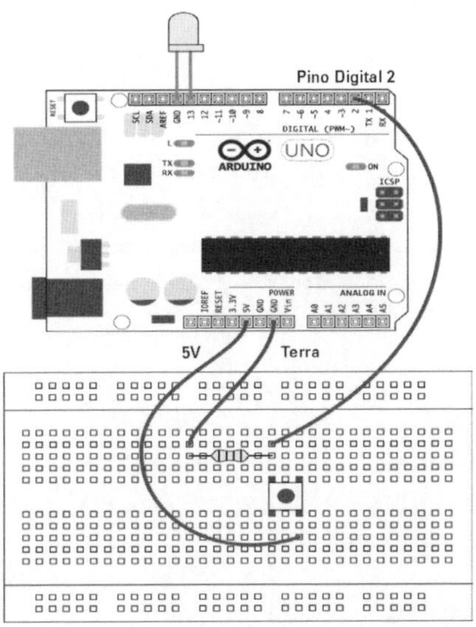

FIGURA 10-3: O layout do circuito com botão.

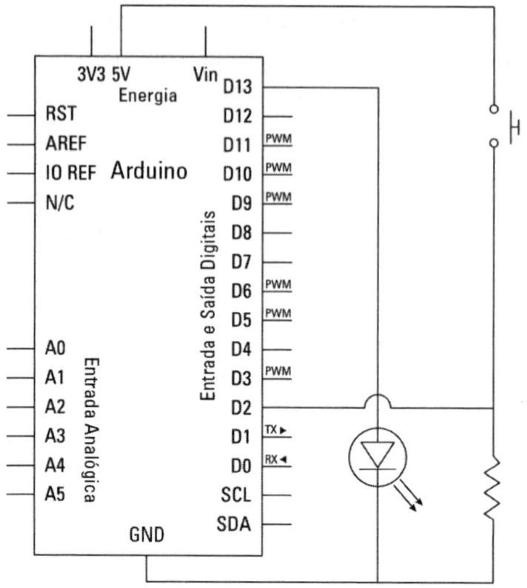

FIGURA 10-4: Um diagrama de circuito de botão.

Construa o circuito e clique em Arquivo ➪ Exemplos ➪ 02.Digital ➪ Debounce para encontrar o botão Debounce sketch e abra-o. O código completo para o sketch Debounce é o seguinte:

```
/*
  Debounce

  Sempre que o pino de entrada passa de LOW para HIGH (por exemplo,
  devido a um botão,
  o pino de saída é alternado de LOW para HIGH ou de HIGH para LOW.
  Há um delay mínimo entre os botões para fazer o debounce do circuito
  (ou seja, para ignorar o ruído).

  O circuito:
  - LED conectado do pino 13 ao terra
  - botão conectado a partir do pino 2 ao + 5V
  - resistor de 10 kilohm conectado do pino 2 ao terra

  - Nota: Na maioria das placas Arduino, já existe um LED na placa
   conectado ao pino 13, então você não precisa de nenhum componente
  extra para este exemplo.

  criado em 21 de novembro de 2006
  por David A. Mellis
  modificado em 30 de agosto de 2011
  por Limor Fried
  modificado em 20 de dezembro de 2012
  por Mike Walters
  modificado em 30 de agosto de 2016
```

```
  por Arturo Guadalupi
  Este código de exemplo está em domínio público.

  http://www.arduino.cc/en/Tutorial/Debounce (conteúdo em inglês)
*/

// as constantes não mudarão. Elas estão sendo usadas para
// definir o número de pinos:
const int buttonPin = 2;      // o número do pino do botão
const int ledPin =  13;       // o número do pino do LED

// Variáveis que mudarão:
int ledState = HIGH;          // o estado atual do pino de saída
int buttonState;              // leitura atual a partir do pino de
entrada
int lastButtonState = LOW;    // leitura anterior a partir do pino de
                                 entrada

// as seguintes variáveis são long, porque o tempo é medido em
   milissegundos,
// rapidamente se tornará um número maior do que pode ser armazenado
em
   um int.
long lastDebounceTime = 0;  // última vez que o pino de saída foi
                               alternado
long debounceDelay = 50;    // tempo do debounce; aumenta se a entrada
                            // ficar tremulando

void setup() {
  pinMode(buttonPin, INPUT);
  pinMode(ledPin, OUTPUT);
}

void loop() {
  // lê o estado da chave eletrônica em uma variável local:
  int reading = digitalRead(buttonPin);

  // confere para ver se você pressionou o botão
  // (ou seja, a entrada passou de LOW para HIGH), e você esperou
  // tempo o bastante desde a última vez que o botão foi pressionado
    para deixar de lado qualquer ruído:

  // Se a chave eletrônica mudou, devido ao ruído ou foi pressionada:
  if (reading != lastButtonState) {
    // redefine o temporizador do debounce
```

```
      lastDebounceTime = millis();
    }

    if ((millis() - lastDebounceTime) > debounceDelay) {
      // seja lá que leitura for essa, está demorando mais que o
      // delay do debounce, assim, considere-a estado atual:
      buttonState = reading;
    }
    // define o LED usando o estado do botão:
    digitalWrite(ledPin, buttonState);

    // salva a leitura. Na próxima vez pelo loop,
    // será a lastButtonState:
    lastButtonState = reading;
  }
```

Depois de carregar o sketch, você deve ter um botão estável e sem trepidações. Pode ser difícil ver os efeitos — quando tudo está funcionando corretamente, você somente observa o botão pressionado e as respostas precisas do seu LED.

Entendendo o sketch Debounce

O sketch Debounce inicia declarando duas constantes que são usadas para definir os pinos de entrada e saída:

```
// as constantes não mudarão. Elas estão sendo usadas para
// definir o número de pinos:
const int buttonPin = 2;     // o número do pino do botão
const int ledPin =  13;      // o número do pino do LED
```

O próximo conjunto de variáveis contém detalhes sobre o estado do botão. A `ledState` está definida para `HIGH`, de forma que o LED comece a ser ligado; a `buttonState` é deixada vazia e armazena o estado atual; e a `lastButton-State` armazena o estado do botão anterior para que possa ser comparado com o estado atual:

```
// Variáveis que mudarão:
int ledState = HIGH;          // o estado atual do pino de saída
int buttonState;              // leitura atual a partir do pino de
entrada
int lastButtonState = LOW;    // leitura anterior a partir do pino de
                                 entrada
```

Por fim, duas variáveis `long` armazenam os valores de tempo. Elas são usadas em um temporizador para monitorar o intervalo entre as leituras e evitar quaisquer mudanças repentinas nos valores, como aquelas que ocorrem durante os debounces:

```
// as seguintes variáveis são long, porque o tempo é medido em
   milissegundos,
// rapidamente se tornará um número maior do que pode ser armazenado
em
   um int.
long lastDebounceTime = 0;  // última vez em que o pino de saída foi
                               alternado
long debounceDelay = 50;    // tempo do debounce; aumenta se a entrada
                            // ficar tremulando
```

A função `setup` é simples e define apenas os pinos de entrada e saída:

```
void setup() {
  pinMode(buttonPin, INPUT);
  pinMode(ledPin, OUTPUT);
}
```

No `loop`, uma leitura é feita do pino do botão e armazenada na variável `reading`:

```
void loop() {
  // lê o estado da chave eletrônica em uma variável local:
  int reading = digitalRead(buttonPin);
```

A variável `reading` é então verificada em relação à `lastButtonState`. A primeira vez que é executada, a `lastButtonState` é `LOW` porque foi definida nas declarações das variáveis no início do sketch. Na instrução `if`, o símbolo de comparação `!=` é usado. Isso significa: "Se `reading` *não for* igual a `lastButtonState`, faça alguma coisa". Se essa alteração ocorreu, a `lastDebounceTime` é atualizada para que uma nova comparação possa ser feita na próxima vez em que o ao Arduino executado:

```
  // Se a chave eletrônica mudou, devido ao ruído ou foi pressionada:
  if (reading != lastButtonState) {
    // redefine o temporizador do debounce
    lastDebounceTime = millis();
  }
```

Se a reading for a mesma por mais de 50 milissegundos, pode-se presumir que o valor não é inconsistente e pode ser transmitido para a variável buttonState:

```
if ((millis() - lastDebounceTime) > debounceDelay) {
  // seja lá que leitura for essa, está demorando mais que o
  // delay do debounce, assim, considere-a como estado atual:
  buttonState = reading;
}
```

O valor verdadeiro pode ser utilizado para acionar o LED diretamente. Nesse caso, se o botão for HIGH, ele será desligado, então o mesmo valor HIGH poderá ser gravado no LED para ligá-lo:

```
digitalWrite(ledPin, buttonState);
```

A variável atual buttonState se torna lastButtonState para o próximo loop e, em seguida, o código retorna para o início da função loop:

```
  lastButtonState = reading;
}
```

Alguns botões e acionamentos podem ser mais ou menos confiáveis do que outros, dependendo da maneira como são desenvolvidos ou usados. Ao executar pedaços de código como esse, você pode solucionar inconsistências e criar resultados mais confiáveis.

Criando um Botão Melhor

Os botões normalmente são coisas simples. Eles estão ligados ou desligados e dependem de você para acioná-los ou não. Você pode monitorar essas alterações e interpretá-las para que um botão fique mais inteligente. Se souber quando um botão foi pressionado, não precisará ler constantemente seu valor e, em vez disso, basta procurar pela mudança de seu estado. Essa técnica funciona bem melhor quando você conecta sua placa Arduino a um computador, porque ele envia os dados apropriados conforme necessário, em vez de monopolizar a porta serial.

Configurando o sketch StateChangeDetection

Para construir o circuito StateChangeDetection, você precisa do seguinte:

- Um Arduino Uno
- Uma breadboard
- Um botão
- Um resistor de 10k ohm
- Um LED
- Fios de jumper

Usando o layout e os diagramas de circuito mostrados nas Figuras 10-5 e 10-6, você pode dispor de um circuito de botão simples com um LED como saída. O hardware nesse circuito é o mesmo que o do sketch Button básico, porém, ao usar um simples código, você pode fazer com que o botão fique mais inteligente.

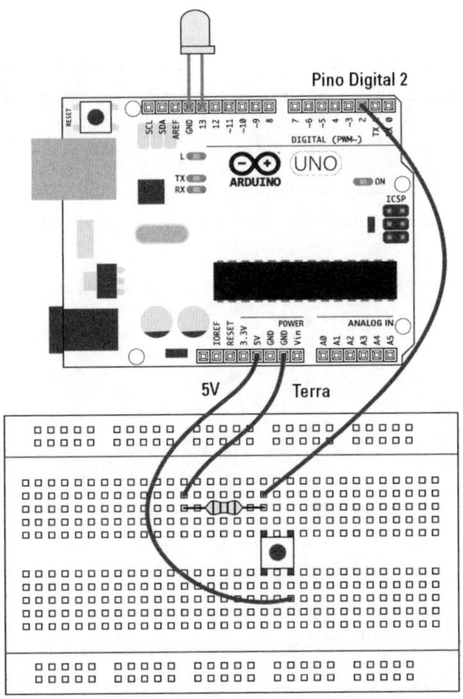

FIGURA 10-5: Um layout de circuito com botão.

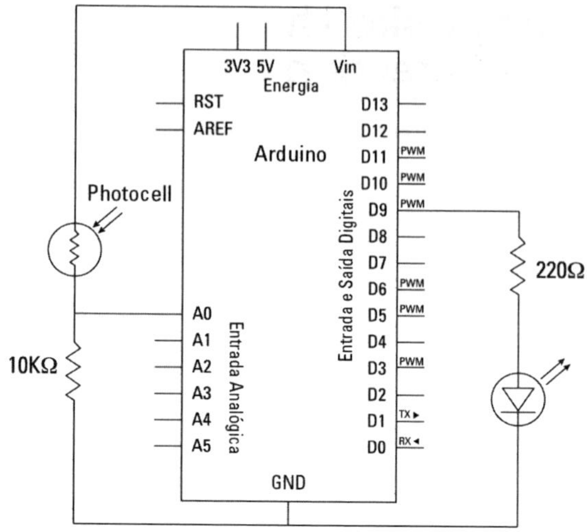

FIGURA 10-6: Um diagrama de circuito de botão.

Complete o circuito ao clicar em Arquivo ➪ Exemplos ➪ 02.Digital ➪ StateChangeDetection do menu Arduino para carregar o sketch:

```
/*
  State change detection (edge detection)

  Não raro, você não precisa saber o estado de uma entrada digital o
  tempo todo, só precisa saber quando a entrada muda de um estado
para
  outro.
  Por exemplo, você quer saber quando um botão vai de OFF para ON.
  Isso se chama detecção de alteração de estado ou detecção de borda.

  Este exemplo mostra como detectar quando um botão é alterado de
  de off para on
  e de on para off.

  O circuito:
  - botão conectado ao pino 2 de + 5V
  - Resistor de 10 kilohm conectado ao pino 2 do terra
  - LED conectado a partir do pino 13 para o terra (ou use o LED
embutido
    na maioria das placas Arduino)

  criado em 27 de setembro de 2005
  modificado em 30 de agosto de 2011
  por Tom Igoe

  Este código de exemplo está em domínio público.
```

```
  http://www.arduino.cc/en/Tutorial/ButtonStateChange (conteúdo em
inglês)
*/

// estas constantes não mudarão:
const int buttonPin = 2;  // o pino no qual o botão está conectado
const int ledPin = 13;    // o pino no qual o LED está conectado

// As variáveis que mudarão
int buttonPushCounter = 0;  // temporizador para o números de vezes
que o
                             botão é pressionado
int buttonState = 0;        // estado atual do botão
int lastButtonState = 0;    // estado anterior do botão

void setup() {
 // inicializa o pino do botão como uma entrada
 pinMode(buttonPin, INPUT);
 // inicializa o LED como uma saída
 pinMode(ledPin, OUTPUT);
 // inicializa a comunicação serial:
 Serial.begin(9600);
}

void loop() {
 // lê o pino de entrada do botão
 buttonState = digitalRead(buttonPin);

 // compara o botão com o estado anterior
 if (buttonState != lastButtonState) {
  // se o estado mudar, incrementa o temporizador
  if (buttonState == HIGH) {
   // se o estado atual é HIGH, então o botão
   // confirma o off para o on:
   buttonPushCounter++;
   Serial.println("on");
   Serial.print("number of button pushes: ");
   Serial.println(buttonPushCounter);
  }
  else {
   // se o estado atual é LOW, então o botão confirma de on para off
   Serial.println("off");
  }
 }
```

```
  // salva o estado atual como o último estado, para o percorrer
  // próximo loop
  lastButtonState = buttonState;

  // liga o LED a cada quatro vezes que o botão é pressionado ao
  // verificar a função modulo do temporizador do botão.
  // a função modulo fornece o restante
  // da divisão de números:
  if (buttonPushCounter % 4 == 0) {
   digitalWrite(ledPin, HIGH);
  } else {
  digitalWrite(ledPin, LOW);
  }

}
```

Pressione o botão Compilar para verificar seu código. A compilação deve destacar quaisquer erros gramaticais e exibir uma caixa de texto vermelha, se algum deles for descoberto. Se o sketch for compilado corretamente, clique em Carregar para fazer o upload do sketch para sua placa. Quando o sketch terminar de carregar, selecione monitor serial, e isso deve mostrar--lhe quando o botão foi ligado e desligado, bem como quantas vezes ele foi pressionado. Além disso, o LED deve iluminar a cada quatro acionamentos do botão para mostrar que está executando a contagem.

Se nada acontecer, tente o seguinte:

» Confira os seus fios e cabos.

» Confira se você está usando o número de pinos correto.

» Confira as conexões na breadboard. Caso os fios de jumper ou os componentes não estejam conectados corretamente nas linhas da breadboard, eles não funcionarão.

Entendendo o sketch StateChangeDetection

No sketch StateChangeDetection, a primeira coisa é declarar as constantes para o sketch. Os pinos de entrada e saída não mudam, desse modo, eles são declarados como constantes de inteiros, o pino 2 para o botão e o pino 13 para o LED.\:

```
// estas constantes não mudarão:
const int buttonPin = 2;   // o pino no qual o botão está conectado
const int ledPin = 13;     // o pino no qual o LED está conectado
```

São necessárias outras variáveis para monitorar o comportamento do botão. Uma variável é um temporizador ou contador que armazena a execução total da quantidade de vezes que o botão foi pressionado, e as duas outras variáveis rastreiam o estado atual e anterior do botão. Elas são utilizadas para monitorar o acionamento do botão, conforme o sinal vai de `HIGH` para `LOW` ou de `LOW` para `HIGH`:

```
// As variáveis que mudarão
int buttonPushCounter = 0;  // temporizador para o números de vezes em
que o botão é pressionado
int buttonState = 0;         // estado atual do botão
int lastButtonState = 0;    // estado anterior do botão
```

Na função `setup`, os pinos são definidos para `INPUT` e `OUTPUT` adequadamente. A porta serial é aberta à comunicação para exibir as alterações no botão:

```
void setup() {
  // inicializa o pino do botão como uma entrada
  pinMode(buttonPin, INPUT);
  // inicializa o LED como uma saída
  pinMode(ledPin, OUTPUT);

  Serial.begin(9600);
}
```

O primeiro estágio do loop principal é ler o estado do botão:

```
void loop() {
  // lê o pino de entrada do botão
  buttonState = digitalRead(buttonPin);
```

Se este estado não for igual ao valor anterior, o que acontece quando o botão é pressionado é que o programa avança para a próxima instrução `if ()`.

```
  // compara o botão com o estado anterior
  if (buttonState != lastButtonState) {
```

A próxima condição é verificar se o botão está `HIGH` ou `LOW`. Se estiver `HIGH`, o botão mudou para ligado:

```
    // se o estado mudar, incrementa o temporizador
    if (buttonState == HIGH) {
```

```
    // se o estado atual é HIGH, então o botão
    // confirma o off para o on:
```

Esse fragmento de código incrementa o temporizador e, em seguida, exibe uma linha no monitor serial para mostrar o estado e o número de acionamentos. O temporizador é incrementado na parte inferior do botão, em vez de próximo do botão:

```
      buttonPushCounter++;
      Serial.println("on");
      Serial.print("number of button pushes: ");
      Serial.println(buttonPushCounter);
    }
```

Se o botão passar de HIGH para LOW, o estado do botão será off e essa mudança de estado será exibida no monitor serial, conforme mostrado na Figura 10-7.

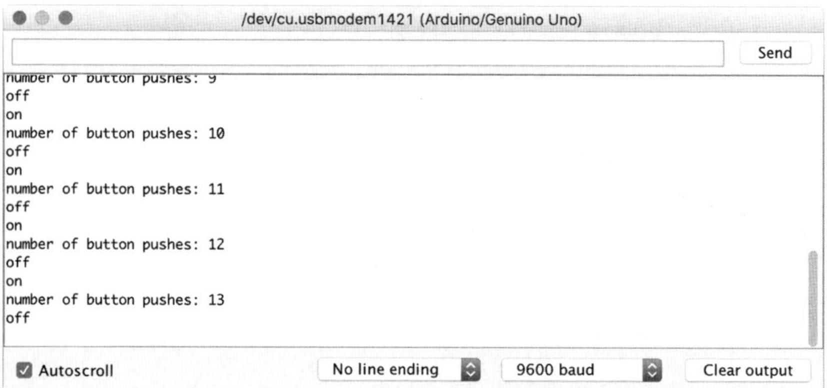

FIGURA 10-7: O monitor serial fornece uma janela para ver o que seu Arduino está fazendo.

```
  else {
      // se o estado atual é LOW, então o botão confirma de on para off
      Serial.println("off");
    }
  }
```

Esse trecho de código lhe permite clicar em um botão, em vez de pressioná-lo; o código também deixa bastante espaço para você adicionar sua própria funcionalidade.

Como aconteceu uma alteração, o estado atual se torna o último estado preparando-se para o próximo loop:

```
  // salva o estado atual como o último estado, para o percorrer
  // próximo loop
 lastButtonState = buttonState;
```

No final do loop, uma verificação é feita para garantir que ocorreram quatro acionamentos do botão. Se o número total de acionamentos dividido por quatro resultar em um 0, o pino do LED será definido como `HIGH`; caso contrário, o pino será definido novamente para `LOW`:

```
 // liga o LED a cada quatro vezes que o botão é pressionado ao
 // verificar a função modulo do temporizados do botão.
 // a função modulo fornece o restante
 // da divisão de números:
 if (buttonPushCounter % 4 == 0) {
  digitalWrite(ledPin, HIGH);
 } else {
 digitalWrite(ledPin, LOW);
 }

}
```

DICA

Talvez você ache que o temporizador nesse sketch pode vez ou outra trepidar, dependendo do tipo e da qualidade do botão que está usando, fazendo você se questionar, e com razão: "Por que esse sketch não inclui o método de debounce?" Os sketches nos exemplos do Arduino são desenvolvidos para ajudá-lo a compreender facilmente determinados princípios, a fim de lhe proporcionar as habilidades e conhecimentos necessários para qualquer situação. Incluir duas ou mais técnicas em um sketch pode até ser bom para o processo, mas isso dificultaria mais as coisas para você, que está aprendendo, compreender como cada elemento funciona.

É possível combinar inúmeros exemplos a fim de usufruir dos benefícios de cada um deles, mas esse tópico foge do escopo deste livro. Caso você queira tentar incluir dois métodos em um único sketch, abra dois exemplos de sketch, um do lado do outro, e combine-os em um único sketch, uma linha por vez, conferindo tudo à medida que passa por cada linha para ver se não há repetições de variáveis ou omissões. O atalho Compilar (Ctrl+R ou cmd+R) ajuda muito nessa tarefa. Boa sorte!

Suavizando Seus Sensores

Os sensores analógicos calculam com alto grau de precisão os níveis de luz ou a distância. Às vezes, porém, eles podem ser excessivamente sensíveis e retroceder diante da menor mudança. Se é isso que está procurando, ótimo. Caso contrário, talvez você queira suavizar os resultados para compensar quaisquer leituras incorretas. Na realidade, a suavização calcula a média dos resultados, de modo que qualquer uma dessas anomalias não impacte muito a leitura dos sensores. No Capítulo 14, você também aprenderá a mostrar esses resultados em um gráfico de barras, usando o Processing, coisa que pode ajudar e muito a identificar inconsistências.

Configurando o sketch Smoothing

Neste exemplo, você tenta suavizar um sensor de luz.

Para o sketch Smoothing, você precisa do seguinte:

- Um Arduino Uno
- Uma breadboard
- Um LED
- Um sensor de luz
- Um resistor de 10k ohm
- Um resistor de 220 ohm
- Fios de jumper

Complete o circuito para a leitura de um resistor dependente de luz (LDR), conforme mostrado nas Figuras 10-8 e 10-9.

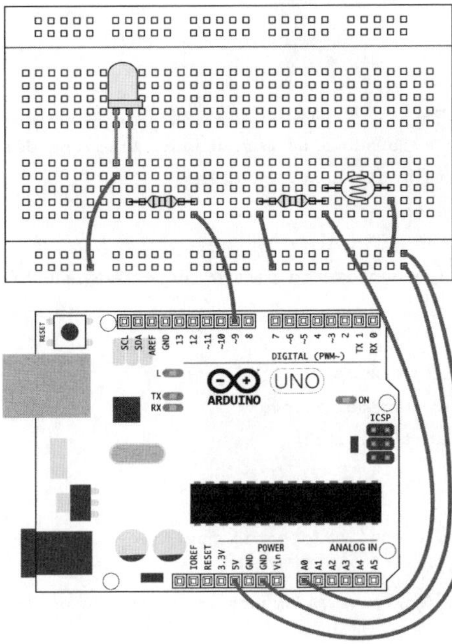

FIGURA 10-8: O layout do circuito do sensor de luz.

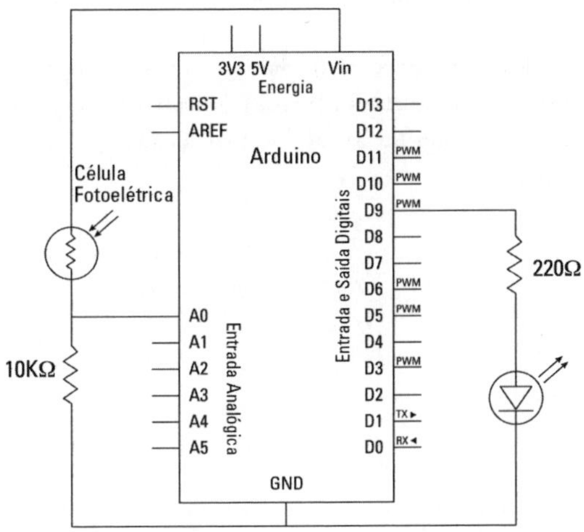

FIGURA 10-9: Um diagrama de circuito do sensor de luz.

Selecione Arquivo ➪ Exemplos ➪ 03.Analog ➪ Smoothing para encontrar o sketch e carregá-lo.

DICA

O sketch indica que um potenciômetro funciona para testes. Isso é bem válido, porém é mais difícil observar os efeitos da suavização com um potenciômetro, porque a mecânica do dispositivo já fornece uma entrada analógica suavizada. Os sensores de luz, distância e movimento são mais propensos a precisar de suavização.

```
/*
Smoothing

  Lê repetidamente a partir de uma entrada analógica, calculando a
  média de execução e exibindo-a no computador. Armazena dez leituras
  em um array e faz uma média contínua delas.

  O circuito:
  - sensor analógico (potenciômetro o fará) conectado à entrada
  analógica 0

  criado em 22 de abril de 2007
  por David A. Mellis  <dam@mellis.org>
  modificado em 9 de abril de 2012
  por Tom Igoe

  Este código de exemplo está em domínio público.

  http://www.arduino.cc/en/Tutorial/Smoothing (conteúdo em inglês)
*/

// Define o número de exemplares para se monitorar. Quanto mais alto o
// número, mais as leituras serão suavizadas, porém, quanto mais lenta
a
// saída, mais ela demorará para responder à entrada. Usar uma
// constante em vez de uma variável normal permite usar esse valor
// para determinar o tamanho do array de leituras.
const int numReadings = 10;
int readings[numReadings];      // as leituras da entrada analógica
int readIndex = 0;              // o índice das leituras atuais
int total = 0;                  // a execução total
int average = 0;                // a média

int inputPin = A0;

void setup() {
  // inicializa a comunicação serial com o computador:
  Serial.begin(9600);
  // inicializa todas as leitura em 0:
  for (int thisReading = 0; thisReading < numReadings; thisReading++)
    readings[thisReading] = 0;
}
void loop() {
  // subtrai a última leitura:
  total= total - readings[index];
  // leitura a partir do sensor:
```

```
  readings[index] = analogRead(inputPin);
  // adiciona a leitura ao total:
  total= total + readings[index];
  // avança para a próxima posição no array:
  index = index + 1;

  // se for o final do array...
  if (index >= numReadings)
    // ...encapsula e volta ao início:
    index = 0;

  // calcula a média:
  average = total / numReadings;
  // envia-a para o computador como dígitos ASCII
  Serial.println(average);
  delay(1);        // delay entre as leituras visando estabilidade
}
```

Esse sketch viabiliza uma leitura bem suavizada com base no que o sensor está detectando. Consegue-se a suavização pela média do número de leituras. O processo de cálculo da média pode diminuir o número de leituras por segundo, mas, como o Arduino é capaz de ler essas mudanças muito mais rápido do que você, a lentidão não afeta como o sensor funciona de modo significativo.

Compreendendo o sketch Smoothing

O início do sketch Smoothing declara as constantes e variáveis. Primeiro é o número de leituras para média, declarado como `numReadings` com um valor de 10:

```
const int numReadings = 10;
```

As próximas quatro variáveis rastreiam quantas leituras foram armazenadas e as calculam. Essas leituras do sensor são adicionadas a um array (ou lista), definido aqui como `readings`. O número de itens no array `readings` é definido entre colchetes. Como a `numReadings` já foi declarada, ela pode ser utilizada para definir o tamanho do array como 10 (que é numerado, ou indexado, de 0 a 9):

```
int readings[numReadings];      // as leituras da entrada analógica
```

O *índice* é o termo comum para o valor atual e é usado para rastrear quantos loops ou leituras são executados. Como o índice aumenta toda vez que uma leitura é feita, ele pode ser utilizado para armazenar os resultados dessa leitura no local adequado em seu array, antes de aumentar para armazenar a próxima leitura na próxima posição no array:

```
int readIndex = 0;                // o índice das leituras atuais
```

A variável `total` fornece uma execução total que é adicionada conforme as leituras são feitas. Quando o total é processado, o valor médio é armazenado na variável `average`:

```
int total = 0;                  // a execução total
int average = 0;                // a média
```

A última variável é a `inputPin`, a entrada analógica no pino que está sendo lido:

```
int inputPin = A0;
```

Na função `setup`, a porta serial é inicializada para permitir a visualização das leituras do sensor de luz:

```
void setup()
{
  // inicializa a comunicação serial com o computador:
  Serial.begin(9600);
```

O próximo no código é um laço `for`, usado para redefinir efetivamente o array. No laço, `thisReading`, uma variável local nova, é inicializada e executada igual a zero. A variável `thisReading` é, em seguida, comparada ao comprimento do array. Se ela for menor que esse comprimento, a leitura atual do valor nessa parte do array será igual a zero:

```
// inicializa todas as leitura em 0:
  for (int thisReading = 0; thisReading < numReadings; thisReading++)
    readings[thisReading] = 0;
}
```

Em termos leigos, o código lê algo do tipo: "Execute uma variável igual a 0, e se essa variável for menor que 10, execute o mesmo valor no array igual a 0; em seguida, aumente a variável em 1." Como você pode ver, o código percorre todos os números (0 a 9) e define a mesma posição no array para um valor 0. Depois de atingir 10, o laço `for` deixa de ser executado e o código avança para o loop principal.

DICA

Esse tipo de automatização é ótimo para definir os arrays. A alternativa é escrever todos os números no array como variáveis inteiras individuais, o que é muito menos eficiente, tanto para você quanto para o Arduino.

A primeira linha de código no loop principal deduz qualquer leitura no índice atual do array a partir do total. Esse valor é substituído nesse loop, portanto, primeiro é essencial removê-lo do total:

```
void loop() {
  // subtrai a última leitura:
  total= total - readings[index];
```

A próxima linha obtém uma nova leitura usando a `analogRead`, que é armazenada no índice atual do array, sobrescrevendo o valor anterior:

```
  // leitura a partir do sensor:
  readings[index] = analogRead(inputPin);
```

Então, esta leitura é adicionada ao total para corrigi-lo:

```
  // adiciona a leitura ao total:
  total= total + readings[index];
  // avança para a próxima posição no array:
  index = index + 1;
```

É fundamental conferir quando o final do array é acessado, para que o programa não faça um loop infinito, sem lhe informar os seus resultados. Você pode fazer essa verificação com uma simples instrução `if`: se o valor do índice for maior ou igual ao número de leituras que o sketch está procurando, defina o `índice` como 0. Essa instrução `if` conta o valor de índice de 0 a 9, como na `setup`, e se redefine assim que atinge 10:

```
 // se for o final do array...
  if (index >= numReadings)
    // ...encapsula e volta ao início:
    index = 0;
```

Para obter a média de todos os dados no array, o total é simplesmente dividido pelo número de leituras. A média é, então, exibida no monitor serial para você conferir. Por causa do comando usado para exibir a mensagem, essa ação também pode ser chamada de "exibição na porta serial". Um delay de 1 milissegundo no final retarda consideravelmente a velocidade do programa e ajuda a evitar leituras inconsistentes:

```
    // calcula a média:
  average = total / numReadings;
  // envia-a para o computador como dígitos ASCII
  Serial.println(average);
  delay(1);          // delay entre as leituras visando estabilidade
}
```

Usar procedimentos simples como esse para calcular a média dos resultados ajuda a controlar o comportamento imprevisível em seus projetos. A média é, sobretudo, importante se as leituras do sensor estiverem diretamente ligadas à sua saída.

Calibrando Suas Entradas

Calibrar o seu circuito é como ajustar a temperatura do termostato de sua geladeira. Um aquecedor térmico ou a gás, do tipo boiler, oferece um intervalo de temperaturas, mas, dependendo de onde você estiver no mundo, existem diferentes temperaturas possíveis. Caso esteja em um lugar de clima temperado, como parte do Brasil, talvez só use o aquecedor raramente por alguns meses em algumas regiões, mas, se você estiver em um local frio, pode utilizar o aquecedor todas as noites, na maior parte do ano.

Ao calibrar os sensores em seu projeto Arduino, você pode adaptar o sensor à sua localização. Neste exemplo, você aprenderá como calibrar um sensor de luz. A luz, claro, é extremamente variável, esteja você dentro de casa, ao ar livre, em uma sala bem iluminada ou trabalhando à luz de velas. Apesar da variação significativa, todas essas faixas de luz podem ser detectadas e interpretadas pelo seu Arduino desde que ele saiba o alcance. O sketch a seguir mostra como calibrar um sensor de luz para seu ambiente.

Configurar o sketch Calibration

Com o intuito de tentar colocar em prática o exemplo de calibração, complete o circuito mostrado nas Figuras 10-10 e 10-11 para calibrar automaticamente seu sensor de luz.

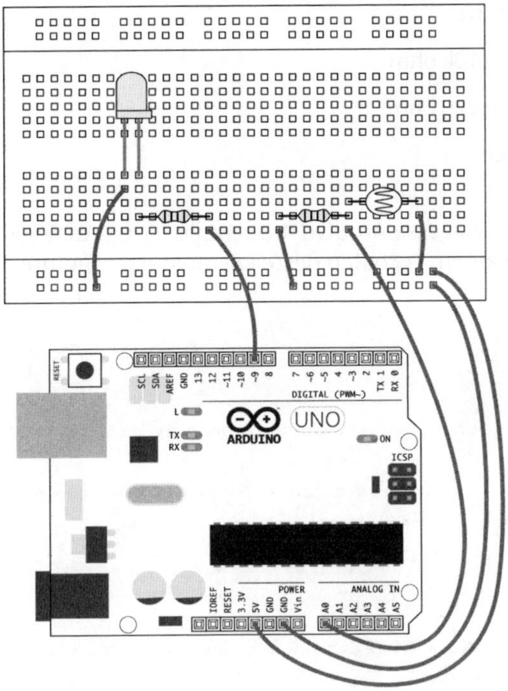

FIGURA 10-10: O layout do circuito do sensor de luz.

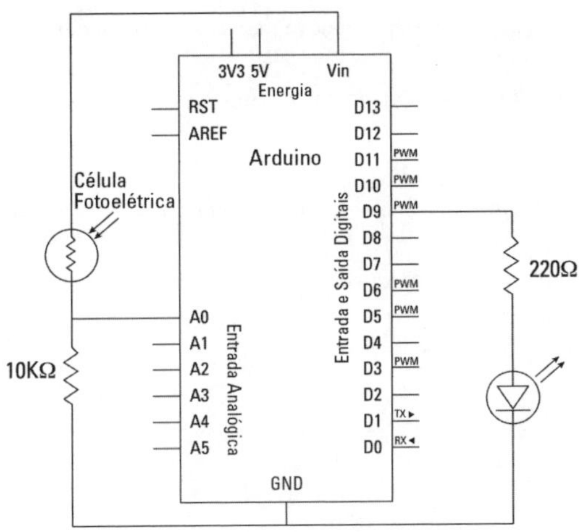

FIGURA 10-11: Um diagrama de circuito do sensor de luz.

Você precisa de:

- » Um Arduino Uno
- » Uma breadboard
- » Um LED

» Um sensor de luz
» Um resistor de 10k ohm
» Um resistor de 220 ohm
» Fios de jumper

Construa o circuito e acesse Arquivo ➪ Exemplos ➪ 03.Analog ➪ Calibração para encontrar o sketch. O código deste exemplo é o seguinte:

```
/*
Calibração

  Demonstra uma técnica para calibrar a entrada do sensor. As leituras
do
  sensor durante os primeiros cinco segundos da execução do sketch
  definem o mínimo e o máximo dos valores esperados conectados ao
pino
  do sensor.

  Os valores iniciais mínimo e máximo do sensor podem parecer
invertidos. A princípio,
  você ajusta o limite mínimo e aguarda por uma leitura com valor
menor,
  salvando-o como
  o novo mínimo. Da mesma forma, você ajusta o máximo para um valor
menor
  e aguarda por uma leitura com valor maior.

O circuito:
- sensor analógico (potenciômetro o fará) conectado à entrada
analógica 0
- LED conectado a partir do pino digital 9 ao terra

criado em 29 de outubro de 2008
por David A Mellis
modificado em 30 de agosto de 2011
por Tom Igoe

Este código de exemplo está em domínio público.

http://www.arduino.cc/en/Tutorial/Calibration (conteúdo de inglês)
 */

// Estas constantes não mudarão:
const int sensorPin = A0;    // o pino no qual o sensor é conectado
const int ledPin = 9;        // o pino no qual o LED é conectado
```

```
// variáveis:
int sensorValue = 0;          // o valor do sensor
int sensorMin = 1023;         // valor mínimo do sensor
int sensorMax = 0;           // valor máximo do sensor


void setup() {
  // ligar o LED para sinalizar o início do período de calibração:
  pinMode(13, OUTPUT);
  digitalWrite(13, HIGH);
  // calibra durante os primeiros cinco segundos
  while (millis() < 5000) {
    sensorValue = analogRead(sensorPin);

    // registra o valor máximo do sensor
    if (sensorValue > sensorMax) {
      sensorMax = sensorValue;
    }

    // registra o valor mínimo do sensor
    if (sensorValue < sensorMin) {
      sensorMin = sensorValue;
    }
  }

  // sinaliza o final do período de calibração
  digitalWrite(13, LOW);
}

void loop() {
  // lê o sensor:
  sensorValue = analogRead(sensorPin);

  // aplica a calibração para a leitura do sensor
  sensorValue = map(sensorValue, sensorMin, sensorMax, 0, 255);

  // no caso de o valor do sensor estar fora do intervalo visto
durante
    calibração
  sensorValue = constrain(sensorValue, 0, 255);

  // esmaece o LED usando o valor calibrado:
  analogWrite(ledPin, sensorValue);
}
```

Carregue o sketch, espere seu Arduino ajustar seus níveis normais de luz ambiente por cinco segundos. Em seguida, passe a mão sobre o sensor de luz. Supostamente, ele deve estar mais receptivo do que quando lê apenas o valor analógico normalmente, e o LED deve ter uma faixa que fique completamente ligada quando o sensor de luz não for detectado até uma que fique totalmente desligada quando o sensor de luz for detectado.

Compreendendo o sketch de calibração

A primeira parte do sketch de calibração apresenta todas as constantes e variáveis. As constantes são os pinos do sensor de luz e do LED. Observe que o LED deve esmaecer gradualmente e, portanto, deve usar um pino PWM:

```
// Estas constantes não mudarão:
const int sensorPin = A0;     // o pino no qual o sensor é conectado
const int ledPin = 9;         // o pino no qual o LED é conectado
```

As variáveis são utilizadas para o valor atual do sensor e para seus valores mínimos e máximos. Você pode observar que a `sensorMin` é inicialmente definida com um valor alto e a `sensorMax` é definida como um valor baixo porque elas devem trabalhar de forma gradual, respectivamente, para definir os valores mínimo e máximo:

```
// variáveis:
int sensorValue = 0;          // o valor do sensor.
int sensorMin = 1023;         // valor mínimo do sensor
int sensorMax = 0;            // valor máximo do sensor
```

Na `setup`, muita coisa está acontecendo. Primeiro, a `pinMode` normal define o pino 13 como uma `OUTPUT`. Em seguida, a `digitalWrite` está definida para o pino 13, que por sua vez, o define como `HIGH`, que indica que o sensor está em fase de calibração:

```
void setup() {
  // ligar o LED para sinalizar o início do período de calibração:
  pinMode(13, OUTPUT);
  digitalWrite(13, HIGH);
```

Nos primeiros 5 segundos, o sensor será calibrado. Como a `millis ()` calcula o (mili) segundo que o programa inicia, o jeito mais fácil de contar por 5 segundos é usando um laço `while`. O código a seguir continua a verificar o valor de `millis ()`. Contanto que esse valor seja menor que 5.000 (5 segundos), ele executa o código dentro das chaves:

```
  // calibra durante os primeiros cinco segundos
  while (millis() < 5000) {
```

As chaves contêm o código de calibração. A `sensorValue` armazena a leitura atual do sensor. Na hipótese de essa leitura ser maior que o máximo ou menor que o mínimo (ou ambos), os valores serão atualizados. Em razão de isso ocorrer durante cinco segundos, você recebe várias leituras e todas ajudam a definir melhor o intervalo esperado:

```
sensorValue = analogRead(sensorPin);

    // registra o valor máximo do sensor
    if (sensorValue > sensorMax) {
      sensorMax = sensorValue;
    }

    // registra o valor mínimo do sensor
    if (sensorValue < sensorMin) {
      sensorMin = sensorValue;
    }
  }
```

Então, o pino do LED é escrito como `LOW` para sinalizar que a fase de calibração terminou:

```
  // sinaliza o final do período de calibração
  digitalWrite(13, LOW);
}
```

Agora que o intervalo é reconhecido, ele só precisa ser aplicado ao LED de saída. Uma leitura é tirada a partir da `sensorPin`. Como a leitura está no intervalo de 0 a 1023, ela deve ser definida para o intervalo de 0 a 255. A `sensorValue` é convertida para esse intervalo novo usando a função `map()`, que utiliza os valores `sensorMinesensorMax` da calibragem para especificar o intervalo atual em vez de usar o intervalo total de 0 a 1.023:

```
void loop() {
  // lê o sensor:
  sensorValue = analogRead(sensorPin);

  // aplica a calibração para a leitura do sensor
  sensorValue = map(sensorValue, sensorMin, sensorMax, 0, 255);
```

Ainda é possível que o sensor leia os valores que não fazem parte da calibração, portanto, a `sensorValue` deve ser restrita ao uso da função `constrain()`. Quaisquer valores fora de 0 a 255 são ignorados. A calibração dá uma boa noção do intervalo de valores, portanto, quaisquer valores maiores ou menores provavelmente serão anomalias:

```
  // no caso de o valor do sensor estar fora do intervalo visto
durante
    calibração
  sensorValue = constrain(sensorValue, 0, 255);
```

Tudo o que falta fazer é atualizar o LED com o valor mapeado e restrito usando a função `analogWrite` no `ledPin`:

```
// esmaece o LED usando o valor calibrado:
  analogWrite(ledPin, sensorValue);
}
```

Esse código deve fornecer uma representação melhor dos valores de alteração do seu sensor em relação ao seu ambiente. A calibração é executada somente uma vez quando o programa é iniciado; desse modo, se o intervalo ainda estiver desativado, será melhor reiniciá-lo ou calibrá-lo por um período maior. A calibração é projetada para eliminar o *ruído* — as variações inconsistentes nas leituras — portanto, você também deve garantir que o ambiente que está sendo medido não tenha nada que você não queira calcular.

NESTE CAPÍTULO

» **Aprendendo sobre sensores**

» **Entendendo as complexidades das diferentes entradas**

» **Pagando o preço justo**

» **Descobrindo onde usar os sensores**

» **Fazendo a fiação de alguns exemplos**

Capítulo 11

Use o Bom Senso com os Sensores

Em minha experiência de ensino, muitas vezes descubro que, quando as pessoas começam a ter uma ideia, elas se envolvem em como colocá-la em prática com um hardware específico, em vez de se concentrarem no que realmente querem fazer. Se o Arduino é um conjunto de ferramentas com o potencial de resolver inúmeros problemas, é fundamental utilizar a ferramenta adequada para o trabalho conveniente.

Caso acesse qualquer site relacionado ao Arduino, possivelmente você encontrará uma lista de sensores, só que encontrar os sensores adequados para o seu projeto pode ser frustrante. Uma prática comum é pesquisar na internet por projetos semelhantes àquele que você quer fazer para ver o que outras pessoas construíram. As tentativas e conquistas dessas pessoas podem ser uma grande fonte de inspiração e conhecimento, mas também podem levá-lo a navegar em um mar de inúmeras soluções possíveis, bem como a soluções que são um tanto exageradas para suas necessidades.

Neste capítulo, você não só saberá mais sobre os diferentes sensores e como usá-los, mas também — e mais importante — *por que* usá-los.

Observe que todos os preços são uma estimativa para a compra de um sensor individual a fim de dar-lhe uma noção aproximada do custo. Caso compre em grandes quantidades ou pesquise bastante o preço, você conseguirá economizar um bom dinheiro. E, para se ter uma ideia de onde começar a fazer as compras, leia o Capítulo 16.

Construa Botões Facilmente

O primeiro sensor descrito neste livro (no Capítulo 6), e indiscutivelmente o melhor, é o botão (conhecido também como pushbutton ou chave eletrônica). Muitos tipos de botões estão disponíveis. Repare que as chaves eletrônicas também estão incluídas nessa categoria. Via de regra, as chaves eletrônicas ficam na mesma posição, como um interruptor de luz, enquanto os botões sempre voltam à posição inicial. Algumas exceções que fogem a essa regra geral são os microinterruptores (microswitches) e os botões de alternância. Eletronicamente, eles são os mesmos, diferenciam-se apenas mecanicamente.

Se você planeja usar um botão para seu projeto, leve em consideração:

» **Complexidade:** Em sua forma mais simples, um botão pode ser dois contatos de metal unidos. Em sua forma mais complexa, pode ser um conjunto de contatos cuidadosamente projetados em um botão com capa. Os botões costumam ser fixados em gabinetes ou cases projetados para diferentes usos. Um botão, como o do seu kit, é perfeito para layouts da breadboard e adequado para prototipagem. Agora, se ele fosse usado no mundo real, precisaria ser protegido. Desmonte um controlador de console de jogos antigo e você achará um botão com capa dentro dele. Se precisa de um botão mais industrial, como um botão de parada de emergência, talvez o interruptor seja maior e mais robusto, e pode até ter uma mola maior para dar conta da força de alguém ao pressioná-lo.

DICA

O bom é que lidar com botões é uma coisa relativamente simples. Aliás, a mola certa ou o clique em um botão podem fazer toda a diferença na qualidade do seu projeto, logo, trate de escolher com sabedoria.

» **Custo:** O custo de um botão varia muito, dependendo da qualidade do gabinete e dos materiais utilizados. A faixa de preços na RS Components pode variar muito. É possível usar botões mais baratos para a maioria das aplicações.

» **Localização:** Você pode usar botões para detectar a pressão de contato humano intencional (ou mesmo não intencional, se for esperto no modo como acomoda os botões). As exibições de arte nos museus são um ótimo exemplo do uso de botões para detectar contato humano intencional. As pessoas "pegam o jeito" de como usar os botões. Há botões em tudo quanto é lugar, e as pessoas os usam todos os dias sem nem perceber. Às vezes, talvez seja mais inteligente usar métodos menos óbvios, porém, em caso de dúvida, um botão é sempre uma opção segura.

Leve em consideração também como você pode recorrer à utilização de um botão que já está em uso. Por exemplo, talvez esteja monitorando a frequência com que uma porta é aberta em sua casa. Se você colocar um microinterruptor extremamente sensível na porta, quando ela estiver fechada, ele indicará toda vez que a porta se abrir.

Nos Capítulos 6 e 10, você aprendeu como conectar um circuito de botão e como aprimorá-lo, respectivamente. No exemplo da seção a seguir, você aprenderá como simplificar o hardware do seu botão. Ao usar uma funcionalidade escondida do seu Arduino, é possível usar um botão sem hardware adicional.

Implementando o sketch DigitalInputPullup

O circuito de botão básico é simples, mas pode ficar mais simples ainda usando uma função pouco conhecida em seu microcontrolador. No exemplo básico de botão no Capítulo 6, um resistor de *pull-down* é conectado ao terra para fazer com que o pino do botão leia o valor `LOW`. Sempre que pressionado, o botão é conectado ao 5V e vai para o valor `HIGH`. Esse comportamento possibilita que você leia o estado do botão como uma entrada.

No microcontrolador, um resistor de *pull-up* interno pode ser ativado para lhe fornecer um valor `HIGH` constante. Quando um botão conectado ao terra é pressionado, ele aterra a corrente e define o pino como `LOW`. Esse design lhe oferece a mesma funcionalidade do exemplo básico do Capítulo 6, mas a lógica é invertida: `HIGH` é uma chave eletrônica ligada e `LOW` é uma chave eletrônica desligada. Consequentemente, a fiação é mais simples, porque você elimina a necessidade de um fio e um resistor extra.

Para completar esse exemplo, você precisa do seguinte:

- Um Arduino Uno
- Uma breadboard
- Um botão
- Um LED (opcional)
- Fios de jumper

Complete o circuito mostrado nas Figuras 11-1 e 11-2 para testar o botão novo e mais simples usando o sketch DigitalInputPullup.

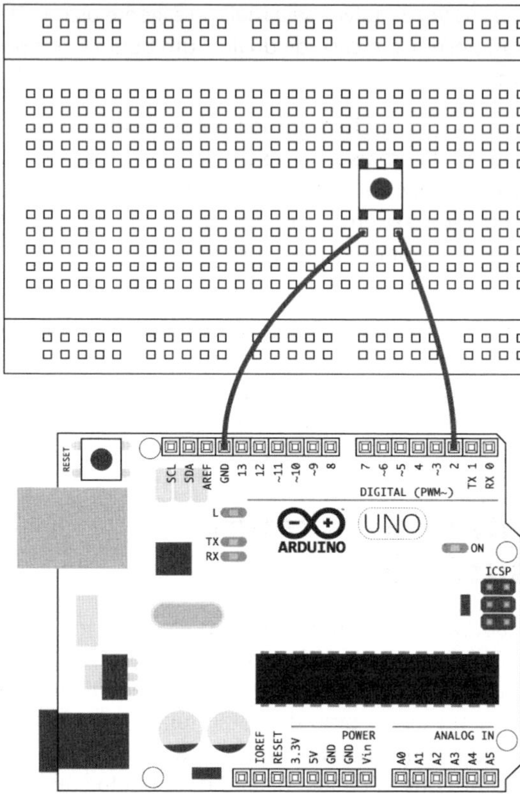

FIGURA 11-1: O layout do circuito com botão.

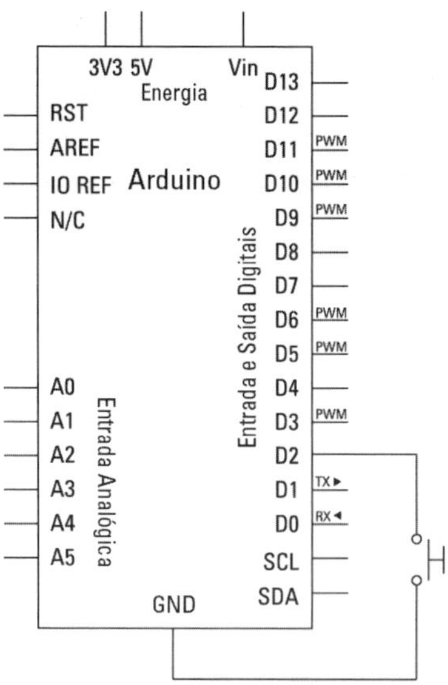

FIGURA 11-2: Um diagrama de circuito do circuito de botão.

Um LED na placa já está conectado ao pino 13, mas, se você quiser ressaltar a saída, pode inserir um LED diretamente no pino 13 e no pino GND vizinho.

Complete o circuito ao clicar em Arquivo ➪ Exemplos ➪ 02.Digital ➪ DigitalInputPullup para encontrar o sketch DigitalInputPullup.

```
/*

Input Pull-up Serial

  Este exemplo demonstra o uso da pinMode (INPUT_PULLUP). Ela lê uma
  entrada digital no pino 2 e exibe os resultados no monitor serial.

O circuito:
- interruptor momentâneo conectado do pino 2 ao terra
- LED embutido no pino 13

  Ao contrário da pinMode (INPUT), aqui não há necessidade de um
resistor
  pull-down. Um resistor interno de 20K-ohm é puxado para o 5V. Esta
  configuração faz com que a entrada leia HIGH quando o interruptor
  estiver ligado e LOW quando estiver desligado.

criado em 14 de março de 2012
por Scott Fitzgerald

Este exemplo de código está em domínio público

http://www.arduino.cc/en/Tutorial/InputPullupSerial (conteúdo em
inglês)
*/

void setup(){
  //inicia a conexão serial
  Serial.begin(9600);
  // define o pino 2 como uma entrada e ativa o resistor pull-up
interno
  pinMode(2, INPUT_PULLUP);
  pinMode(13, OUTPUT);

}

void loop(){
  //lê o valor do botão dentro de uma variável
  int sensorVal = digitalRead(2);
  //exibe o valor do botão
```

```
  Serial.println(sensorVal);

  // Lembre-se que pull-up significa que a lógica
  // do botão é invertida. Vai para HIGH quando está ligado e
  // LOW quando é pressionado. Conecte o pino 13 quando o botão
estiver
  // pressionado e desligue quando não estiver:
  if (sensorVal == HIGH) {
    digitalWrite(13, LOW);
  }
  else {
    digitalWrite(13, HIGH);
  }
}
```

Entendendo o sketch DigitalInputPullup

O sketch DigitalInputPullup é parecido com o sketch do botão padrão, porém apresenta algumas coisas diferentes. Na função `setup`, a comunicação serial é iniciada para monitorar o estado do botão. Em seguida, a `pinMode` das entradas e saídas é definida. O pino 2 é o pino do botão, mas em vez de defini-lo como `INPUT` você usa `INPUT_PULLUP`. Isso ativa o resistor de pull-up interno. O pino 13 está definido para ser uma saída como um pino de controle de LED:

```
void setup(){
  //inicia a conexão serial
  Serial.begin(9600);
  // define o pino 2 como uma entrada e ativa o resistor pull-up
interno
  pinMode(2, INPUT_PULLUP);
  pinMode(13, OUTPUT);

}
```

No loop principal, você lê o valor do pino de pull-up e o armazena na variável `sensorVal`. Em seguida, exibe a variável no monitor serial para mostrar qual valor está sendo lido:

```
void loop(){
  //lê o valor do botão dentro de uma variável
  int sensorVal = digitalRead(2);
  //exibe o valor do botão
  Serial.println(sensorVal);
```

Todavia, como a lógica é invertida, você precisa inverter sua instrução `if ()` para que ela fique correta. Um valor `HIGH` está disponível e um valor `LOW` está indisponível. Dentro da instrução `if ()`, você pode escrever qualquer ação para ser executada. Neste caso, o LED está sendo desligado ou definido como `LOW` sempre que o pino do botão estiver ligado ou no valor `HIGH`:

```
    // Lembre-se que pull-up significa que a lógica
    // do botão é invertida. Vai para HIGH quando está ligado e
    // LOW quando é pressionado. Conecte o pino 13 quando o botão
estiver
    // pressionado e desligue quando não estiver:
    if (sensorVal == HIGH) {
      digitalWrite(13, LOW);
    }
    else {
      digitalWrite(13, HIGH);
    }
}
```

Este é um ótimo método quando você não tem componentes o bastante sobrando, pois possibilita que faça uma chave eletrônica com apenas alguns fios, se necessário. Essa funcionalidade pode ser utilizada em qualquer pino digital, mas somente para entradas.

Explorando os Sensores Piezo

No Capítulo 7, você aprendeu como emitir um som usando um piezo buzzer, mas deve saber que há outra maneira de usar o mesmo hardware como uma entrada, em vez de uma saída. Para emitir um som com um piezo, você faz com que uma corrente passe por ele e vibre, de modo que, se vibrar o mesmo piezo, gera uma pequena quantidade de corrente elétrica. A utilização de um piezo permite criar um *sensor de vibração (knock sensor)* que é empregado para medir as vibrações na superfície na qual ele se fixa.

Os piezos variam em tamanho, e isso determina a escala das vibrações que eles podem detectar. Os piezos pequenos são extremamente sensíveis a vibrações e não precisam de muito para maximizar seu alcance de medição. Os piezos maiores têm um alcance mais amplo, mas é necessário mais vibração para registrar uma leitura. Além do mais, os sensores piezo especializados podem atuar como entradas para detectar flexão, toque, vibração e choque. Só que eles custam um pouco mais do que um elemento piezo básico e são geralmente feitos de uma película flexível, o que faz com que sejam mais resistentes.

Ao usar um piezo, considere o seguinte:

- **Complexidade:** Os piezos são relativamente simples de serem conectados, sendo necessário apenas um resistor para funcionar em um circuito. Como a parte de cima de um piezo é feita de cerâmica delicada, ele é frequentemente colocado em um case de plástico fechado, o que facilita a montagem e evita qualquer contato direto com as juntas de solda delicadas em sua superfície.
- **Custo:** Os elementos piezo são baratos, custando de cerca de US$0,20 (no Brasil, de R$1,50 a R$2,00) para os elementos mais baratos sem o case a US$15 (aqui, por volta de R$40,00) para os piezos de alta potência. Como uma entrada, prefere-se um elemento piezo ao piezo buzzer mais específico. A diferença tradicional é que os formatos para os buzzers são menores, ao passo que os elementos piezo normalmente têm uma base mais ampla. Prefere-se o uso do segundo para o sensor de vibração, porque lhe dá mais espaço no piezo, bem como mais contato com a superfície que está sendo monitorada.

  Agora, sai mais em conta comprar os piezos das grandes empresas especializadas em eletrônicos, mas isso exige que você passe horas a fio procurando pelos catálogos online; talvez seja mais prático comprá-los em lojas de varejo primeiro, como a RadioShack, nas quais é possível ver o produto ao vivo e ter uma ideia dos diferentes formatos, estilos e revestimentos.
- **Localização:** Normalmente os sensores de vibração não são usados como entrada direta. Como eles são muito delicados, é arriscado as pessoas ficarem colocando a mão neles o tempo inteiro. Em vez disso, fixe seu piezo a uma superfície sólida, como madeira, plástico ou metal, e deixe essa superfície suportar barulho. Por exemplo, um sensor de vibração fixado em uma escada poderia ser discreto e pouco visível, mas ainda assim fornecer leituras altamente precisas.

Os piezos são sensores simples e baratos e apresentam uma diversidade enorme de uso. Você pode usá-los para detectar vibrações ou diretamente em um kit de bateria elétrica caseiro. O exemplo desta seção ilustra como conectar seu próprio conjunto de sensores de vibração piezo.

Implementando o sketch Knock

Os sensores de vibração usam um elemento piezo para medir a vibração. Quando um piezo vibra, ele produz uma tensão que pode ser interpretada pelo seu Arduino como um sinal analógico. Comumente, os elementos piezo são mais utilizados como campainhas, que, inversamente, fazem uma vibração quando uma corrente passa através delas.

Você precisa do seguinte:

- Um Arduino Uno
- Uma breadboard
- Um piezo
- Um resistor de 1M ohm
- Fios de jumper

Usando o layout e os diagramas de circuito nas Figuras 11-3 e 11-4, monte o circuito para o sensor de vibração. Nesse circuito, o hardware é parecido com o sketch piezo buzzer no Capítulo 7, mas com algumas mudanças você também pode transformar esse elemento piezo em uma entrada.

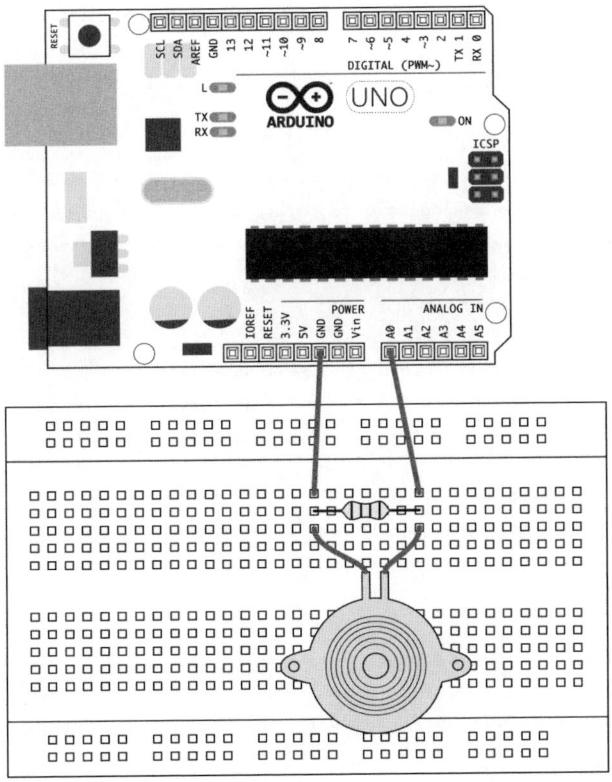

FIGURA 11-3: Um layout do circuito do sensor de vibração.

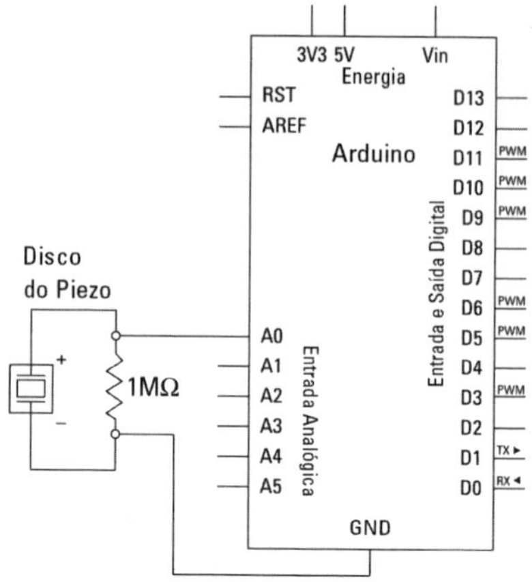

FIGURA 11-4: Um diagrama do circuito do sensor de vibração.

Complete o circuito e escolha Arquivo ➪ Exemplos ➪ 06.Sensores ➪ Selecionar Knock no menu do Arduino para carregar o sketch.

```
/*
Knock Sensor

  Este sketch lê um elemento piezo para detectar um som de batida.
  Ele lê um pino analógico e compara o resultado a um limite definido.
  Se o resultado for maior que o limite, ele escreve "knock" na porta
  serial e alterna o LED no pino 13.

O circuito:
- conexão positiva do piezo conectada ao analógico em 0
- conexão negativa do piezo conectada ao terra
- 1 resistor megaohm acoplado do analógico 0 ao terra

criado em março de 2007
por David Cuartielles <http://www.0j0.org> (conteúdo em inglês)
modificado em 30 de agosto de 2011
por Tom Igoe

Este código de exemplo está em domínio público

http://www.arduino.cc/en/Tutorial/Knock (conteúdo em inglês)
*/
```

```
// Estas constantes não mudarão:
const int ledPin = 13;          // led conectado ao pino digital 13
const int knockSensor = A0; // o piezo é conectado ao pino analógico 0
const int threshold = 100;  // limite de valor para decidir quando o
som
                                // é um som de batida ou não


// Estas variáveis mudarão:
int sensorReading = 0;          // variável para armazenar o valor de
leitura
                                // a partir da variável do pino do sensor
int ledState = LOW;             // usada para armazenar o último status do
                                // para alternar a luz

void setup() {
 pinMode(ledPin, OUTPUT); // declara a ledPin como OUTPUT
 Serial.begin(9600);        // usa a porta serial
}
void loop() {
  // lê o sensor e armazena-o na variável sensorReading:
  sensorReading = analogRead(knockSensor);

  // se a leitura do sensor for maior que o limite:
  if (sensorReading >= threshold) {
    // alterna o status da ledPin:
    ledState = !ledState;
    // atualiza o status do pino do LED:
    digitalWrite(ledPin, ledState);
    // envia a string "Knock!" de volta ao computar, seguida pela
linha
    nova
    Serial.println("Knock!");
  }
  delay(100);  // delay para evitar a sobrecarga da memória da porta
  serial
}
```

Pressione o botão Compilar para verificar seu código. Ao fazer isso, é possível ver quaisquer erros gramaticais destacados em vermelho. Se o sketch for compilado corretamente, clique em Carregar para fazer o upload do sketch para sua placa. Quando terminar de carregá-lo, selecione o monitor serial e confira se o seu piezo está vibrando adequadamente na superfície. Se estiver funcionando, *Knock!* aparece no monitor serial e o LED muda a cada vibração com sucesso.

Caso nada disso aconteça, confira os seus fios e cabos:

- » Confira se está usando o número de pinos correto.
- » Confira as conexões na breadboard. Se os fios de jumper ou os componentes não estiverem conectados corretamente nas linhas da placa breadboard, eles não funcionarão.

Compreendendo o sketch Knock

No sketch Knock, as primeiras declarações são valores de constantes, o número do pino do LED, o número do pino do sensor de vibração e o limite máximo para um valor de vibração. Todos eles são definidos e não mudam em todo o sketch:

```
// Estas constantes não mudarão:
const int ledPin = 13;          // led conectado ao pino digital 13
const int knockSensor = A0; // o piezo é conectado ao pino analógico 0
const int threshold = 100;  // limite de valor para decidir quando o
som
                              // é um som de batida ou não
```

Duas variáveis mudam — a leitura atual do sensor e o estado do LED:

```
// Estas variáveis mudarão:
int sensorReading = 0;        // variável para armazenar o valor de
leitura
                              // a partir da variável do pino do sensor
int ledState = LOW;           // usada para armazenar o último status do
LED
                              // para alternar a luz
```

Na função `setup`, o pino do LED é definido para ser uma saída e a porta serial é disponibilizada para comunicação:

```
void setup() {
 pinMode(ledPin, OUTPUT); // declara a ledPin como OUTPUT
 Serial.begin(9600);       // usa a porta serial
}
```

A primeira linha no loop lê o valor analógico do pino do sensor de vibração:

```
void loop() {
  // lê o sensor e armazena-o na variável sensorReading:
  sensorReading = analogRead(knockSensor);
```

Este valor é comparado ao limite máximo do valor:

```
  // se a leitura do sensor for maior que o limite:
  if (sensorReading >= threshold) {
```

Se o valor da `sensorReading` for maior ou igual ao valor `threshold`, o estado do LED é alternado entre 0 e 1 usando `!`, o símbolo NOT. O `!` nesse caso é utilizado para retornar o valor Booleano oposto ao valor atual da variável `ledState`. Como você sabe, os Booleanos são 1 ou 0 (verdadeiro ou falso), o mesmo que os possíveis valores da `ledState`. Esta linha de código poderia ser escrita como "fazer com que a `ledState` seja igual ao inverso de qualquer valor":

```
    // alterna o status da ledPin:
    ledState = !ledState;
```

Então, o valor da `ledState` é enviado para o pino de LED usando a `digitalWrite`. A função digitalWrite interpreta um valor de 0 como `LOW` e 1 como `HIGH`:

```
    // atualiza o status do pino do LED:
    digitalWrite(ledPin, ledState);
```

Finalmente, *Knock!* é enviado à porta serial com um pequeno delay, para estabilidade:

```
    // envia a string "Knock!" de volta ao computador, seguida pela
linha
    nova
    Serial.println("Knock!");
  }
  delay(100);  // delay para evitar a sobrecarga da memória da porta
  serial
}
```

Utilizando Sensores de Pressão, de Força e de Carga

Existem três tipos de sensores estritamente relacionados que normalmente são confundidos: sensores de pressão, de força e de carga. Esses três sensores são extremamente diferentes na forma como se comportam e nos dados que podem disponibilizar; por isso, é importante saber a diferença entre eles para que você escolha o sensor adequado à sua necessidade. Nesta seção, você aprenderá sobre as diferentes definições de cada um desses sensores, bem como onde utilizá-los e por que você usa um em detrimento de outro.

Considere o seguinte ao planejar as coisas:

» **Complexidade:** Como você poderia esperar, a complexidade aumenta dependendo do seu nível de precisão:

- Os *amortecedores de pressão* são desenvolvidos para detectar quando a pressão é aplicada a uma área, e eles apresentam uma variedade de usos em relação à qualidade e precisão. Não raro, confundem-se os nomes dos amortecedores de pressão mais simples e, na prática, eles são equivalentes às chaves eletrônicas grandes. Dentro de um amortecedor de pressão simples, existem duas camadas de películas separadas por uma camada de espuma com furos nela. Quando a espuma é comprimida, os contatos de metal tocam a espuma e completam o circuito. Em vez de calcular a pressão ou o peso, o amortecedor detecta quando há peso suficiente para comprimir a espuma. Esses amortecedores funcionam muito bem e são semelhantes aos mecanismos encontrados dentro dos tapetes de dança — prova cabal de que você não precisa ficar pensando demais em seus sensores!
- Para maior precisão, você pode usar *sensores de força*, que medem a força aplicada em qualquer coisa que seja colocada dentro de seu intervalo. Ainda que os sensores de força sejam precisos o bastante para detectar uma mudança de peso, não são rigorosos o suficiente para fornecer um cálculo exato. Os sensores de força são geralmente resistores flexíveis e sensíveis à força — isto é, resistores feitos em uma PCB flexível que mudam a própria resistência quando a força é aplicada. O resistor em si está na placa de circuito flexível e, embora a placa possa suportar forças e cargas extremamente altas, é sempre bom protegê-lo do contato direto para impedir que ele se curve, dobre ou se rompa.
- De um lado, temos os sensores de pressão, do outro, os sensores de carga. Um exemplo de um sensor de carga é a balança que você usa para se pesar. Os *sensores de carga* podem medir com precisão o

peso até o limite. Eles funcionam do mesmo modo que os sensores de força, alterando a resistência à medida que se curvam. Na maioria dos casos, um sensor de carga é fixado a uma peça sólida de metal e monitora as mudanças quando o metal é colocado sob pressão. As mudanças são tão pequenas que muitas vezes exigem um circuito de amplificação conhecido como ponte de Wheatstone. Incorporar esse tipo de sensor é mais complexo do que os outros tipos, porém você pode encontrar muitas referências na internet que explicam todo o processo.

» **Custo:** O custo de cada sensor é relativamente baixo, mesmo os mais sensíveis. Os materiais completos para se fazer um amortecedor de pressão saem por volta de US$3; o custo de uma película de pressão disponível na maioria das lojas de eletrônicos e fornecedores é de US$12. Resistores sensíveis à força variam de US$8 a US$23; no Brasil, de R$25 a R$60, mas abrangem uma área menor do que um amortecedor de pressão, então você pode precisar de alguns deles para cobrir uma área grande. Custando por volta de US$11, os sensores de carga também são relativamente baratos, provavelmente porque seu uso é tão generalizado que a produção em massa derrubou o preço. Talvez você gaste um pouco mais quando for planejar e fazer os conjuntos de circuitos adicionais.

» **Localização:** O desafio de todos esses sensores é acomodá-los nos lugares adequados para evitar danos. No caso do amortecedor de pressão e dos resistores sensíveis à força, é uma boa ideia colocar uma camada grossa de espuma de estofado no lado em que a força será aplicada. Dependendo da densidade da espuma, ela deve amortecer a força o bastante para proteger o sensor, mas ainda comprimi-lo o suficiente para uma boa leitura. Debaixo dos sensores, você precisa ter uma base sólida para lhe dar algo contra o que empurrar. Essa base pode ser o piso ou a superfície em que o sensor é colocado, ou você pode anexar um pedaço de MDF/madeira compensada na parte de baixo do sensor. É bom também proteger o exterior do seu sensor de pressão, portanto, pense na possibilidade de algo um pouco mais resistente do que a espuma no exterior. Para um acabamento delicado, o vinil de estofamento é uma ótima opção. Agora, caso você esteja planejando que as pessoas andem na superfície, por exemplo, uma primeira camada de madeira entre a espuma redistribuirá a carga e poderá ser facilmente substituída, se necessário.

Os sensores de carga exigem pouca movimentação e devem ser conectados ou colocados em contato direto com uma superfície sulcada. Se você usar um sensor de carga em uma balança de banheiro, talvez seja necessário um bocado de tentativa e erro para colocar o sensor no local adequado a fim de se ter uma leitura precisa. Às vezes, utilizam-se muitos sensores para obter uma leitura média da superfície.

Depois de escolher um sensor, você precisa descobrir como usá-lo:

- Os *amortecedores de pressão* são um circuito extremamente simples; a mesma simplicidade dos circuitos de botão. Você consegue facilmente lidar com o material de um amortecedor de pressão de modo que possa fazer um ao usar duas folhas de papel alumínio (ou um material de revestimento condutor mais flexível ou fio condutivo), uma camada de espuma, um invólucro e um par de fios.
- Os *sensores de força* também são relativamente fáceis de usar e podem substituir outros sensores analógicos, como sensores de luz ou temperatura, em circuitos Arduino simples. Os intervalos de força podem variar, mas, qualquer que seja o intervalo, dimensionar a força de acordo com as suas necessidades no código é simples.
- Os *sensores de carga* são provavelmente os sensores mais complexos se estiverem sendo utilizados para leitura precisa, como em um conjunto de balanças de peso. Eles demandam circuitos extras e um amplificador para que o Arduino leia as pequenas mudanças na resistência. Este é um tópico que foge ao escopo deste livro, portanto, se você quiser saber mais, use o seu amigo Google.

Os sensores de força são iguais a qualquer outro resistor variável e podem ser facilmente alternados para potenciômetro ou para resistores dependentes de luz, conforme necessário. No exemplo desta seção, você usa resistores sensíveis à força e o sketch toneKeyboard para fazer um teclado de piano Arduino.

Implementando o sketch toneKeyboard

Você pode pensar nos botões como a entrada perfeita para um teclado, entretanto, os resistores sensíveis à força oferecem muito mais sensibilidade ao toque. Em vez de detectar somente uma pressão, você também pode detectar a intensidade na qual a tecla é pressionada, da mesma forma que em um piano tradicional.

Você precisa do seguinte:

- Um Arduino Uno
- Uma breadboard
- Três resistores sensíveis à força
- Três resistores de 10k ohm
- Um resistor de 100 ohm
- Um elemento piezo
- Fios de jumper

Usando os diagramas de layout e circuito nas Figuras 11-5 e 11-6, disponha os resistores sensíveis à força e o piezo para criar seu próprio teclado.

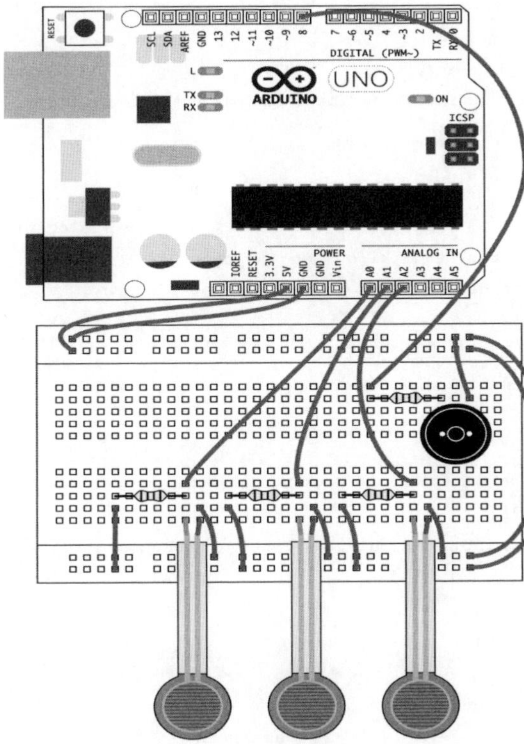

FIGURA 11-5: Um layout de circuito de teclado.

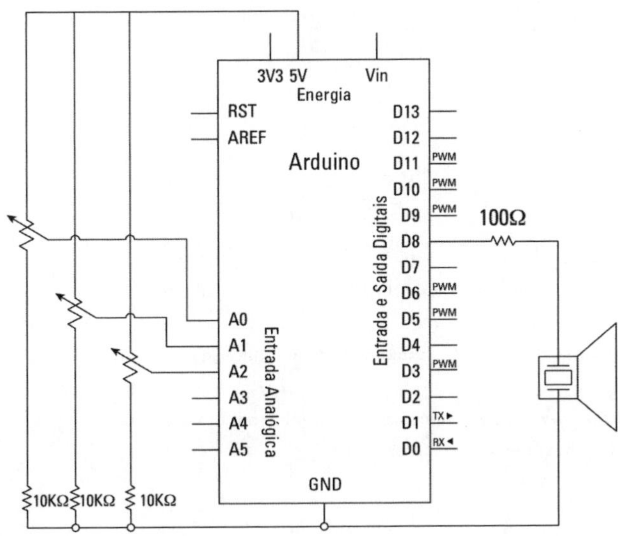

FIGURA 11-6: Um diagrama de circuito de teclado.

Complete o circuito ao clicar em Arquivo ➪ Exemplos ➪ 02.Digital ➪ Selecione toneKeyboard do menu Arduino para carregar o sketch.

```
/*
  Keyboard

 Reproduz um tom que muda com base em uma entrada analógica em
mudança

  O circuito:
  - Três resistores sensores de força de + 5V para analógico em 0 a 5
  - Três resistores de 10 kilohm do analógico em 0 a 5 para o terra
  - alto-falante de 8 ohms no pino digital 8

  criado em 21 de janeiro de 2012
  modificado em 9 de abril de 2012
  por Tom Igoe

  Este código de exemplo está em domínio público

  http://www.arduino.cc/en/Tutorial/Tone3 (conteúdo em inglês)
*/

#include "pitches.h"

const int threshold = 10;    // leitura mínima dos sensores que
                             // gera uma nota

// notas para tocar, correspondentes aos 3 sensores:
int notes[] = {
 NOTE_A4, NOTE_B4,NOTE_C3
};

void setup() {

}

void loop() {
 for (int thisSensor = 0; thisSensor < 3; thisSensor++) {
  // obtém uma leitura do sensor:
  int sensorReading = analogRead(thisSensor);

  // se o sensor é pressionado com força o bastante
  if (sensorReading > threshold) {
```

```
    // reproduz a nota correspondente ao sensor:
    tone(8, notes[thisSensor], 20);
  }
 }
}
```

Pressione o botão Compilar para verificar seu código. O compilador deve destacar quaisquer erros gramaticais em vermelho. Se o sketch for compilado corretamente, clique em Carregar para fazer o upload do sketch para sua placa. Quando terminar de fazer o upload, tente tocar as teclas para ver se elas estão funcionando. Se estiverem, você está pronto para tocar.

Caso isso não aconteça, confira os seus fios e cabos:

» Confira se você está usando o número de pinos correto.

» Confira as conexões na breadboard. Caso os fios de jumper ou os componentes não estiverem conectados corretamente nas linhas da placa breadboard, eles não funcionarão.

Compreendendo o sketch toneKeyboard

O sketch toneKeyboard usa a mesma tabela de notas que o sketch Melody no Capítulo 7. A primeira linha inclui os `pitches.h`, que devem estar abertos em uma aba separada ao lado do sketch principal:

```
#include "pitches.h"
```

Um limite máximo de 10 (de um possível 1.024) é definido para evitar leituras insuficientes oriundas de vibrações em segundo plano:

```
const int threshold = 10;    // leitura mínima dos sensores que
                             // gera uma nota
```

As notas de cada sensor são armazenadas em um array com valores (0, 1 e 2) que correspondem aos números dos pinos da entrada analógica (A0, A1 e A2). Você pode alterar manualmente os valores da nota no array, utilizando a tabela de referência em `pitches.h`. Basta copiar e colar os valores novos da nota alterados na nota de cada sensor.

```
// notas para tocar, correspondentes aos 3 sensores:
int notes[] = {
  NOTE_A4, NOTE_B4,NOTE_C3
};
```

Na função setup, você não tem nada para definir porque os pinos de entrada analógica são definidos por padrão para serem entradas:

```
void setup() {

}
```

No loop principal, um laço for () percorre os números de 0 a 2:

```
void loop() {
  for (int thisSensor = 0; thisSensor < 3; thisSensor++) {
```

O valor do laço for (), utilizado como o número do pino, é armazenado temporariamente na sensorReading:

```
    // obtém a leitura do sensor:
    int sensorReading = analogRead(thisSensor);
```

Caso a leitura seja maior que o limite máximo, ela será usada para acionar a nota correta atribuída a essa entrada:

```
    // // se o sensor é pressionado com força o bastante
    if (sensorReading > threshold) {
      // reproduz a nota corresponde ao sensor:
      tone(8, notes[thisSensor], 20);
    }
  }
}
```

Como o loop roda muito rápido, qualquer delay na leitura de cada sensor é imperceptível.

Sensores com Estilo

Os *sensores capacitivos* detectam mudanças nos campos eletromagnéticos. Tudo que é vivo — até você — tem um campo eletromagnético. Os sensores capacitivos são extremamente valiosos porque podem detectar o contato humano e desconsiderar outros fatores ambientais. Sem dúvidas, você já está acostumado com os sensores capacitivos de última geração porque eles estão presentes em quase todos os smartphones, mas existem desde o final dos anos 1920. Você pode encontrar kits Arduino com sensores capacitivos que podem ser facilmente conectados, como teclados capacitivos sensíveis ao toque. Mas é muito mais fácil fazer seu próprio sensor capacitivo com uma placa Arduino e uma antena.

Considere o seguinte ao planejar:

» **Complexidade:** Como tudo o que precisa é de uma antena, você pode ser criativo em relação a ela e onde colocá-la. Pedaços de fio pequenos ou de fita de cobre são ótimos para se fazer simples sensores de toque. O pedaço de fita de cobre de repente vira uma chave eletrônica ou um interruptor sensível ao toque, ou seja, nem é preciso um botão para ter a mesma funcionalidade. Você pode até conectar a antena a um objeto de metal maior, como uma lâmpada, transformando-a em uma lâmpada de toque.

  Caso a lâmpada seja fabricada a partir de um rolo de arame ou de um pedaço de chapa de alumínio, você poderá ampliar o alcance do sensor além do toque, algo conhecido como *sensor capacitivo de toque.* Ao utilizar um sensor capacitivo, você pode detectar a mão de uma pessoa a alguns centímetros de distância da antena, o que cria muitas novas possibilidades para camuflar sensores atrás de outros materiais. Hoje em dia, é normal ver esses sensores capacitivos imperceptíveis em muitos aparelhos eletrônicos recentes, em razão de eles eliminarem os botões físicos e manter a forma compacta do produto. Os aparelhos eletrônicos também podem ser acomodados sob camadas de outro material, protegidos do mundo exterior.

  É fácil montar sensores capacitivos de toque. A dificuldade mora nos sensores capacitivos de campo elétrico para identificar a faixa do campo elétrico. O melhor meio de determinar essa faixa é a experimentação, realizando testes para conferir se o campo que você está gerando é de longo alcance.

» **Custo:** Um kit com sensores capacitivos de toque para uma finalidade específica custa em torno de US$15 a US$25. No Mercado Livre, no Brasil, em torno de R$60 a R$100. O kit deve servir bem, mas estará limitado ao design da interface. Uma placa breakout com sensor capacitivo da SparkFun sai por cerca de US$10 e permite controlar até 12 sensores capacitivos. É necessário conectar seus próprios touchpads, mas você tem a liberdade para projetar uma interface que seja adequada à sua necessidade.

  A opção mais barata é usar a biblioteca CapSense para a placa Arduino, que viabiliza que você faça um sensor capacitivo com uma antena e nenhum hardware adicional! Você pode gastar um pouco mais em uma antena ou reutilizar uma antiga.

» **Localização:** Sensores capacitivos de toque podem funcionar com qualquer metal condutor, por isso, se você conseguir projetar algum revestimento bonito, o único trabalho será conectá-lo ao seu Arduino. Agora, caso esteja procurando algo mais discreto, você pode querer experimentar diferentes camadas de madeira ou de plástico para esconder sua antena de metal. Uma camada fina de madeira compensada permite que o metal fique próximo à superfície, capaz de acionar o sensor. Ao ocultar a antena com uma superfície não condutora, você também lhe concede uma propriedade aparentemente mágica, garantindo que as pessoas fiquem adivinhando como ela funciona.

CONHECENDO A BIBLIOTECA CAPSENSE

A biblioteca CapSense está disponível no GitHub, um repositório online de software que gerencia versões diferentes e possibilita ver quem atualizou o software e como. É um sistema excelente para compartilhar e colaborar em projetos de código. Você pode encontrar a plataformo Arduino no GitHub; acesse-a, caso esteja curioso sobre quaisquer alterações. Para obter a biblioteca:

1. **Acesse a página do GitHub CapSense em github.com/moderndevice/ CapSense (conteúdo em inglês).**
2. **Na página CapSense, clique no botão Clone ou faça o download e clique em Download ZIP, conforme mostrado na figura.**

   A versão mais recente da biblioteca é baixada na sua pasta de downloads ou em uma pasta que você especificou.

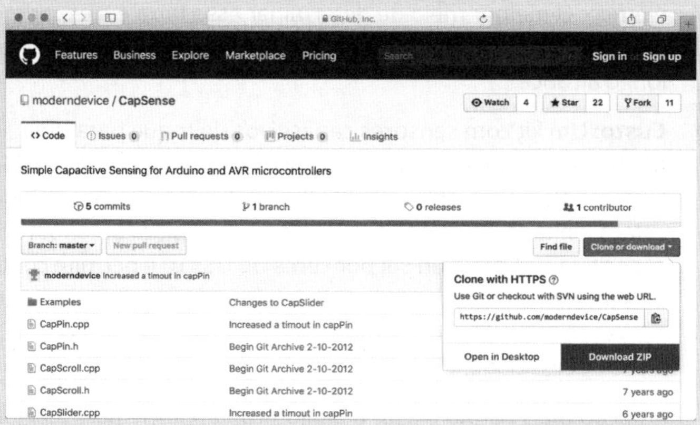

3. **Renomeie a pasta CapSense.**

   Dentro da pasta, você verá vários arquivos que terminam em .h e .cpp, além de uma pasta Example.

4. **Mova a pasta inteira para o diretório de bibliotecas do Arduino.**

   Esse diretório deve ser o mesmo onde seus sketches são salvos, por exemplo: Nome de usuário/Documentos/Arduino/Libraries. Se não tiver um diretório de bibliotecas, crie um.

   Você pode encontrar seu diretório Salvar Arduino ao clicar em Arduino ➪ Preferências na barra de menu do Arduino. Depois que a biblioteca CapSense estiver dentro dessa pasta, ela estará disponível na próxima vez que você executar o Arduino.

5. **Inicie ou reinicie o Arduino e vá para Sketch ➪ Incluir Biblioteca no menu do Arduino.**

   Procure por CapSense na seção bibliotecas disponibilizadas. Se você não encontrá-la, verifique seus diretórios e ortografia e reinicie o Arduino.

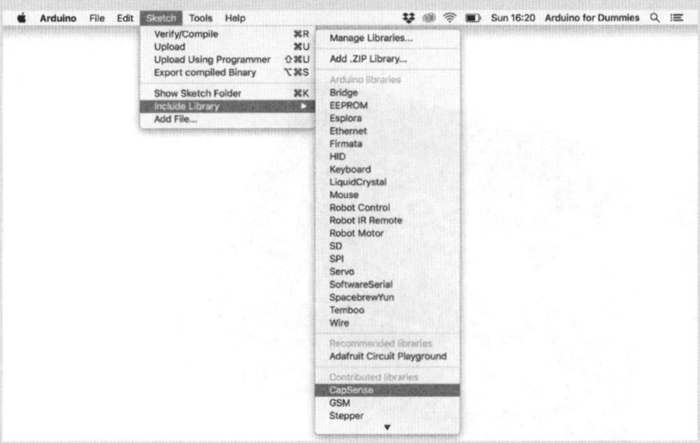

A maneira mais fácil de criar um sensor capacitivo é utilizar a biblioteca CapSense, de Paul Badger. Ao usar a biblioteca CapSense (explico como no box "Conhecendo a Biblioteca CapSense"), você pode substituir as chaves eletrônicas manuais por sensores capacitivos de toque excepcionalmente resistentes ou detectores capacitivos proximidade.

Implementando o sketch CapPinSketch

Para este projeto, você precisa do seguinte:

- » Um Arduino Uno
- » Uma antena de fio
- » Garras jacaré (opcional)

Conforme é possível ver na foto da Figura 11-7, o trabalho é mínimo. Você pode simplesmente ter uma antena de fio conectada ao pino 5 e ampliar sua antena a acoplando a qualquer outra superfície condutora. As garras jacaré ajudam a prender as antenas diferentes de modo rápido e fácil.

FIGURA 11-7: Uma foto de um sensor capacitivo DIY.

Para construir o circuito CapSense, selecione Arquivo ➪ Exemplos ➪ CapSense ➪ Exemplos ➪ CapPinSketch no menu Arduino para carregar o sketch.

```
#include <CapPin.h>

/* CapPin
 * Biblioteca Capacitiva CapPin para um Sketch Demo
 * Paul Badger, 2011
 * Esta classe usa os resistores de pull-up embutidos para ler a
 * capacitância de um pino.
```

```
 * O pino está definido para entrada e, em seguida, o pull-up é
definido.
 * Um loop roda para ver em quanto tempo o pino chega em HIGH.
 * O método readPin é rápido e pode ser lido 1000 vezes em menos de 10
mS.
 * Ao ler o pino repetido você pode sentir "pressão da mão"
 * à curta distância com um sensor pequeno. Um sensor maior (pedaço
de folha/metal)
 * produzirá
 * valores de retorno maiores e consegue detectar uma distância maior.
 * Para um método mais sensível de detecção de pinos, consulte a
CapTouch.
 * Conecte um fio com ou sem um pedaço metalizado preso ao pino.
 * Sugiro cobrir o sensor com uma manta térmica mylar, fita adesiva,
 * papel ou outro isolante para evitar que os usuários toquem
diretamente
 * o pino.
 */
CapPin cPin_5 = CapPin(5);    // lê o pino 5

float smoothed;

void setup() {

  Serial.begin(115200);
  Serial.println("start");
  // slider_2_7.calibrateSlider();

}

void loop() {

  delay(1);
  long total1 = 0;
  long start = millis();
  long total =  cPin_5.readPin(2000);

  // simplesmente executa a lowpass filter para minimizar a tremulação
  // muda parâmetro (0 é o mínimo, 0,99 é o máximo) ou elimina o
processo
  smoothed = smooth(total, .8, smoothed);

Serial.print( millis() - start);       // tempo de execução em mS
Serial.print("\t");
Serial.print(total);                   // total bruto
Serial.print("\t");
Serial.println((int) smoothed);        // suavizado
```

```
delay(5);
}

// simplesmente executa a lowpass filter
// exige a reutilização da saída no parâmetro "smoothedVal"
int smooth(int data, float filterVal, float smoothedVal){

  if (filterVal > 1){       // verifica para garantir que o parâmetro
está
                            // dentro do intervalo.
    filterVal = .999999;
  }
  else if (filterVal <= 0){
    filterVal = 0;
  }
  smoothedVal = (data * (1 - filterVal)) + (smoothedVal * filterVal);

  return (int)smoothedVal;
}
```

Pressione o botão Compilar para verificar seu código. O compilador deve destacar quaisquer erros gramaticais em vermelho. Se o sketch for compilado corretamente, clique em Carregar para fazer o upload do sketch para sua placa. Quando terminar de carregar, abra o monitor serial, configure a taxa de transmissão para 115200 e toque na antena ou aproxime-se dela. Você deve ver dois valores percorrendo a tela. À esquerda, está o valor bruto sendo lido; à direita, está a mesma leitura depois de suavizada.

Caso nada disso aconteça, confira os seus fios e cabos:

- » Confira se você está usando o número de pinos corretos.
- » Confira as conexões na breadboard. Caso os fios de jumper ou os componentes não estejam conectados corretamente nas linhas da placa breadboard, eles não funcionarão.

Entendendo o sketch CapPinSketch

No início do sketch CapPinSketch, nas declarações, um novo objeto `CapPin` é nomeado. Observe que `cPin_5` é o nome que é atribuído ao pino 5 usando `CapPin (5)`:

```
CapPin cPin_5 = CapPin(5);   // lê o pino 5
```

Um float chamado `smoothed` é declarado para armazenar o valor processado do sensor:

```
float smoothed;
```

Na função `setup`, inicializa-se a comunicação serial em uma taxa de transmissão de 115200, e a mensagem *start* é enviada, indicando que a porta serial está conectada:

```
void setup()
{

  Serial.begin(115200);
  Serial.println("start");
```

Essa linha comentada não é usada neste sketch, mas é referenciada em alguns dos outros exemplos do CapSense. Podem-se excluir os comentários para incluir outras funções de calibração que estão na biblioteca, mas que não são abordadas neste exemplo:

```
// slider_2_7.calibrateSlider();

}
```

Nesse sketch, muitas variáveis são declaradas localmente. Como elas não precisam ficar fora do loop, são removidas após cada um e redeclaradas no início do próximo.

Primeiro, acontece um delay de um milissegundo para ajudar a melhorar a estabilidade da leitura:

```
void loop()
{


  delay(1);
```

Em seguida, a variável long `total1` é declarada. Essa variável pode parecer confusa porque o *L* minúsculo e o numeral 1 se assemelham na maioria das fontes. A propósito, essa variável não é usada neste sketch. Ela é como uma sobra da versão anterior:

```
  long total1 = 0;
```

O QUE É UM FLOAT?

Um *float*, ou um ponto flutuante, é qualquer número com um ponto decimal. As variáveis podem ser definidas para números de ponto flutuante em vez de inteiros. Isso é preferível em algumas situações, como quando você está realizando leituras extremamente precisas de capacitância. No entanto, os floats demoram muito mais tempo para serem processados do que os inteiros e, portanto, devem ser evitados, se possível.

A próxima variável long é definida para o valor atual da `milis()`. Como essa variável é local, o valor é redefinido em cada loop:

```
long start = millis();
```

A função específica `.readPin()` lê seu pino capacitivo:

```
long total =  cPin_5.readPin(2000);
```

Se você quiser analisar de forma mais aprofundada o que está acontecendo, consulte `CapPin.cpp` na biblioteca CapSense. À primeira vista, o arquivo CapPin.cpp parece impossível de se entender, mas, ao ler a linha que segue, você pode ver que o valor se relaciona com o número de amostras que o Arduino está tomando para a leitura da capacitância:

```
long CapPin::readPin(unsigned int samples)
```

DICA

Não se recomenda a modificação do funcionamento interno das bibliotecas para iniciantes, mas é bom conferi-las para saber o que está acontecendo em seu código e tentar entendê-las melhor.

Uma função de suavização também está incluída no sketch. Essa função tira uma leitura bruta do sensor, do valor de suavização e, em seguida, da variável de saída. Agora, o valor de suavização é definido como 0,8. Vá em frente e tente inserir esse valor a fim de encontrar o ajuste adequado de suavização para seu uso. Esse valor depende da rapidez com que o loop é concluído e de quantas leituras são feitas nesse ínterim, portanto, lembre-se disso caso espere acrescentar outros controles ou saídas:

```
  // simplesmente executa a lowpass filter para minimizar a tremulação
  // muda o parâmetro (0 é o mínimo, 0,99 é o máximo) ou elimina o
processo
  smoothed = smooth(total, .8, smoothed);
```

Por fim, os valores são exibidos na porta serial a ser monitorada. A `milis() - start` lhe informa o tempo que levará para realizar a leitura. Caso mais amostras sejam coletadas, ou quaisquer delays sejam adicionados ao código, tais atividades aumentam o tempo de conclusão do loop e, consequentemente, o tempo de reação do sensor:

```
Serial.print( millis() - start);        // tempo de execução em mS
```

Usa-se a tabulação para espaçar os valores ordenadamente. Os valores totais e suavizados são exibidos para comparação. Você pode perceber um pequeno delay no tempo de resposta do valor suavizado. Esse delay mostra que o seu Arduino está lendo um número superior de valores para fazer a suavização, o que leva tempo. Ele é quase imperceptível quando o sensor está em uso porque a taxa de transmissão é bem alta:

```
Serial.print("\t");
Serial.print(total);                    // total bruto
Serial.print("\t");
Serial.println((int) smoothed);         // suavizado
  delay(5);
}
```

Na parte inferior do sketch, fora do loop principal, há uma função adicional, conhecida como *lowpass filter,* que fornece o resultado suavizado. Você pode observar que, em vez de iniciar com `void`, como é o caso em `setup()` e `loop()`, a função começa com `int`, o que significa que um valor inteiro é retornado. Começar com `int` demonstra que essa função retorna um valor de ponto flutuante, em vez de um valor inteiro.

```
// simplesmente executa a lowpass filter
// exige a reutilização da saída no parâmetro "smoothedVal"
int smooth(int data, float filterVal, float smoothedVal){

  if (filterVal > 1){       // verifica para garantir que o parâmetro
está
                            // dentro do intervalo.
    filterVal = .999999;
  }
  else if (filterVal <= 0){
    filterVal = 0;
  }

  smoothedVal = (data * (1 - filterVal)) + (smoothedVal  *  filterVal);

  return (int)smoothedVal;
}
```

Ativando os Lasers

Os *alarmes com laser, ou laser trip wires*, são compostos de duas partes, uma fonte de luz a laser e um sensor de luz. Como ocorre nos filmes, quando o alarme a laser detecta alguma presença, os capangas saem correndo atrás de alguém. Com o Arduino, você consegue fazer um alarme com laser disparar a hora que quiser. Em vez de comprar um sistema de segurança de última geração, você mesmo pode criar um usando alguns componentes simples. No entanto, terá que se defender sozinho dos capangas.

» **Complexidade:** Os lasers são um pouco complicados devido aos riscos potenciais de se trabalhar com eles. Mas, em vez de colocar sua visão em risco ou passar alguns anos estudando, por que não usar algo que já foi testado, certificado e transformado em produto? As canetas ou os ponteiros a laser estão amplamente disponíveis no mercado e são relativamente baratos. Em geral, eles fazem parte da classe 1, a classe mais baixa, são acessíveis e seguros em quaisquer circunstâncias normais de uso. Todavia, recomenda-se que você verifique as especificações do seu laser a fim de assegurar que ele seja apropriado para o público e para o meio ambiente. Normalmente, adultos são ajuizados o bastante para não olhar diretamente para o laser, mas, com crianças, você deve pecar pelo excesso de cautela e encontrar outro sensor.

  Em razão de um feixe de laser ser extremamente preciso, é melhor escolher um sensor grande para detectá-lo, de modo que você tenha uma área grande como alvo. A única dificuldade desse sensor talvez seja a alimentação do laser. Um ponteiro a laser geralmente é alimentado por bateria (porque não é nada prático ter um laser com uma tomada); desse modo, é necessário substituir as baterias a cada dois ou três dias ou carregá-la.

  Para fazer com que o laser e o sensor de luz tenham serventia no mundo externo, recomendo que os acomode em um case. Para um efeito bonito, monte os cases em minitripés a fim de se ter um pouco de flexibilidade ao alinhá-lo.

» **Custo:** Por volta de US$15 você pode comprar um ponteiro a laser pequeno e discreto da RadioShack. No Mercado Livre, sai em torno de R$35. A autonomia da bateria e a cor do feixe são as principais diferenças entre ponteiros. O sensor de luz custa entre US$0,75 e US$2,50, dependendo do tamanho. No Brasil, por volta de R$25 a R$32. Se você optar por um case, ele pode custar cerca de US$6 (em média, de R$20 a R$35 no Mercado Livre). Um minitripé custa cerca de US$10 (R$45 a R$50).

» **Localização:** Se você tem um local fixo para o seu alarme a laser, a montagem do case ao lado ou no vão da sua porta de entrada é simples. A melhor posição é o mais próximo possível do chão para evitar o contato visual com o laser. Caso não tenha certeza do lugar em que quer colocar o seu alarme a laser ou se quiser testar algumas ideias, mantenha-o o mais portátil possível, montado em um tripé, para poder transportá-lo para onde quer que seja. Os alarmes a laser são ótimos disparadores de câmera, e você pode ler mais sobre o assunto no capítulo de bônus "Hackeando Outros Hardwares", em `www.www.altabooks.com.br/`.

O alarme a laser é como um aperfeiçoamento de um sensor de luz convencional. Ao disponibilizar uma fonte de luz mais intensa e controlada, você pode aumentar a precisão de um simples sensor de luz.

Neste exemplo, você usa um laser para fazer com que seu sensor de luz alcance o máximo de seu potencial. Ao utilizar o circuito AnalogInOutSerial, você pode monitorar os níveis de seu sensor quando o laser alcançar algum alvo e detectar alguma mudança quando o laser estiver escondido. A partir dessa leitura, você pode acionar qualquer número de saídas.

Implementando o sketch AnalogInOutSerial

Para implementar o sketch AnalogInOutSerial, você precisa do seguinte:

» Um Arduino Uno

» Uma breadboard

» Um sensor de luz

» Um LED

» Um resistor de 10k ohm

» Um resistor de 220 ohm

» Fios de jumper

Complete o circuito mostrado nas Figuras 11-8 e 11-9 para fazer o lado do receptor do circuito. A caneta laser pode ser alimentada por bateria ou conectada a uma fonte de alimentação de tensão igual à das baterias.

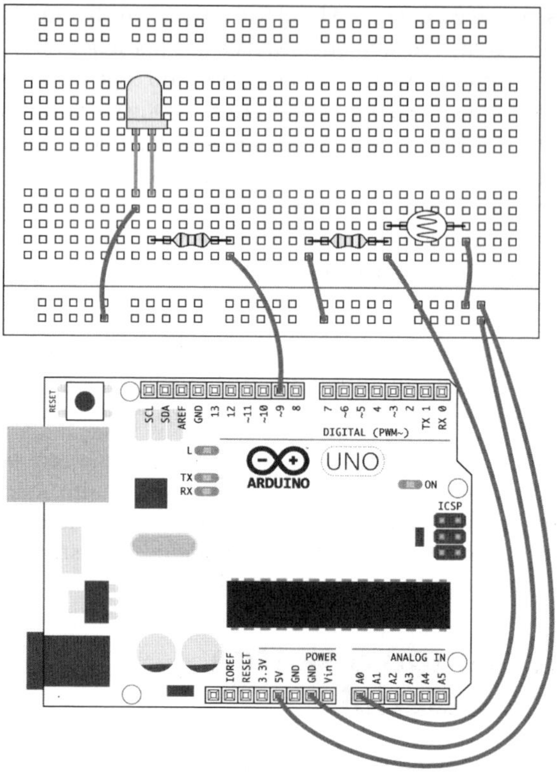

FIGURA 11-8: Entrada analógica e layout do circuito de saída LED.

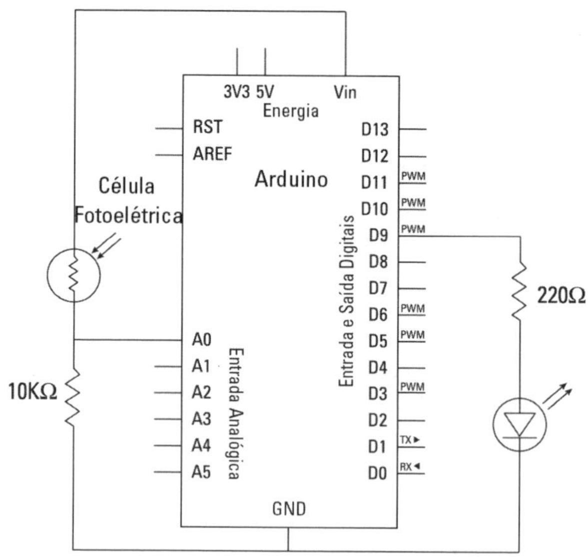

FIGURA 11-9: Diagrama do circuito de saída analógica e LED.

Selecione Arquivo ➪ Exemplos ➪ 03.Analóg ➪ AnalogInOutSerial do menu Arduino para carregar o sketch.

```
/*
  Entrada analógica, saída analógica, saída serial

  Lê um pino de entrada analógica, mapeia o resultado para um
  intervalo de 0 a 255 e usa
  esse resultado para definir a modulação por largura de pulso (PWM)
  de um pino de saída.
  Exibe também os resultados no Monitor Serial.

  O circuito:
  - potenciômetro conectado ao pino analógico 0.
    o pino central do potenciômetro vai no pino analógico.
    pinos laterais do potenciômetro vão para o + 5V e para o terra
  - LED conectado a partir do pino digital 9 ao terra

  criado em 29 de dezembro de 2008
  modificado em 9 de abril de 2012
  por Tom Igoe

  Este código de exemplo está em domínio público.

  http://www.arduino.cc/en/Tutorial/AnalogInOutSerial (conteúdo em
inglês)
*/

// as constantes não mudaram. Elas são usadas para nomear
// os pinos utilizados:
const int analogInPin = A0;     // Pino de entrada analógica no qual o
                                potenciômetro está conectado
const int analogOutPin = 9;    //Pino de saída analógica no qual o LED
                               está conectado

int sensorValue = 0;           // o valor lido a partir do potenciômetro
int outputValue = 0;           // saída de valor para a PWM (analog out)

void setup() {
  // inicializa as comunicações seriais em 9600 bps:
  Serial.begin(9600);
}

void loop() {
  // lê a analog no valor:
  sensorValue = analogRead(analogInPin);
```

```
  // mapeia para o intervalo da analog out:
  outputValue = map(sensorValue, 0, 1023, 0, 255);
  // muda o valor da analog out::
  analogWrite(analogOutPin, outputValue);

  // exibe os resultados no monitor serial:
  Serial.print("sensor = " );
  Serial.print(sensorValue);
  Serial.print("\t output = ");
  Serial.println(outputValue);

  // espera 2 milissegundos antes do próximo loop
 // para o conversor analógico-digital resolver
 // depois da última leitura:
  delay(2);
}
```

Pressione o botão Compilar para verificar seu código. O compilador deve destacar quaisquer erros gramaticais em vermelho. Se o sketch for compilado corretamente, clique em Carregar para fazer o upload do sketch para sua placa. Quando terminar de fazer o upload, monte seu laser de forma que ele alcance o centro do sensor de luz. Defina o monitor serial para uma taxa de transmissão de 9.600 e você verá valores analógicos na extremidade do intervalo (1.024 máx.). Ao obstruir o feixe, o alcance deve cair e o LED deve mostrar a mudança. Teste os valores na função `map` para determinar o melhor intervalo de valores.

Quando o valor cair abaixo de um certo limite, é possível desencadear uma série de ações — você tem um sensor de alarme a laser extraordinariamente sensível.

Caso nada disso aconteça, confira os seus fios e cabos:

- » Confira se você está usando o número de pinos corretos.
- » Confira as conexões na breadboard. Caso os fios de jumper ou os componentes não estiverem conectados corretamente nas linhas da placa breadboard, eles não funcionarão.

Compreendendo o sketch AnalogInOutSerial

Para obter mais detalhes sobre o funcionamento desse sketch, veja o exemplo AnalogInOutSerial no Capítulo 6. Você também pode encontrar sugestões para diferentes sketches em relação à suavização e à calibragem no Capítulo 10.

Detectando Movimento

Um *sensor infravermelho passivo (PIR)* é um sensor comum em algumas residências e na maioria dos edifícios comerciais. Talvez você já tenha visto esse sensor em um canto de uma sala, piscando com uma luz vermelha, vez ou outra. Ele registra o calor emitido pelas pessoas, animais ou outras fontes de calor como radiação infravermelha. A radiação infravermelha é invisível ao olho humano, mas facilmente identificada pelo sensor. O sensor em si é parecido com o encontrado em uma câmera digital, mas sem aquelas lentes complicadas para capturar uma imagem detalhada. Basicamente, um sensor PIR está em algum lugar entre um sensor de luz de alta resolução e uma câmera de baixa resolução. Normalmente, lentes simples são embutidas nos sensores PIR para proporcionar um ângulo de visão mais amplo.

Esse tipo de sensor é frequentemente usado para detecção de movimento em alarmes contra roubo. Em vez de detectar o movimento, no entanto, ele detecta mudanças na temperatura. As mudanças de temperatura podem ativar um sistema de alarme ou algo mais interessante (aqueles capangas!), porém o sensor é meramente um jeito de monitorar as mudanças em um ambiente.

Você tem duas maneiras de obter um sensor PIR. A primeira é desmontar um alarme contra roubo PIR, que possivelmente vem pré-montado com uma lente e um sensor, sendo, talvez, difíceis de identificar. A segunda é comprar um sensor PIR especificamente destinado a projetos de microcontroladores. Na maior parte dos casos, este vem com uma lente básica chamada de lente de fresnel (com curvatura estilo uma bolinha de ping-pong) e uma placa de circuito por baixo. A última maneira é a mais fácil de se trabalhar, porque todos os detalhes são conhecidos e são descritos mais adiante nesta seção.

Considere o seguinte durante o planejamento:

» **Complexidade:** Pode ser difícil hackear um sensor PIR presente, feito para um sistema específico. No entanto, como ele precisa se comunicar com esse sistema, o sensor geralmente tem conexões visivelmente marcadas na parte de trás. Uma das vantagens de usar um sensor desses é que ele é pré-montado, o que reduz a quantidade de tempo gasto para organizar os componentes juntos. Os sistemas pré-montados são desenvolvidos para serem fáceis de instalar, assim, você também pode utilizar a calibração manual, por meio de um potenciômetro ou de uma chave de fenda, o que pode ser um grande benefício para a calibração imediata, em vez de ter que recarregar tudo.

Se você estiver utilizando um sensor PIR que não esteja pré-montado, ele deve ser mais fácil de montar no hardware e no software, porém exige um certo cuidado em relação ao case. Alguns sensores PIR têm os próprios circuitos integrados e operam como uma chave eletrônica, indo de `HIGH`, quando o movimento ocorre, e passando desse limite. Esse tipo de sensor precisa de calibração para identificar a mudança em relação às regras.

» **Custo:** Um sensor PIR residencial custa entre US$15 e US$45. Na loja online Filipeflop, ele sai em média de R$12 a R$100. O maior gasto é com os cases, que geralmente são projetados para serem discretos ou parecer que são de tecnologia de ponta. Os sensores PIR custam menos que US$10, mas precisam de um case apropriado para uso.

» **Localização:** Muitos cases ou gabinetes permitem encaixar perfeitamente o sensor em uma parede. Ou você pode pensar na possibilidade de usar minitripés para o alinhamento, conforme sugerido na seção anterior. Alguns tripés montados também vêm com uma ventosa de fixação, perfeita para fixar seu sensor em superfícies lisas, como vidro.

A maioria dos sensores PIR vem pronta para funcionar, sendo necessária somente energia. Eles se calibram com base no que podem ver e, em seguida, enviam um valor `HIGH` ou `LOW` quando detectam as mudanças. Isso facilita sua programação porque você está lidando com os mesmos sinais que com um botão.

Implementando o sketch DigitalReadSerial

No exemplo do sketch DigitalReadSerial, você aprende como usar o SE-10, um sensor PIR disponível em todas as lojas varejistas que vendem Arduino. Esse sensor PIR tem três fios: vermelho, marrom e preto. O fio vermelho é a fonte de energia e deve ser conectado ao 5V. Curiosamente, o fio preto é o cabo de sinal e não o terra (veja a Figura 11-10; o preto é o fio mais à esquerda, o marrom está no meio e o vermelho está à direita). O fio marrom deve ser conectado ao terra, e o preto, ao pino 2.

FIGURA 11-10: O SE-10, com seus fios estranhamente codificados por cores.

O pino do sinal é conhecido como um coletor aberto e precisa estar em `HIGH` para começar. Para tal, você usa um resistor de 10k para conectá-lo ao 5V também. Assim, o pino lê `HIGH` quando não ocorre movimento e vai para `LOW` quando há movimento.

Você precisa do seguinte:

- Um Arduino Uno
- Uma breadboard
- Um sensor de movimento PIR SE-10
- Um resistor de 10k ohm
- Fios de jumper

Disponha o circuito como nos diagramas de layout e de circuito demonstrados nas Figuras 11-11 e 11-12.

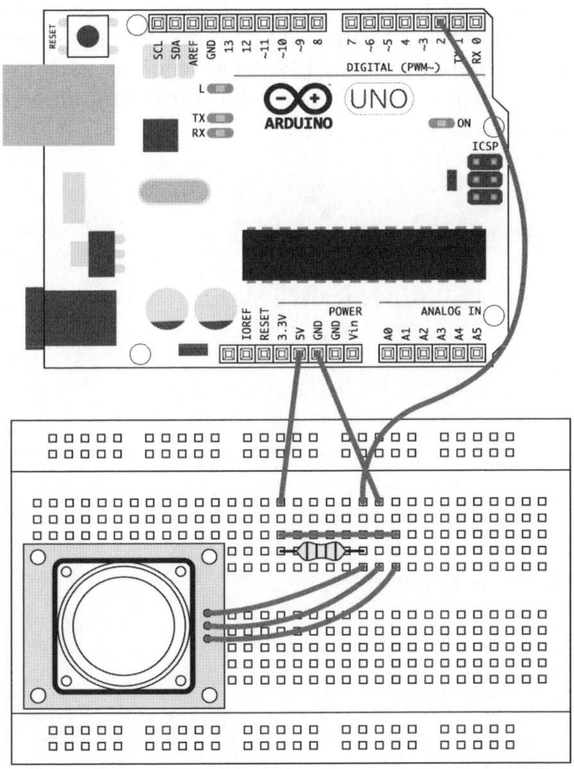

FIGURA 11-11: O layout do circuito do sensor PIR.

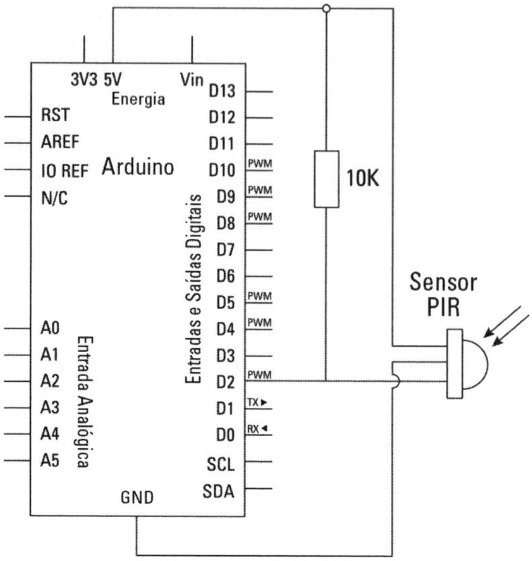

FIGURA 11-12: Um diagrama do circuito do sensor PIR.

Complete o circuito ao clicar em Arquivo ➪ Exemplos ➪ 01.Básico ➪ DigitalReadSerial do menu Arduino para carregar o sketch. Esse sketch é indicado para um botão, e não um sensor PIR, mas segue os mesmos princípios. Caso queira especificar mais o sketch, salve-o com um nome de arquivo e nomes de variáveis mais apropriados.

```
/*
  DigitalReadSerial

  Lê uma entrada digital no pino 2, exibe o resultado no Monitor
Serial

  Este código de exemplo está em domínio público.

  http://www.arduino.cc/en/Tutorial/DigitalReadSerial (conteúdo em
inglês)
*/

// o pino digital 2 tem um botão conectado a ele. Dê-lhe um nome:
int pushButton = 2;

// a rotina da setup é executada uma vez quando você pressiona reset:
void setup() {
  // inicializa a comunicação serial a 9600 bits por segundo:
  Serial.begin(9600);
  // faz com que o pino do botão se transforme em uma entrada:
  pinMode(pushButton, INPUT);
}
```

```
// a rotina de loop é executada repetidamente para sempre:
void loop() {
  // lê o pino de entrada:
  int buttonState = digitalRead(pushButton);
  // exibe o status do botão
  Serial.println(buttonState);
  delay(1);          // delay entre as leituras visando a estabilidade
}
```

Pressione o botão Compilar para verificar seu código. Ao fazer isso, é possível ver quaisquer erros gramaticais destacados em vermelho. Se o sketch for compilado corretamente, clique em Carregar para fazer o upload do sketch para sua placa. Quando terminar de fazer o upload, coloque o sensor PIR em uma superfície de livre circulação. Em seguida, abra o monitor serial, que redefine o sketch. O sensor se calibra nos primeiros 1 a 2 segundos. Quando o movimento é detectado, você deve notar o valor `buttonState` mudar de 1 (sem movimento) para 0 (movimento).

Caso nada disso aconteça, confira os seus fios e cabos:

- » Confira se você está usando o número de pinos correto.
- » Confira as conexões na breadboard. Se os fios de jumper ou os componentes não estiverem conectados corretamente nas linhas da placa breadboard, eles não funcionarão.
- » Tente reiniciar o sensor PIR desconectando e reconectando o fio GND e garanta que ele não se mova durante ou após a calibração.

Entendendo o sketch DigitalReadSerial

A única variável a declarar é o do pino 2, o pino `pushButton` ou, neste caso, o pino `pirSensor`:

```
// o pino digital 2 tem um botão conectado a ele. Dê-lhe um nome:
int pushButton = 2;
```

Na função `setup`, a porta serial é aberta e definida para uma taxa de transmissão de 9.600; o pino de entrada é definido para uma saída:

```
// a rotina da setup é executada uma vez quando você pressiona reset:
void setup() {
 // inicializa a comunicação serial a 9600 bits por segundo:
 Serial.begin(9600);
```

```
  // faz com que o pino do botão se transforme em uma entrada:
  pinMode(pushButton, INPUT);
}
```

No `loop()`, o pino de entrada é lido e seu valor armazenado na `buttonState`. Este valor lê `HIGH` quando nenhum movimento está ocorrendo porque o resistor de pull-up está fornecendo uma tensão a partir do pino de 5V. Quando há movimento, o coletor aberto aterra a tensão e lê `LOW`:

```
// a rotina de loop é executada repetidamente para sempre:
void loop() {
  // lê o pino de entrada:
  int buttonState = digitalRead(pushButton);
```

Então, o valor da entrada é exibido no monitor serial:

```
   // exibe o status do botão
  Serial.println(buttonState);
  delay(1);       // delay entre as leituras visando a estabilidade
}
```

PAPO DE ESPECIALISTA

Esse é um exemplo de como usar o código existente para um hardware diferente. A partir deste momento, é possível acionar diferentes saídas com base no sinal `HIGH` ou `LOW` do sensor PIR. Para facilitar o uso e a legibilidade para as outras pessoas que possam usar seu código, renomeie as variáveis com nomes mais apropriados, inclua seus próprios comentários e salve o sketch para que você possa diferenciá-lo facilmente do sketch pushbutton.

Calculando a Distância

Dois sensores extremamente populares para se calcular distâncias são o sensor de proximidade infravermelho e o telêmetro ultrassônico (distanciômetro). Eles funcionam de maneira semelhante e medem o alcance de praticamente a mesma coisa, porém é importante escolher o sensor adequado para o ambiente em que você está. Um *sensor de proximidade infravermelho* tem uma fonte de luz e um sensor. A fonte de luz reflete a luz infravermelha de um objeto e volta para o sensor, e o tempo que a luz leva para retornar é calculado para indicar a distância do objeto.

Um *telêmetro ultrassônico* dispara ondas sonoras de alta frequência e identifica uma ressonância (eco) quando atinge uma superfície sólida. Ao medir o tempo que um sinal leva para refletir de volta, o telêmetro ultrassônico pode determinar a distância percorrida.

Os sensores de proximidade infravermelhos não são tão precisos e têm um alcance muito mais curto do que os telêmetros ultrassônicos.

Considere o seguinte durante o planejamento:

» **Complexidade:** Ambos os sensores são elaborados para serem fáceis de serem integrados aos projetos Arduino. No mundo real, eles são usados em aplicativos de dispositivos eletrônicos similares, como sensores de proximidade na traseira de carros, que emitem um sinal sonoro quando você se aproxima do meio-fio. Mais uma vez, o complicado é alojá-los em cases de modo eficaz. Os sensores de proximidade infravermelhos, como os fabricados pela Shape, apresentam furos de parafuso utilizáveis na parte externa do corpo do sensor. A MaxBotix produz telêmetros ultrassônicos que não são possíveis montar, todavia, a forma cilíndrica deles facilita a montagem ao fazer um furo em uma superfície ou case.

» **Custo:** Os sensores infravermelhos de proximidade custam na faixa de US$15 e têm um alcance de até cerca de 59 polegadas (150cm). Na Filipeflop, eles saem, em média, por R$45. Os telêmetros ultrassônicos têm alcance e precisão bem maiores, mas têm um preço igualmente grande, custando entre US$25, para um sensor que pode ler até 254 polegadas (645cm), e US$100 para um modelo mais resistente a intempéries que consegue ler até 301 polegadas (765cm).

» **Localização:** Um uso muito comum desses sensores é o monitoramento da presença de uma pessoa ou de um objeto em um espaço específico no chão, sobretudo quando um amortecedor de pressão seria evidente demais ou fácil de se evitar, ou quando um sensor PIR tivesse um alcance de medição muito amplo. Utilizar um sensor de proximidade possibilita que você saiba onde alguém está na direção de uma linha reta a partir do sensor, fazendo com que ele seja uma ferramenta valiosa.

Os sensores de proximidade IR funcionam bem em ambientes escuros, mas deixam a desejar em ambientes com exposição solar direta. O telêmetro ultrassônico da MaxBotix é um dos meus sensores favoritos e mais confiáveis. Ao usar os telêmetros ultrassônicos, você também pode escolher a largura do feixe de laser que deseja. Um sensor grande, em formato de lágrima, é perfeito para detectar objetos grandes se movendo em uma direção geral, ao passo que os feixes estreitos são excelentes para medições de precisão.

Implementando o sketch MaxSonar

Neste exemplo, você aprenderá como calcular distâncias com precisão usando um MaxBotix LV-EZ0. O EZ0, o EZ1, o EZ2, o EZ3 e o EZ4 funcionam da mesma maneira, entretanto, cada um tem um feixe um pouco mais estreito, então, escolha o feixe adequado para seu projeto.

O telêmetro precisa de uma estrutura menor. Para usá-lo em seu circuito, você precisa soldar ambos os pinos header (a fim de utilizar o telêmetro na breadboard) ou pedaços de fio.

Você pode conectar seu telêmetro usando comunicação analógica, modulação por largura de pulso ou serial. Neste exemplo, você aprenderá como calcular a largura de pulso e convertê-la em distância. A saída analógica pode ser lida diretamente em seus pinos de entrada analógica, mas fornece resultados menos precisos do que a modulação por largura de pulso. Este exemplo não abrange a comunicação serial.

Você precisa do seguinte para o sketch MaxSonar:

» Um Arduino Uno

» Um telêmetro ultrassônico LV-EZ0

» Fios de jumper

Complete o circuito a partir do layout e diagrama de circuito nas Figuras 11-13 e 11-14. As conexões para o telêmetro estão expressamente marcadas na parte de baixo da PCB. As conexões 5V e GND fornecem energia para o sensor e devem ser conectadas aos fios de alimentação 5V e GND no seu Arduino. A conexão PW é o sinal de largura de pulso que será lido pelo pino 7 na sua placa. Faça questão de que seu sensor de distância esteja fixado em algum tipo de base apontada na direção que você deseja medir.

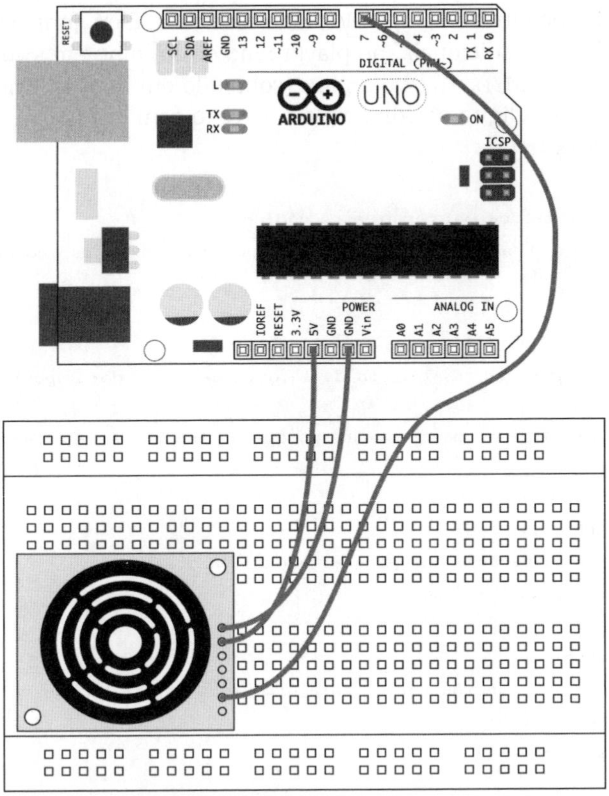

FIGURA 11-13: Um layout de circuito LV-EZ0.

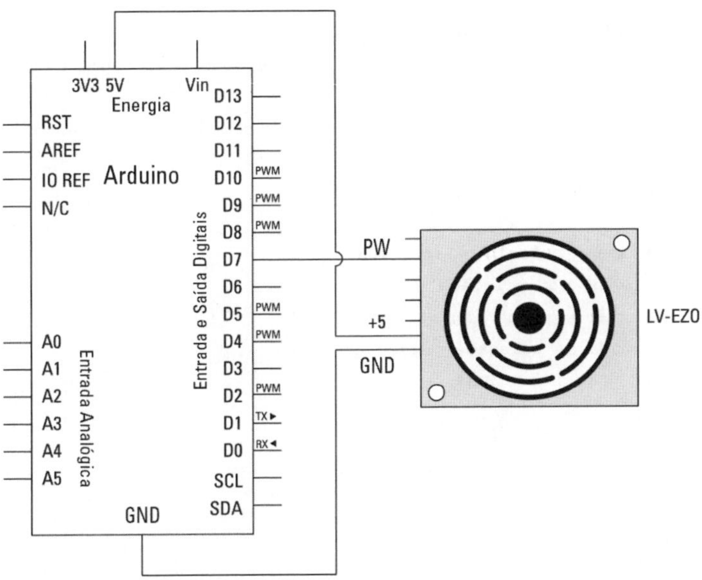

FIGURA 11-14: Um diagrama de circuito LV-EZ0.

Você pode encontrar o código MaxSonar de Bruce Allen, junto com algumas notas e funções adicionais, no playground do Arduino em `www.arduino.cc/playground/Main/MaxSonar` (conteúdo em inglês). Crie um sketch novo, copie ou digite o código nele e salve-o com um nome inesquecível, como `myMaxSonar`:

```
//Fique à vontade para usar este código.
//Por favor, tenha respeito, reconhecendo o autor no código se usá-lo
ou modificá-lo.
//Autor: Bruce Allen
//Data: 23/07/09
//Pino digital 7 para leitura da largura de pulso do dispositivo
MaxSonar.
//Esta variável é uma constante porque o pino não será alterado
durante a
 execução deste código.
const int pwPin = 7;
// Variáveis necessárias para armazenar valores
long pulse, inches, cm;

void setup() {
  // Abre uma conexão serial para gravar os resultados de volta ao
  //console da PC
  Serial.begin(9600);
}

void loop() {

  pinMode(pwPin, INPUT);
  //Usado para ler o pulso que está sendo enviado pelo dispositivo
  //MaxSonar.
  //Representação de largura de pulso com um fator de escala de 147uS
por
  //polegada.

  pulse = pulseIn(pwPin, HIGH);
  //147uS por polegada
  inches = pulse/147;
  //muda de polegada para centímetros
  cm = inches * 2.54;
```

```
    Serial.print(inches);
    Serial.print("in, ");
    Serial.print(cm);
    Serial.print("cm");
    Serial.println();

    delay(500);
}
```

Pressione o botão Compilar para verificar seu código. O compilador deve destacar quaisquer erros gramaticais em vermelho. Se o sketch for compilado corretamente, clique em Carregar para fazer o upload do sketch para sua placa. Quando terminar de carregar, abra o monitor serial para ver a distância calculada em polegadas e centímetros. Se o valor estiver oscilando, tente usar um objeto com uma superfície maior.

Esse sketch permite medir com precisão a distância em linha reta. Confira os resultados com uma fita métrica e ajuste o código se encontrar discrepâncias.

Caso nada disso aconteça, confira os seus fios e cabos:

» Confira se você está usando o número de pinos correto.

» Confira as conexões na breadboard. Caso os fios de jumper ou os componentes não estiverem conectados corretamente nas linhas da placa breadboard, eles não funcionarão.

Entendendo o sketch MaxSonar

Nas declarações, o pino 7 é definido como o `pwPin`:

```
//Esta variável é uma constante porque o pino não será alterado
durante a
 execução deste código.
const int pwPin = 7;
```

As variáveis `long` são usadas para armazenar a modulação por largura de pulso e as distâncias em polegadas e centímetros. Repare que você pode declarar todas as três em uma lista caso elas não tenham valor:

```
// Variáveis necessárias para armazenar valores
long pulse, inches, cm;
```

Na função `setup`, a conexão serial é aberta para exibir os resultados:

```
void setup() {
  // Abre uma conexão serial para gravar os resultados de volta no
  //console da PC
  Serial.begin(9600);
}
```

No `loop()` principal, a `opwPin` é definida como uma entrada. Você pode definir a entrada em `loop()` ou movê-la para `setup()`:

```
void loop() {

  pinMode(pwPin, INPUT);
```

Você usa a função `pulseIn` para retornar o intervalo de tempo que o pulso leva para responder ao sensor em microssegundos ou µS:

```
  //Usado para ler o pulso que está sendo enviado pelo dispositivo
  //MaxSonar.
  //Representação de largura de pulso com um fator de escala de 147uS
por
  //polegada.

  pulse = pulseIn(pwPin, HIGH);
```

Um pulso percorre 1 polegada a cada 147µS, assim, você pode calcular o número de polegadas com base no tempo. A partir dessa informação, uma simples conversão gera a distância em unidades diferentes:

```
  //147uS por polegada
  inches = pulse/147;
  //muda de polegada para centímetros
  cm = inches * 2.54;
```

Os resultados são exibidos no monitor serial, com `Serial.println` no final para iniciar uma linha nova entre cada leitura:

```
  Serial.print(inches);
  Serial.print("in, ");
  Serial.print(cm);
  Serial.print("cm");
  Serial.println();
```

Um delay é acrescentado para retardar a legibilidade das leituras, mas você pode removê-lo se a capacidade de resposta for mais importante:

```
    delay(500);

}
```

O código anterior fornece uma leitura de distância precisa que você pode incorporar a seus próprios projetos. Uma maneira simples de utilizar esta leitura é com uma declaração `if`. Por exemplo:

```
if (cm < 50) {
// Faz alguma coisa!
}
```

Testando, 1, 2, 3... Tem Alguém Aí?

O som é outro modo de se detectar presença, e a melhor maneira de fazer isso é com um microfone de eletreto. É normal pensar em sons em formatos analógicos como ruídos reconhecíveis, todavia, muitos dos sons que você ouve todos os dias foram submetidos a uma conversão analógico-digital. Ao converter o som em um sinal digital, é possível interpretá-lo em um computador ou no Arduino. Um *microfone de eletreto* é similar aos microfones encontrados em fones de ouvido de computador e é extremamente sensível, mas precisa de um amplificador para o Arduino registrar as leituras.

Considere o seguinte durante o planejamento:

» **Complexidade:** Você pode escolher dentre inúmeras opções de microfones de eletreto disponíveis, mas, de longe, o mais fácil é o microfone de eletreto da SparkFun. Ele vem pré-montado com o microfone integrado em uma placa de circuito e com um amplificador, e pode ser facilmente conectado a um Arduino como uma entrada analógica. É possível utilizar os microfones eletrônicos de outros fones de ouvido ou microfones de mesa, mas é necessário que o amplificador deles tenha alguma serventia. Colocar o microfone em um case adequado para protegê-lo do ambiente ou contato humano envolve um pouco de trabalho, porém o case ou o gabinete pode ser algo simples com um furo.

- **Custo:** O microfone em si é extremamente barato. Na SparkFun (ou em distribuidores de seus produtos) custa US$0,90. No loja online Baú da Eletrônica, custa em média R$1,50. A breakout board custa US$5,95, o que não é muito caro se comparado à mão de obra que você economiza.
- **Localização:** Como sensor de ambiente, o microfone pode ser colocado em qualquer lugar para mapear os níveis de ruído em uma sala. Caso esteja ouvindo um ruído específico, como uma porta batendo, talvez seja melhor colocar o microfone perto dessa fonte para obter uma leitura clara.

Um uso inusitado para um microfone é monitorar a respiração de alguém. Como ele calcula a amplitude ou volume do som, é perfeito para ser usado desse jeito. Ao acomodar o microfone no final de um tubo, é possível monitorar o comprimento e a intensidade das respirações enquanto o ar passa pelo microfone.

Os microfones de eletreto são ótimos para medir a amplitude ou o volume do ruído, que podem ser utilizados para acionar diversas saídas.

Implementando o sketch AnalogInOutSerial

Neste exemplo, você vai monitorar os níveis de som onde quer que esteja usando um microfone de eletreto. Esse sensor simples pode ser lido como uma entrada analógica no seu Arduino.

Você precisa do seguinte:

- Um Arduino Uno
- Uma breakout board com um microfone de eletreto
- Fios de jumper

Complete o circuito a partir dos diagramas de layout e do circuito nas Figuras 11-15 e 11-16 para conectar o microfone como sua entrada. A breakout board com microfone de eletreto exige uma pequena quantidade de solda para usá-la em uma breadboard ou conectá-la à sua placa Arduino. Você pode soldar em um conjunto de três pinos header ou em um pedaço de fio, dependendo da sua situação.

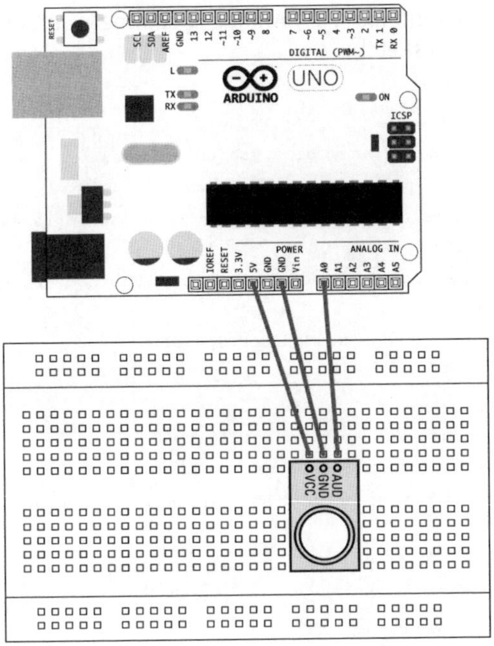

FIGURA 11-15: Um layout de circuito de microfone de eletreto.

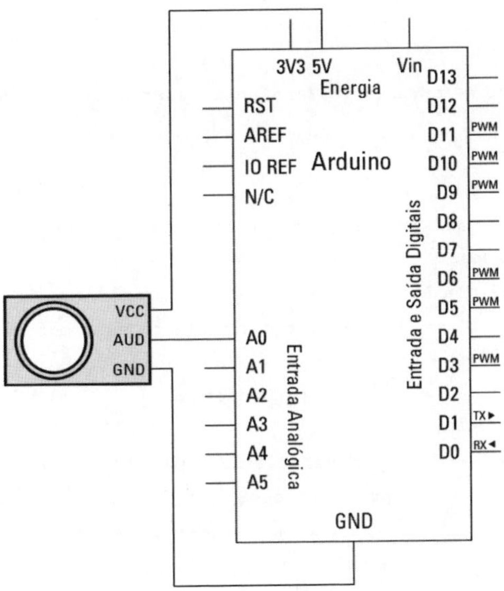

FIGURA 11-16: Um diagrama de circuito de microfone de eletreto.

Selecione Arquivo ➪ Exemplos ➪ 03.Analog ➪ AnalogInOutSerial do menu Arduino para carregar o sketch.

```
/*
  Entrada analógica, saída analógica, saída serial

  Lê um pino de entrada analógica, mapeia o resultado para um
  intervalo de 0 a 255 e usa
  esse resultado para definir a modulação por largura de pulso (PWM)
  de um pino de saída.
  Exibe também os resultados no Monitor Serial.

  O circuito:
  - potenciômetro conectado ao pino analógico 0.
    o pino central do potenciômetro vai no pino analógico.
    pinos laterais do potenciômetro vão para o + 5V e para o
    terra
  - LED conectado a partir do pino digital 9 ao terra

  criado em 29 de dezembro de 2008
  modificado em 9 de abril de 2012
  por Tom Igoe

  Este código de exemplo está em domínio público.

  http://www.arduino.cc/en/Tutorial/AnalogInOutSerial (conteúdo em
inglês)
*/

// as constantes não mudaram. Elas são usadas para nomear
// os pinos utilizados:
const int analogInPin = A0;  // Pino de entrada analógica no
                              qual o potenciômetro está conectado
const int analogOutPin = 9; // Pino de saída analógica no qual o
                              LED está conectado

int sensorValue = 0;         // o valor lido a partir do
                             potenciômetro
int outputValue = 0;         // saída de valor para a PWM
                             (analog out)

void setup() {
  // inicializa as comunicações seriais em 9600 bps:
  Serial.begin(9600);
}
```

```
void loop() {
  // lê a analog no valor:
  sensorValue = analogRead(analogInPin);
  // mapeia para o intervalo da analog out:
  outputValue = map(sensorValue, 0, 1023, 0, 255);
  // muda o valor da analog out:
  analogWrite(analogOutPin, outputValue);

  // exibe os resultados no monitor serial:
  Serial.print("sensor = " );
  Serial.print(sensorValue);
  Serial.print("\t output = ");
  Serial.println(outputValue);

  // espera 2 milissegundos antes do próximo loop
  // para o conversor analógico-digital resolver
  // depois da última leitura:
  delay(2);
}
```

Pressione o botão Compilar para verificar seu código. Ao fazer isso, é possível ver quaisquer erros gramaticais destacados em vermelho. Se o sketch for compilado corretamente, clique em Carregar para fazer o upload do sketch para sua placa. Quando terminar de carregar, abra o monitor serial para ver valores analógicos no intervalo de 0 a 1.024.

Caso nada disso aconteça, confira os seus fios e cabos:

- » Confira se você está usando o número de pinos correto.
- » Confira as conexões na breadboard. Caso os fios de jumper ou os componentes não estiverem conectados corretamente nas linhas da placa breadboard, eles não funcionarão.

Analise qual intervalo de valores você obtém de diferentes ruídos em seu ambiente e o quão sensível ou excessivamente sensível é o seu microfone. Outro sketch a se considerar é o sketch Smoothing no Capítulo 10.

Compreendendo o sketch AnalogInOutSerial

Para obter mais detalhes sobre o funcionamento deste sketch, veja o exemplo AnalogInOutSerial no Capítulo 6. Você também pode encontrar sugestões para diferentes sketches em relação à suavização e à calibragem no Capítulo 10.

NESTE CAPÍTULO

» Conhecendo os shields

» Analisando os shields disponíveis

» Noções básicas sobre bibliotecas

Capítulo 12

Torne-se um Especialista em Shields e Bibliotecas

Quanto mais você evolui no aprendizado sobre o Arduino, mais quer colocar a mão na massa, e é natural querer correr antes de aprender a andar. As áreas de seu interesse podem ser extremamente especializadas em si e exigem um enorme investimento de tempo para compreendê-las. Talvez a coisa mais importante a respeito do Arduino seja a comunidade Arduino, que é onde você pode conseguir ajuda quando quiser ir mais longe.

Na educação, o ponto de vista tradicional vive martelando em nossas cabeças para protegermos nossas ideias contra o mundo exterior. Felizmente, muitas pessoas na comunidade Arduino perceberam tal limitação e tiveram a gentileza de compartilhar o trabalho no qual se empenharam tanto. Ao compartilhar esse conhecimento, a comunidade Arduino ajuda as pessoas a terem acesso ao hardware e ao software, que, por sua vez, encontram meios novos e interessantes de utilizar o Arduino. Se essas pessoas, em troca, compartilharem seus resultados, a comunidade continua a crescer e, mais cedo ou mais tarde, transforma em realidade até mesmo os projetos mais difíceis. Neste capítulo, você descobrirá o poder dos recursos compartilhados, como shields e bibliotecas, até mesmo para iniciantes. Todos os links neste capítulo estão em inglês, salvo indicação contrária.

Analisando os Shields

Shields são peças de hardware que ficam na parte superior da sua placa Arduino, geralmente para fins específicos. Por exemplo, você pode usar um shield para facilitar a conexão e o controle de motores, ou mesmo para transformar seu Arduino em algo tão complexo quanto um telefone celular. Um shield pode ser um hardware interessante que um entusiasta está testando e quer compartilhar com a comunidade. Ou um indivíduo empreendedor (ou empresa) talvez desenvolva um shield para facilitar o uso de um aplicativo com base na demanda da comunidade Arduino.

Os shields podem ser simples ou complexos. São vendidos pré-montados ou como kits. Os kits dão mais liberdade para montar o shield de acordo com a sua necessidade. Alguns kits exigem que você monte o conjunto de circuito das placas, embora a maior parte dos shields mais complexos possa vir montada, sendo apenas necessários os pinos header.

Os shields lhe possibilitam usar seu Arduino para mais de uma finalidade, e você pode mudar de ideia a respeito facilmente dessa finalidade. Eles empacotam os eletrônicos desse circuito na mesma área de um Arduino e são empilháveis para combinar diferentes funcionalidades. Entretanto, todos eles têm que usar os mesmos pinos na placa Arduino, ou seja, se você empilhar os shields, preste atenção àqueles que precisam utilizar os mesmos pinos. Eles sempre os conectam aos pinos GND também, porque qualquer comunicação do seu Arduino e de outro dispositivo precisa de um GND em comum.

Levando em consideração as combinações

Em teoria, os shields poderiam ser empilhados uns sobre os outros para sempre, mas você deve levar alguns pontos em consideração antes de combiná-los:

- **Tamanho físico:** Alguns shields simplesmente não se encaixam uns em cima dos outros. Os componentes maiores que os soquetes header podem tocar a parte inferior de qualquer placa em cima dela. Essa situação, que pode provocar um curto-circuito se uma conexão não for feita, pode danificar seriamente suas placas.
- **Obstrução de entradas e saídas:** Se uma entrada ou saída for obstruída por outro shield, ela se tornará desnecessária. Por exemplo, não faz sentido um shield de joystick ou um shield de LCD ficar em cima de outro shield, pois não se pode usar mais do que um deles.
- **Requisitos de energia:** Alguns hardwares ou dispositivos exigem muita energia. Ainda que não exista problemas para os shields usarem os mesmos pinos de energia e de aterramento, há um limite para a quantidade de corrente que pode fluir através dos outros pinos de

entrada/saída (I/O): 40mA por pino e no máximo 200mA distribuídos entre todos os pinos I/O. Ao exceder esse limite, você corre o risco de danificar seriamente sua placa e qualquer outro shield conectado. Na maioria dos casos, é possível remediar esse problema facilmente, conectando sua placa Arduino e seus shields a uma fonte de alimentação externa para que a corrente não passe pelo Arduino. Certifique-se de utilizar um GND comum se estiver fazendo a comunicação entre uma placa usando I2C, SPI ou serial.

» **Pinos:** Alguns shields exigem o uso de determinados pinos. É importante garantir que os shields não se dobrem sobre eles. Na melhor das hipóteses, o hardware será confundido; na pior, você pode enviar a tensão para o lugar errado e deteriorar sua placa.

» **Software:** Alguns desses shields precisam de bibliotecas específicas para funcionar. Pode haver conflitos em bibliotecas que exigem as mesmas funções, portanto, faça questão de ler o que é necessário para seu shield funcionar.

» **Interferência com sinal de rádio/Wi-Fi/GPS/GSM:** Dispositivos sem fio precisam de espaço para funcionar. Mude as antenas para longe de sua placa, assim você pode obter um sinal melhor. Se uma antena é montada na placa, geralmente é uma péssima ideia cobri-la. Tente sempre acomodar os shields sem fio na parte superior da pilha.

Análise dos shields

Para que você tenha uma noção dos shields disponíveis, esta seção abrange alguns dos shields mais interessantes e importantes do mercado e mostra onde procurar mais informações sobre eles.

DICA

Observe que todos os preços estavam atualizados no momento em que este livro foi escrito, ou seja, estão sujeitos a mudanças, mas os incluímos para dar uma ideia do custo. Os links para produtos também podem mudar, por isso, tente sempre pesquisar o produto se o link estiver quebrado. As informações técnicas foram retiradas dos sites dos fabricantes, mas você deve sempre conferir os detalhes para se certificar de que esteja comprando o que precisa. As placas são reformuladas de tempos em tempos, portanto, fique sempre de olho nas versões mais recentes.

Por fim, muitos comentários sobre todos esses produtos estão disponíveis online; desse modo, sempre leia os comentários e fóruns para entender bem o que está comprando.

Este leque de opções de shields engloba um vasto número de usos diversificados e o enorme potencial dos projetos Arduino. Para muitos projetos, um shield é tudo que você precisa, mas um shield também é um excelente ponto de partida para comprovar a implementação de um conceito antes de aprimorar ou miniaturizar seu projeto.

LEMBRE-SE

Os preços fornecidos fazem parte de uma variedade de distribuidores, para mostrar o valor aproximado dos itens. Se você for um comprador experiente ou quiser comprar por atacado, pode economizar um pouco.

Proto shield kit Rev3

Fabricada por: Arduino

Preço: US$9,90 na Loja Oficial Arduino

Pinos usados: Nenhum

A Proto shield (mostrada na Figura 12-1) é uma plataforma para construir circuitos personalizados na sua placa Arduino. A maioria dos shields enumerados neste capítulo adiciona uma função específica à sua placa Arduino, mas com uma Proto Shield você pode decidir como usá-la. Pegue seus layouts existentes da breadboard e solde todos eles na superfície da Proto shield para que seu projeto tenha uma durabilidade maior. As Proto shields também vêm em um tamanho maior para estar à altura do modelo da placa Arduino Mega. Outro recurso valioso desses shields é o espaço para anexar os componentes SMD, coisa que pode ser difícil de fazer de outra forma.

FIGURA 12-1: Uma Proto shield totalmente montada.

A Proto shield é vendida completamente montada ou como um kit que exige soldagem.

Você pode encontrar detalhes a respeito dessa placa na página dos produtos Arduino (`store.arduino.cc/usa/proto-shield-rev3-uno-size`).

ProtoScrew shield

Fabricada por: WingShield Industries

Preço: US$14,95 na Adafruit

Pinos usados: Nenhum

A ProtoScrew shield é parecida com a Proto shield normal, mas tem grandes terminais de parafuso conectados aos pinos também. Essa funcionalidade é ótima para aplicações que têm muitas entradas que podem precisar de troca ou alteração, ou somente para facilitar sua montagem e desmontagem. Trocar um pedaço de fio é muito mais fácil com os terminais de parafuso do que com a soldagem, portanto, tenha isso em mente ao planejar seu próximo projeto.

A ProtoScrew shield é vendida em kit e exige soldagem. Você pode encontrar mais detalhes na página de produtos da SparkFun (`adafruit.com/product/196`).

Adafruit Wave shield v1.1

Fabricado por: Adafruit

Preço: US$22,00 na Adafruit

Pinos usados: 13, 12, 11, 10, 5, 4, 3, 2 no Uno R3

O Wave shield (veja a Figura 12-2) é um kit relativamente barato que possibilita tocar sons ou músicas com sua placa Arduino. Ele permite reproduzir arquivos de extensão WAV diretamente de um cartão SD, facilitando o upload e a alteração dos arquivos de som a partir do seu computador. Para usar o shield, você precisa da biblioteca WaveHC, que está disponível na página do produto e no Google Code (`http://code.google.com/p/wavehc/`).

FIGURA 12-2: Um Wave shield completamente montado.

O Wave shield é vendido em kit e exige soldagem. O leitor de cartão SD deve usar os pinos 13, 12 e 11 porque eles suportam uma interface serial periférica (SPI) de alta velocidade, um protocolo necessário para transferir os dados rapidamente. O pino 10 é utilizado para se comunicar com o leitor de cartão SD, e os pinos 5, 4, 3 e 2 são usados para se comunicar com o conversor digital-analógico (DAC), que converte um sinal de música digital em uma tensão analógica.

Para saber mais detalhes, visite a página do produto no site da Adafruit (`www.adafruit.com/products/94`).

MP3 player shield

Fabricado por: SparkFun

Preço: US$24,95 na SparkFun

Pinos usados: 13, 12, 11, 9, 8, 7, 6, 5, 4, 3, 2 no Uno R3

Transforme sua placa Arduino em um MP3 player com o MP3 player shield da SparkFun! Ele não apenas decodifica os arquivos MP3, mas também consegue decodificar as extensões Ogg Vorbis, AAC, WMA e MIDI. O shield MP3 (mostrado na Figura 12-3) também apresenta um leitor de cartões microSD para facilitar o upload de arquivos e tem um minicabo jack de 3,5mm que você pode conectar à maioria dos sistemas de alto-falantes.

FIGURA 12-3: Um kit com um shield MP3.

O MP3 player shield é montado, porém exige soldas menores para fixar os pinos header ou os soquetes header. O leitor de cartões SD utiliza os pinos 13, 12 e 11. Você usa o pino 9 para se comunicar com o leitor de cartão SD. Use os pinos 8, 7, 6 e 2 para falar com o decodificador de áudio MP3 VS1053B e utilize os pinos 4 e 3 para obter a funcionalidade MIDI adicional.

Para mais detalhes, visite a página de produtos da SparkFun em `www.sparkfun.com/products/10628`. Veja também a página do tutorial em `learn.sparkfun.com/tutorials/mp3-player-shield-hookup-guide-v15`. Os comentários abaixo do tutorial abordam muitos dos problemas deste guia. Um usuário até escreveu uma biblioteca para facilitar sua vida — um ótimo exemplo de como a comunidade Arduino auxilia os produtos existentes.

LEMBRE-SE

Leia sempre os comentários e entradas do fórum dos produtos e kits. Em geral, tais comentários apresentam muitos detalhes sobre a facilidade (ou a dificuldade) de um produto. Esse também é o lugar para expor seus próprios problemas. Apenas tenha certeza de que você não está pedindo ajuda com algo que já foi resolvido mais adiante na página; caso contrário, será aconselhado a prestar atenção às coisas!

MIDI shield

Fabricado por: SparkFun

Preço: US$19,95 na SparkFun

Pinos usados: Utiliza os pinos 2, 3, 4, 6, 7, A1, A0 no Uno R3

O MIDI (Interface Digital para Instrumentos Musicais) revolucionou a indústria da música nos anos 1980 e ainda é amplamente usado na atualidade para conectar instrumentos, computadores, efeitos de palco e outros hardwares. Com o MIDI shield, você pode interagir com qualquer coisa que possa enviar ou receber dados MIDI e incorporá-los ao seu projeto Arduino.

O MIDI shield é vendido em kit e exige soldagem. Para mais detalhes, visite a página do produto na SparkFun (`www.sparkfun.com/products/12898`). Você pode encontrar alguns tutoriais gerais excelentes sobre o MIDI em: `arduino.cc/en/Tutorial/Midi` e `itp.nyu.edu/physcomp/Labs/MIDIOutput`. E um ótimo material de referência em `www.tigoe.net/pcomp/code/communication/midi/` e em `hinton-instruments.co.uk/reference/midi/protocol/`.

RGB LCD shield com um visor de LCD de caracteres de 16 x 2

Fabricado por: Adafruit

Preço: US$24,95 na Adafruit

Pinos usados: Utiliza os pinos A4 e A5 no Uno R3

Esta prática tela de LCD (visor de cristal líquido) empacota tudo o que você precisa em uma única placa. As telas de LCD são encontradas em celulares mais antigos e nos Nintendo GameBoys (nossa, isso é do tempo dos dinossauros). Elas usam uma película que fica sobre uma superfície de cor sólida, geralmente uma tela retroiluminada por LED. Os pixels dessa película podem ser ligados ou desligados para criar formas, textos ou gráficos, e é isso que você controla com a sua placa Arduino. No centro do shield há uma tela LCD RGB, então, em vez de se ter somente uma cor, você pode escolher *qualquer* cor RGB.

A luz de fundo RGB é controlada diretamente da sua placa Arduino. A tela é um visor de LC de caracteres 16 x 2 (sem gráficos), o que significa que você pode escrever duas linhas de 16 caracteres. Você pode escolher entre duas exibições: texto colorido em fundo escuro (negativo) ou texto escuro em fundo colorido (positivo). Existe uma variedade de telas LCD de caracteres LCD com diversas retroiluminações e dimensões disponíveis, por isso, não deixe de pesquisar antes de comprar.

O RGB LCD shield é vendido em kit e exige soldagem. Em vez de usar nove pinos ou mais, o LCD, a luz de fundo e os botões, juntos, utilizam apenas dois. Ao utilizar o I2C para se comunicar com o shield, você pode usar somente o pino analógico 4, que é a linha do serial data (SDA), e o pino analógico 5, que é a linha do serial clock (SCL). Esse protocolo é usado em muitos dispositivos, portanto, é muito importante saber a respeito dele. Para mais detalhes sobre o I2C, veja o excelente tutorial de John Boxall em `tronixstuff.wordpress.com/2010/10/20/tutorial-arduino-and-the-i2c-bus/`.

Para mais detalhes, confira a página do produto na Adafruit em `adafruit.com/products/714` e o tutorial em `learn.adafruit.com/rgb-lcd-shield`.

Estão disponíveis também shields que usam a mesma tecnologia, mas não a restringem a letras e números. Caso queira exibir seus próprios gráficos, convém usar o LCD shield colorido da SparkFun, que utiliza uma tela Nokia 6100, ou um shield TFT sensível ao toque.

Shield touch TFT de 2,8 com touch-screen capacitativo

Fabricado por: Adafruit

Preço: US$44,95 na Adafruit

Pinos usados: 4, 8, 9, 10, 11, 12, 13, A4, A5

Se uma tela LCD não é o suficiente para você, experimente usar um shield sensível ao toque TFT a fim de acrescentar cor e uma entrada touch ao seu projeto. Esse display é uma tela LCD TFT — uma variação em uma tela LCD padrão que usa tecnologia de transistor de película fina (TFT) para melhorar a qualidade da imagem — com uma resolução de 240 x 320 pixels e cores de 18 bits, dando-lhe 262.144 tons. A tela também é equipada com uma tela sensível ao toque para registrar pressões digitais em qualquer lugar da superfície da tela.

O shield touch TFT é vendido totalmente montado e não exige soldagem, então você pode simplesmente conectá-lo à sua placa Arduino. Ele precisa de muitos pinos para funcionar e disponibiliza somente os pinos digitais 2 e 3 e os pinos analógicos 4 e 5. O pino 12 também está disponível se você não estiver usando o leitor microSD.

Confira a página de produtos em `www.adafruit.com/products/376` e o tutorial completo em: `learn.adafruit.com/adafruit-2-8-tft-touch-shield-v2`. A Adafruit também teve a gentileza de escrever uma biblioteca completa para o TFT para desenhar pixels, formas e texto (`github.com/adafruit/TFTLCD-Library`) e uma biblioteca para a tela sensível ao toque que detecta o movimento horizontal x, y e z, movimento vertical e pressão (`github.com/adafruit/Adafruit_TouchScreen`).

Joystick shield

Fabricado por: SparkFun

Preço: US$12,95 na SparkFun

Pinos usados: 2, 3, 4, 5, 6, A0, A1

O Joystick shield (mostrado na Figura 12-4) tem todas as funções de um controlador de jogo moderno em uma única placa compatível com o Arduino. Ele fornece não apenas quatro botões para atribuir várias funções, mas também um botão oculto no próprio controle. Com o controle ergonômico, você pode fazer a transição suave entre os eixos x e y para realizar movimentos com grande precisão.

FIGURA 12-4: Um Joystick shield.

O Joystick shield é vendido em kit e exige soldagem. Ele usa somente cinco pinos digitais e dois pinos analógicos, deixando muitos outros pinos do Arduino livres para outros usos. Ele tem cinco botões, usando pinos digitais de 2 a 6. O movimento do joystick é calculado com o uso de dois potenciômetros: o analógico 0 mapeia o movimento *x*, ou horizontal; analógico 1 mapeia o movimento *y*, ou vertical.

Você pode encontrar mais detalhes na página do produto da SparkFun em `www.sparkfun.com/products/9760`. Você também pode ver o tutorial de montagem detalhado (`www.sparkfun.com/tutorials/161`) e o guia rápido para iniciantes (`www.sparkfun.com/tutorials/171`).

Motor Adafruit/motor de passo/shield servo motor kit v2.3

Fabricado por: Adafruit

Preço: US$19,95 na Adafruit

Pinos usados: 9, 10, A4, A5

Gosta de motores? Quer testar todos eles? Então o motor da Adafruit/motor de passo/shield servo motor é perfeito para você. Esse shield tem justamente esse nome, pois possibilita a você que ponha para funcionar todos os motores de que gosta. Você pode conectar até dois servos hobbies de 5V, dois motores de passo ou quatro motores CC bidirecionais. Os terminais de parafuso facilitam a fixação e a troca de motores. Ao lidar com motores, é sempre importante ter certeza de que você tem corrente o bastante para acioná-los, assim, um terminal bem prático de parafuso no shield lhe permite alimentar seus motores independente da sua placa Arduino.

O motor da Adafruit/motor de passo/shield servo motor é vendido em kit e exige soldagem. Os pinos A4 e A5 controlam qualquer motor CC ou de passo conectado, e os pinos 9 e 10 controlam quaisquer servos conectados. Isso deixa você com muitos pinos livres para serem utilizados em outras entradas ou saídas.

Você pode encontrar muitos detalhes na página do produto na Adafrut (`www.adafruit.com/product/1438`) e no tutorial detalhado (`learn.adafruit.com/adafruit-motor-shield-v2-for-arduino/`). Esteja ciente de quanta carga está no motor, porque o shield foi projetado para fornecer até 600 mA por motor, com corrente máxima de 1,2A. Caso você esteja perto de 1A, inclua um dissipador de calor no acionador do motor para apaziguar o calor.

Além do mais, o pessoal da Adafruit é tão bacana que fornece uma biblioteca fácil de usar para o seu projeto de motor (github.com/adafruit/Adafruit_Motor_Shield_V2_Library. Feliz projeto de motorização!

LiPower shield

Fabricado por: SparkFun

Preço: US$29,95 na SparkFun

Pinos usados: 3

Se você quiser que seu projeto Arduino tenha mais mobilidade, baterias são a solução. Em vez de usar baterias grandes AA ou AAA, o LiPower shield permite que você use baterias de lítio recarregáveis. Embora as baterias de lítio tenham capacidade de apenas 3,7V, alguns dispositivos inteligentes aumentam essa capacidade para 5V a fim de que isso seja o bastante para alimentar a sua placa Arduino.

O LiPower shield vem montado, porém exige um bocado de solda para fixar os pinos header ou os soquetes header. Como a função do LiPower shield é fornecer energia, e não consumi-la, ele utiliza somente um pino. O pino 3 pode ser adaptado como um pino de interrupção de alerta para sinalizar sempre que a bateria cair para 32% ou menos.

Para saber mais detalhes, confira a página do produto SparkFun (www.sparkfun.com/products/13158). Nela, você encontra observações interessantes sobre o hardware em relação às dificuldades de carregamento de baterias de lítio, portanto, leia todos os comentários abaixo da descrição do produto.

Existem muitas outras placas breakout de lítio que fornecem o padrão de 3,7V, como o carregador SparkPun USB LiPoly (www.sparkfun.com/products/12711) e o Adafruit micro Lipo (www.adafruit.com/product/1904). Essas placas breakout são perfeitas quando combinadas com um Arduino apropriado para uma voltagem baixa, como o Arduino MKR1000 (store.arduino.cc/usa/arduino-mkr1000). Placas como o Arduino MRK1000 são bem práticas quando você tenta reduzir o tamanho do seu projeto Arduino.

Adafruit Ultimate GPS logger shield

Fabricado por: Adafruit

Preço: US$44,95 na Adafruit

Pinos usados: 7, 8, 10, 11, 12, 13, A4, A5

O Adafruit Ultimate GPS logger shield permite rastrear e armazenar informações de localização usando o Sistema de Posicionamento Global. Você consegue encontrar sua localização em poucos metros. Use-o para criar uma arte em GPS ou mapear todos os seus movimentos durante o mês. Ele também é ótimo para fornecer a hora extremamente exata. Os dados são armazenados em um cartão microSD como um arquivo TXT, que pode ser sobreposto ao Google Maps ou visualizado de alguma outra forma.

Com a capacidade de armazenamento cada vez maior de cartões SD, você pode armazenar muito mais dados em um cartão SD do que seu Arduino pode em sua própria memória interna. Tal capacidade extra é sobretudo valiosa porque mantém seu dispositivo móvel de registro de dados sem a necessidade de um computador, de modo que você possa deixar o notebook pesado em casa e enviar seu dispositivo GPS para o mundo!

O Adafruit Ultimate GPS logger shield é vendido sem os pinos header conectados e requer soldagem. Os pinos 10, 11, 12 e 13 são usados para comunicação com o cartão SD. O módulo GPS usa a conexão serial do hardware (pinos 0 e 1) ou dois pinos para uma conexão serial do software (pinos 7 e 8). Você pode habilitar outras funções opcionais, como um LED de sinalização para indicar quando os dados são registrados, um pino para monitorar o pulso do relógio de sincronização do GPS e um pino para detectar quando um cartão SD estiver no slot.

Compre o shield e saiba mais a respeito dele na Adafruit (`www.adafruit.com/product/1272`). Você pode ver um tutorial detalhado no site da `Adafruit` (learn.adafruit.com/adafruit-ultimate-gps-logger-shield/), que especifica tudo, desde a construção do kit até o código do Arduino, juntamente com os usos dos dados do GPS.

Adafruit FONA 800 shield

Fabricado por: Adafruit

Preço: US$39,95 na Adafruit

Pinos exigidos: 2, 3, 4

O Adafruit FONA 800 shield transforma sua modesta placa Arduino em um telefone celular funcional. Com esse shield, você pode enviar e receber chamadas, mensagens de texto e até dados. Tudo o que precisa é de um cartão SIM pré-pago e uma antena e, assim, você está pronto para se comunicar com o mundo. Ao utilizar os comandos seriais, você pode enviar códigos para falar com o módulo SIM800L.

O Adafruit FONA 800 shield é vendido sem os pinos header conectados. Você também precisa comprar uma antena com um conector SMA. A Adafruit oferece uma antena chamada Slim Sticker-type GSM/Antenna quad band para celular (`www.adafruit.com/product/3237`). A placa Arduino se comunica com a SIM800L por meio dos pinos 2 e 3 usando a biblioteca SoftwareSerial.

O cartão SIM deve ter crédito suficiente para executar as ações que você está tentando realizar. Aqueles planos que oferecem mensagens de texto ilimitadas são extremamente úteis nessa hora. Outros complementos opcionais são um microfone e um alto-falante; sem eles, você não poderá fazer nada além de ligar e desligar. Você pode ver um tutorial detalhado no site da Adafruit (learn.adafruit.com/adafruit-fona-800-shield).

Contador Geiger — Placa shield com sensor de radiação

Fabricado por: Liberium

Preço: US$170 na Cooking Hacks

Pinos exigidos: 2, 3, 4, 5, 6, 7, 8, 9, 10, 11, 12, 13

Provavelmente, a placa do sensor de radiação é um dos shields mais impressionantes do Arduino. Com ele, você tem a possibilidade de monitorar os níveis de radiação no ambiente. Essa placa foi feita para ajudar os japoneses a monitorar os níveis de radiação após os vazamentos radioativos em Fukushima, em março de 2011. O contador Geiger consegue usar vários tubos Geiger para detectar diferentes tipos e níveis de radiação. Há também um display LCD, um LED e um alto-falante piezo para feedback.

CUIDADO

Esse shield usa os tubos Geiger que operam em tensões perigosamente altas (400V - 1000V), por isso, exige cuidado extremo. É melhor manter a placa do sensor de radiação em um gabinete ou case para protegê-la do contato humano. A radiação é perigosa, mas a eletricidade também é. Se você não sabe o que está fazendo, não saia bagunçando tudo.

O alto-falante piezo e o LED estão conectados ao pino 2, que aciona uma interrupção a cada pulso que o tubo Geiger gera. Dependendo do tubo usado e do número de pulsos ou contagens por minuto (cpm), você pode determinar o nível de radiação em Sieverts por hora. Os pinos 3 a 8 são utilizados para o display LCD para gerar as leituras detalhadas do sensor. Os pinos 9 a 13 são usados para a barra de LED com o intuito de oferecer um feedback visual nítido do nível de radiação. Os primeiros três LEDs são verdes. Os dois últimos são vermelhos, mostrando que um nível alto e perigoso de radiação está sendo detectado.

Mais detalhes a respeito deste projeto podem ser encontrados na página do produto da Cooking Hacks em `www.cooking-hacks.com/index.php/documentation/tutorials/geiger-counter-arduino-radiation-sensor-board`.

Fique por dentro

Inúmeros ótimos shields estão disponíveis para compra, e inúmeros shields novos e aperfeiçoados são lançados a todo momento. Você pode tomar algumas medidas para se manter sempre atualizado em relação às novidades.

Acesse sempre o site das lojas ou, se puder, vá até elas para conferir os produtos mais recentes. É como ir a uma loja de bricolagem (faça você mesmo) — você nunca sabe o que vai encontrar:

- **Arduino Store** (`store.arduino.cc`)
- **Adafruit** (`www.adafruit.com`)
- **Maker Shed** (`www.makershed.com`)
- **Seeed Studio** (`www.seeedstudio.com`)
- **SparkFun** (`www.sparkfun.com`)

Além disso, confira frequentemente os blogs relacionados ao Arduino. Normalmente, os blogs e páginas sobre sites relacionados ao Arduino divulgam os kits recentes ou usos novos e interessantes de dispositivos antigos, então sempre é bom conferi-los para se inspirar:

- **Arduino Blog** (`arduino.cc/blog`)
- **Adafruit** (`www.adafruit.com/blog`)

» **Hack A Day** (`hackaday.com`)

» **Make** (`blog.makezine.com`)

» **Seeed Studio** (`www.seeedstudio.com/blog`)

» **SparkFun** (`www.sparkfun.com/news`)

Algumas pessoas se empenharam para documentar os inúmeros shields. Confira a lista dos shields do Arduino em `http://shieldlist.org`.

Explorando as Bibliotecas

Os sketches básicos podem dar uma boa noção das coisas, porém, à medida que você domina mais o Arduino, é necessário saber mais sobre as bibliotecas. As *bibliotecas* disponibilizam funcionalidades extras ao seu sketch, seja para utilizar um hardware específico ou para incorporar funções mais complexas ao software. Da mesma forma que iria uma biblioteca física para aprender alguma coisa nova, você inclui as bibliotecas em seu código para ensinar algo novo ao seu Arduino. Ao incluir uma biblioteca em um sketch, você pode acessar as funções de modo rápido e fácil para ajudá-lo a atingir seus objetivos.

Começar a usar um hardware ou um software complexo pode ser bem difícil. Por sorte, muitas pessoas dedicaram tempo para documentar o próprio progresso e lançaram bibliotecas, muitas vezes com exemplos, que você pode integrar facilmente em seus próprios sketches. A partir disso, é possível obter algo que funcione e compreender melhor como as bibliotecas funcionam. Essa abordagem de aprendizado pela prática do Arduino lhe permite progredir rápido e facilmente, seja com um hardware ou um software que, de outro jeito, seria um belo de um desafio.

Reavaliando as bibliotecas-padrão

Esta seção abrange uma seleção das bibliotecas incluídas na versão atual do Arduino no momento em que este livro foi escrito (1.8.5). As bibliotecas-padrão englobam uma ampla variedade de áreas de conhecimento e, via de regra, os temas populares foram muito documentados. Você pode encontrar essas bibliotecas ao clicar em Sketch ➪ Incluir Biblioteca ➪ Gerenciar bibliotecas.

A escolha de uma biblioteca inclui uma linha na parte superior do seu sketch atual, como `#include <EEPROM.h>`. Antes de tentar entender uma biblioteca, é necessário testar os exemplos de algumas delas. Você encontrará exemplos na parte inferior do menu que aparece quando seleciona Arquivo ➪ Exemplos.

Veja abaixo uma breve descrição do que cada biblioteca faz:

- **EEPROM (`arduino.cc/en/Reference/EEPROM`):** A sua placa Arduino tem memória EEPROM (memória de somente leitura e programável apagável eletronicamente), que é um armazenamento permanente semelhante ao disco rígido de um computador. Os dados armazenados nesse local permanecem lá até mesmo se sua placa Arduino estiver desligada. Utilizando a biblioteca EEPROM, você pode ler e gravar dados a partir dessa memória.
- **Ethernet (`arduino.cc/en/Reference/Ethernet`):** Após adquirir seu shield Ethernet, a biblioteca Ethernet possibilita que você comece a se comunicar fácil e rapidamente com a internet. Quando você usa essa biblioteca, seu Arduino pode atuar como um servidor acessível a outros dispositivos ou como um cliente que solicita dados.
- **Firmata (`arduino.cc/en/Reference/Firmata`):** A Firmata é uma maneira de controlar seu Arduino a partir de software em um computador. Ela é um protocolo de comunicação padrão, desse modo, você pode usar a biblioteca para disponibilizar fácil comunicação entre hardware e software, em vez de criar seu próprio software de comunicação.
- **LiquidCrystal (`arduino.cc/en/Reference/LiquidCrystal`):** A biblioteca LiquidCrystal ajuda seu Arduino a se comunicar com a maioria dos displays de cristal líquido (LCDs). A biblioteca fundamenta-se no driver Hitachi HD44780, e normalmente você pode determinar os displays pela interface de 16 pinos.
- **SD (`arduino.cc/en/Reference/SD`):** A biblioteca SD permite a leitura e os registros de dados em cartões SD e microSD conectados à sua placa Arduino. Os cartões SD precisam usar o SPI para transferir dados rapidamente, o que acontece nos pinos 11, 12 e 13. É necessário também ter outro pino para selecionar o cartão SD quando for necessário.
- **Servo (`arduino.cc/en/Reference/Servo`):** A biblioteca Servo lhe dá a possibilidade de controlar até 12 servomotores no Uno R3 (e até 48 no Mega). A maioria dos servos de hobby gira a 180 graus e, usando essa biblioteca, você consegue especificar o grau em que deseja que seus servos fiquem.
- **SPI (`arduino.cc/en/Reference/SPI`):** A Interface Serial Periférica (SPI) é um método de comunicação que permite ao seu Arduino se comunicar rapidamente com um ou mais dispositivos em curta distância. Um exemplo dessa comunicação compreende o recebimento de dados de sensores, conversas com periféricos, como um leitor de cartões SD, e a comunicação com outro microcontrolador.

- **SoftwareSerial (**`arduino.cc/en/Reference/SoftwareSerial`**):** A biblioteca SoftwareSerial possibilita utilizar qualquer pino digital para enviar e receber mensagens seriais em vez, ou além, dos pinos de hardware usuais (0 e 1). Tal recurso é ótimo caso você queira manter os pinos de hardware disponíveis para comunicação com um computador, viabilizando que tenha uma conexão permanente de depuração para seu projeto e ainda possa fazer upload de novos sketches ou enviar dados duplicados para vários dispositivos seriais.
- **Stepper (**`arduino.cc/en/Reference/Stepper`**):** A biblioteca Stepper lhe permite controlar os motores de passo do seu Arduino. Esse código também exige que o hardware apropriado funcione, portanto, leia as anotações de Tom Igoe sobre o assunto (conteúdo em inglês) em `www.tigoe.net/pcomp/code/circuits/motors/stepper-motors/`.
- **WiFi (**`arduino.cc/en/Reference/WiFi`**):** A biblioteca WiFi é baseada na biblioteca Ethernet listada anteriormente, mas com alterações específicas para o shield WiFi a fim de viabilizar a conexão sem fio à internet. A biblioteca WiFi também funciona bem com a biblioteca SD, permitindo que você armazene dados no shield.
- **Wire (**`arduino.cc/en/Reference/Wire`**):** A biblioteca Wire possibilita que seu Arduino se comunique com dispositivos I2C (também conhecidos como TWI ou interface de dois fios). Tais dispositivos podem ser LEDs endereçáveis ou um Wii Nunchuk, por exemplo.

Instalando as bibliotecas adicionais

Muitas bibliotecas não são incluídas no software Arduino por padrão. Algumas são para usos exclusivos, como hardware ou funções específicas; outras são aperfeiçoamentos ou adaptações de bibliotecas existentes. Felizmente, o Arduino facilita a inclusão delas para que você possa testar rapidamente todas as que se adéquem à sua necessidade.

A maioria das bibliotecas é facilmente instalada ao clicar em Sketch ➪ Incluir Biblioteca ➪ Gerenciar Bibliotecas no menu Arduino IDE. A caixa de diálogo Gerenciador de Bibliotecas exibe uma lista fácil de se pesquisar por bibliotecas enviadas aos servidores do Arduino e aprovadas para disponibilização.

As bibliotecas também podem ser distribuídas como arquivos ZIP que apresentam o mesmo nome da biblioteca; por exemplo, a biblioteca de sensores capacitivos CapSense deve ser distribuída como `CapSense.zip` e conter uma pasta com o mesmo nome quando descompactada.

Dentro da pasta existem arquivos que terminam em `.h` e `.cpp`, como `CapPin.h` e `CapPin.cpp`, e talvez até mesmo uma pasta Exemplos. Se o arquivo `.zip` tiver somente arquivos `.h` e `.cpp`, você deverá colocá-los em uma pasta com um nome da biblioteca. Vez ou outra, você pode encontrar muitos arquivos `.h` e `.cpp` que executam funções diferentes na biblioteca, portanto, verifique se todos estão dentro da pasta.

Na versão mais recente do Arduino (1.8.5, no momento desta publicação), é fácil incluir bibliotecas distribuídas como arquivos ZIP. Basta selecionar Sketch ➪ Incluir Biblioteca ➪ Adicionar Biblioteca.ZIP e selecionar o arquivo ZIP que a contém.

Após a instalação da biblioteca, reinicie o Arduino e escolha Sketch ➪ Incluir Biblioteca para conferir se sua biblioteca está na lista, conforme mostrado na Figura 12-5.

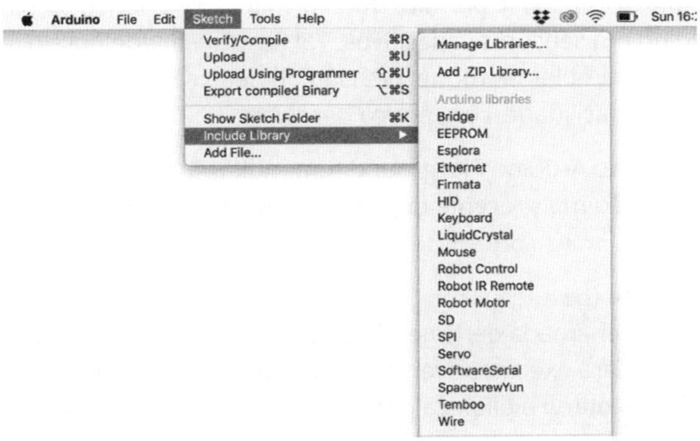

FIGURA 12-5: O menu do Arduino mostra a biblioteca na lista suspensa Importar Biblioteca.

Se a biblioteca tiver uma pasta Exemplos, você também poderá ver os exemplos ao clicar em Arquivo ➪ Exemplos e, em seguida, ao escolher o nome da biblioteca, conforme mostrado na Figura 12-6.

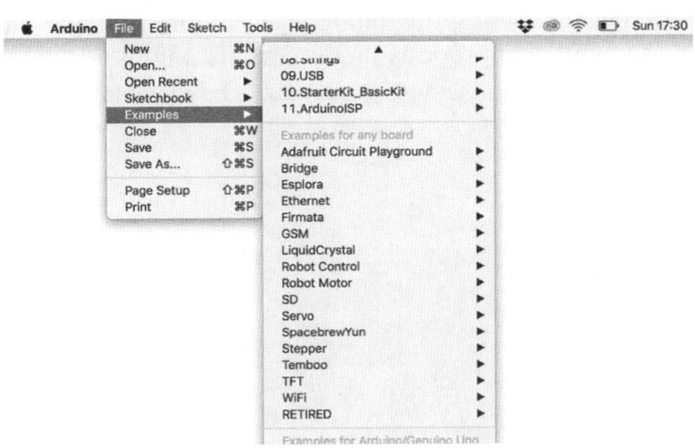

FIGURA 12-6: Se houver exemplos com a biblioteca, você os verá no menu.

Isso é tudo que temos para se instalar uma biblioteca. Remover uma biblioteca é muito simples: basta retirar a pasta da biblioteca da pasta Sketch do Arduino.

Instalando as bibliotecas colaborativas

Uma lista enorme de bibliotecas colaborativas da comunidade aparece na página de bibliotecas do Arduino (`arduino.cc/en/Reference/Libraries`) e uma lista completa aparece no Arduino Playground (`arduino.cc/playground/Main/LibraryList`).

Para se familiarizar com as bibliotecas colaborativas, comece com a CapSense e aTimerOne, duas das bibliotecas mais práticas e mais utilizadas:

- **CapSense (`www.arduino.cc/playground/Main/CapSense`):** A biblioteca CapSense permite transformar um ou vários pinos em seu Arduino em sensores capacitivos. Tal funcionalidade possibilita fazer sensores simples de toque, pressão ou detecção de presença com rapidez e facilidade, com pouco hardware.

  A página do Arduino Playground tem muitas informações úteis, porém uma versão mais recente do código pode ser encontrada no GitHub (`github.com/moderndevice/CapSense`).

- **TimerOne (`playground.arduino.cc/Code/Timer1`):** A TimerOne (também chamada de Timer1) usa um temporizador de hardware no seu Arduino para executar eventos programados em intervalos regulares. Ela é uma ótima biblioteca para ler dados de sensores regularmente sem interromper o que está acontecendo no loop principal. Você pode encontrar uma página da TimerOne no Arduino Playground e uma versão atualizada da biblioteca no Google Code (`code.google.com/p/arduino-timerone/`).

Caso esteja disposto a entender mais sobre as bibliotecas, e talvez até mesmo escrever suas próprias bibliotecas, dê uma olhada na introdução de como escrever suas próprias bibliotecas na página Arduino GitHub em `github.com/arduino/Arduino/wiki/Library-Manager-FAQ`.

4 Explorando Melhor o Software

NESTA PARTE...

Combine seu conhecimento em eletrônica com software de computador para criar imagens interativas impressionantes no mundo virtual em seu computador.

Use os dados do software, do seu computador ou da internet para criar luz, som e movimento no mundo real.

NESTE CAPÍTULO

» **Fique animadíssimo com o Processing**

» **Criando formas de tudo quanto é tamanho e cor**

Capítulo **13**

Familiarizando-se com o Processing

Nos capítulos anteriores, você aprendeu tudo sobre o uso do Arduino como um dispositivo autônomo. Um programa é carregado na sua placa Arduino e executa uma tarefa ad infinitum, até que seja solicitado que ela pare ou seja desligada. Você está influenciando o Arduino por sinais elétricos simples e claros, e, desde que não existam influências externas ou erros de codificação e se os componentes durarem, o Arduino repete de forma confiável a própria função. Tal simplicidade é valiosa para muitas aplicações e viabiliza que o Arduino não apenas sirva como uma grande plataforma de prototipagem, mas também funcione como uma ferramenta digna de crédito para produtos e instalações interativas por muitos anos, como já acontece em muitos museus por aí.

Embora essa simplicidade seja algo para se admirar, muitos usos fogem ao escopo das funcionalidades de um Arduino. Apesar de a placa Arduino ser basicamente um computador, ela não é capaz de executar programas de computador comparativamente grandes e complexos da mesma maneira que seu desktop ou notebook. Muitos desses programas são bastante especializados, dependendo da tarefa que você esteja realizando. Você poderia ter muitas vantagens se pudesse vincular este software ao mundo físico da mesma forma que o seu Arduino.

Em virtude de o Arduino poder conectar-se ao seu computador e ser monitorada pela porta serial, outros programas também podem fazer isso, da mesma forma que o computador se comunica com impressoras, scanners ou câmeras. Portanto, combinando os recursos de interação do mundo físico do seu Arduino com os recursos de software de processamento de dados do seu computador, você pode criar projetos com uma variedade gigantesca de entradas, saídas e processos.

Muitos programas específicos são desenvolvidos para determinadas tarefas, porém, até você definir alguma coisa, é melhor encontrar um software com o qual você possa testá-las — ou seja, um software pau para toda obra, do mesmo modo que o seu Arduino é, no mundo físico. O Processing é um excelente ponto de partida.

Neste capítulo, você aprenderá sobre o Processing, o projeto-irmão que estava somente engatinhando em relação ao próprio desenvolvimento na mesma época em que o Arduino também estava. O Processing é um ambiente de software que você pode usar para esboçar programas de forma rápida, do mesmo jeito que usa o Arduino para testar circuitos rapidamente. O Processing é um excelente software de código aberto e suas semelhanças com o Arduino facilitam o aprendizado.

Analisando como as Coisas Funcionam

Uma placa Arduino pode comunicar-se por meio de sua porta serial como um dispositivo serial, que pode ser lido por qualquer programa que se comunique serialmente. Muitos programas estão disponíveis, mas o Processing é um dos mais populares.

O Processing apresenta uma enorme diversidade de usos, desde a visualização de dados, a criação de uma obra de arte gerativa, até a captura de movimento usando sua webcam para apresentações digitais. Estes são apenas alguns nichos; você pode encontrar muitos exemplos em `processing.org/exhibition` (conteúdo em inglês).

O Processing é escrito em uma linguagem baseada em Java que é semelhante à C (na qual o código do Arduino é baseado) e C++. É compatível com Windows, macOS e Linux. Ben Fry e Casey Reas desenvolveram o Processing para possibilitar a qualquer pessoa, não somente desenvolvedores e engenheiros, testar o código. Da mesma forma que as ideias são esboçadas, o Processing é desenvolvido para esboçar programas. Os programas podem ser rapidamente desenvolvidos e adaptados sem gastar muito tempo.

MAX/PURE DATA

A Max (também conhecida anteriormente como Max/MSP) é uma linguagem de programação visual com uma diversidade enorme de usos, mas normalmente é usada para aplicativos de áudio, música e síntese de som. A Max é compatível com Windows, macOS, Linux e outros sistemas operacionais meio que desconhecidos.

Ao contrário das linguagens tradicionais de programação baseadas em texto, a Max usa uma interface gráfica para conectar objetos visuais uns aos outros, da mesma forma que os sintetizadores tradicionais podem ser "remendados" usando fios para conectar as diversas funções de um instrumento. A empresa de software Cycling '74 lançou o software comercial Max em 1990 com base em trabalhos anteriores de Miller Puckette para criar um sistema de música interativa para computadores. Embora o software não seja de código aberto, a interface de programação de aplicativos (API) permite que terceiros façam suas próprias extensões para o software para usos específicos. A Miller Puckette também desenvolveu uma versão redesenhada, gratuita e de código aberto chamada de PureData (Max).

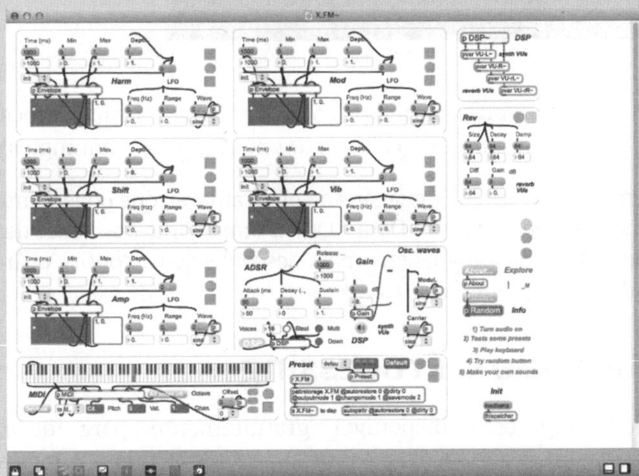

Você pode encontrar mais informações sobre a Max e a PureData (Max) em suas respectivas páginas online: cycling74.com/products/max e puredata.info. Para iniciar a comunicação entre Max e Arduino, confira o site Maxuino (`www.maxuino.org/archives/category/updates`); e para PureData (Max) e Arduino, confira o Pduino (at.or.at/hans/pd /objects.html).

Outros links úteis estão no playground do Arduino em `www.arduino.cc/playground/interfacing/MaxMSP` e `www.arduino.cc/playground/interfacing/PD` (todos os sites em inglês).

O Processing usa um IDE com base em texto (ambiente de desenvolvimento integrado) semelhante ao do Arduino. (Na verdade, a equipe do Arduino pegou o ambiente do Processing emprestado quando o IDE do Arduino ainda estava em desenvolvimento.) Uma janela exibe o applet Java que o código cria, conforme mostrado na Figura 13-1. Assim como no Arduino, a proeminência do Processing é a vasta comunidade que compartilha e comenta os sketches, permitindo que muitos participantes se beneficiem de uma ampla variedade de aplicativos criativos. O Processing é de código aberto e possibilita aos usuários que modifiquem e usem o software.

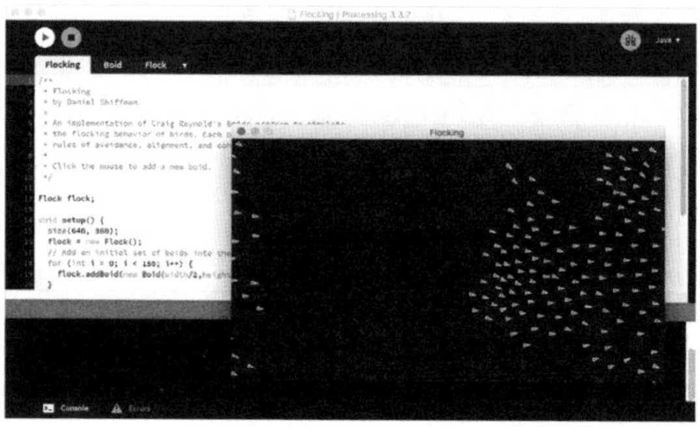

FIGURA 13-1: Uma visão típica do Processing.

Neste capítulo, você aprenderá como começar a usar o Processing. Para mais informações, acesse o site `processing.org` (em inglês).

DICA

Existem muitas outras linguagens de programação que podem interagir com o Arduino. Falo da Max/Pure Data e OpenFrameworks nos boxes deste capítulo. Para uma lista das linguagens mais desconhecidas, confira o Arduino Playground em `arduino.cc/playground/main/interfacing` (em inglês).

Instalando o Processing

O Processing está disponível gratuitamente para download em: `https://processing.org/download/` (conteúdo em inglês) e é compatível com macOS, Windows de 32 bits e 64 bits e Linux 32 bits, 64 bits e ARM. No momento da escrita desta obra, o Processing estava na versão 3.3.7. Lembre-se de que as coisas podem ter mudado no intervalo de tempo que eu escrevi este livro e quando você começou.

Para instalar o Processing:

- **Em um Mac:** O arquivo ZIP descompacta automaticamente, mostrando o aplicativo Processing, que você pode arrastar para a pasta Aplicativos. A partir daí, você pode arrastar o Arduino para dock (a principal barra de apoio do MAC) a fim de facilitar o acesso ou criar um alias (nome do atalho no Mac, para o leitor que não o conhece) na área de trabalho.

» **No Windows:** Descompacte o arquivo ZIP e coloque a pasta Processing em sua área de trabalho ou em um local conveniente, como a pasta Arquivos de Programas: `C:/ Arquivos de Programas/ Processing/`. Crie um atalho para `Processing.exe` e coloque-o }em algum lugar conveniente, como em sua área de trabalho ou no menu Iniciar.

Conferindo o Processing

Depois de ter instalado o Processing, execute o aplicativo. O Processing é aberto com um sketch em branco (veja a Figura 13-2), semelhante à janela do Arduino, dividido em cinco áreas principais:

» Barra de ferramentas com botões

» Abas

» Editor de texto

» Área de mensagem

» Console

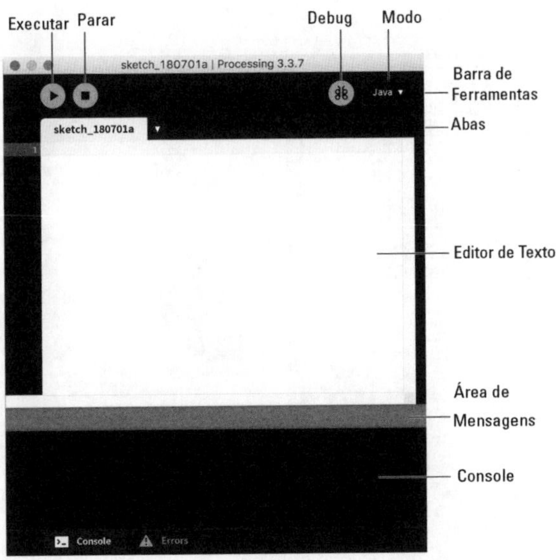

FIGURA 13-2: O aplicativo Processing é semelhante, mas diferente do Arduino.

O sketch em branco também contém uma barra de menus para o aplicativo principal do Processing, que fornece menus suspensos para acessar as preferências de processamento do aplicativo, fazer os upload dos sketches recentes, importar bibliotecas e executar muitas outras funções.

OPENFRAMEWORKS

O OpenFrameworks, um kit de ferramentas C ++ de código aberto para testar código, é desenvolvido com muito empenho por Zachary Lieberman, Theo Watson e Arturo Castro, além de outros membros da comunidade openFrameworks, que roda em Windows, macOS, Linux, iOS e Android. Ao contrário do Processing, não é baseado em Java. Em vez disso, é uma biblioteca C ++ desenvolvida para ser o esqueleto, a fim de se começar a usar aplicativos audiovisuais.

O OpenFrameworks é poderosíssimo quando se trata de gráficos, permitindo que você use facilmente o OpenGL para renderização intensiva ou aplicativos de vídeo. Em comparação com o Processing, Max e PureData (Max), o OpenFrameworks não é uma linguagem única; é uma coleção de bibliotecas de código aberto, conhecida como framework de software — daí o nome. Como ele não tem seu próprio IDE, o software usado para gravar e compilar o código depende da plataforma. Essa funcionalidade facilita os primeiros passos porque não existe um IDE controlado centralmente para sustentabilidade. O benefício é que o C ++ é altamente versátil e pode ser usado em praticamente qualquer plataforma que você possa imaginar, incluindo sistemas operacionais móveis.

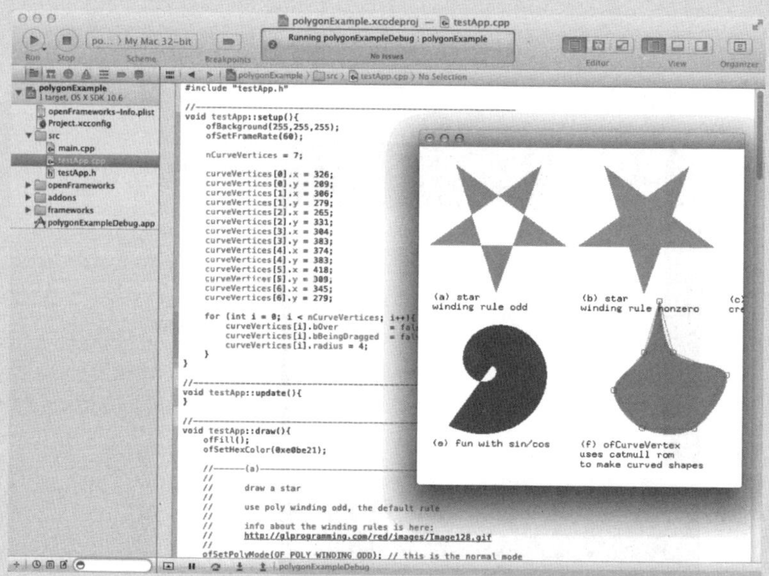

Você pode encontrar detalhes e tutoriais em www.openframeworks.cc/ e em `www.openframeworks.cc/learning` (conteúdos em inglês). A SparkFun também tem um tutorial excelente para usar o OpenFrameworks com o Arduino no Windows em `www.sparkfun.com/tutorials/318` (conteúdo em inglês).

Veja abaixo uma visão geral da barra de ferramentas do Processing:

- **Executar:** Executa ou roda o código no editor de texto como um applet (uma pequena aplicação) em uma janela nova. Os atalhos do teclado para esse comando são Ctrl+R para Windows e Cmd+R para macOS.
- **Parar:** Interrompe a execução do código e fecha a janela do applet.
- **Debug:** Uma ferramenta para ajudá-lo a identificar erros e depurar seu código.
- **Modo:** Altera o modo entre o Java (padrão), o Android (móvel e tabelas) e o JavaScript (aplicativos online). Essa funcionalidade é um novo desenvolvimento da última versão. Você pode encontrar mais detalhes sobre esses modos em `github.com/processing/processing-android/wiki` e `github.com/fjenett/javascript-mode-processing/wiki` (conteúdos em inglês).
- **Abas:** Organiza vários arquivos em um sketch Processing. Utilize as abas em programas maiores para separar os objetos do sketch principal ou para incorporar tabelas de pesquisa de dados em um sketch.
- **Editor de texto:** Insere o código no sketch. Os termos ou funções reconhecidos são destacados em cores apropriadas para maior legibilidade. O editor de texto é o mesmo que no Arduino IDE.
- **Área de mensagens:** Exibe erros, feedback ou informações sobre a tarefa atual. Talvez você veja uma notificação de que o sketch foi salvo com sucesso, porém, quase sempre, a mensagem mostra onde os erros estão sinalizados.
- **Console:** Exibe mais detalhes a respeito de seu sketch. Você pode usar a `função println()` aqui para exibir os valores em seu sketch. Detalhes complementares sobre erros também são mostrados.

Testando Seu Primeiro Sketch no Processing

Ao contrário do Arduino, você não precisa de um kit extra para começar a usar o Processing. Essa funcionalidade faz com que ele seja bem prático quando se trata de aprender sobre programação, porque você pode inserir uma ou duas linhas de código, clicar em Executar e ver quais são os resultados.

Comece seu primeiro sketch com as seguintes etapas:

1. **Pressione Ctrl+N (no Windows) ou Cmd+N (no Mac) para abrir um sketch novo.**
2. **Clique no editor de texto e digite esta linha de código:**

```
ellipse(50,50,10,10);
```

3. **Clique no botão Executar.**

   Uma nova janela de applet é aberta, mostrando um círculo branco no meio de uma caixa cinza, como na Figura 13-3.

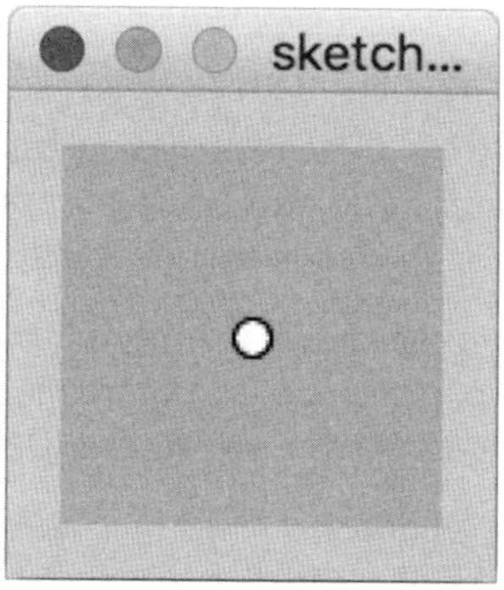

FIGURA 13-3: Um sketch Processing que desenha uma elipse com dimensões iguais, também conhecido como círculo.

Muito bem! Você acabou de escrever seu primeiro programa no Processing.

Já terminou de babar no seu círculo? Essa linha de código desenha uma elipse. Uma elipse normalmente não é circular, mas você forneceu os parâmetros para fazer um círculo.

A palavra *elipse* é destacada em turquesa no editor de texto, indicando que é uma função reconhecida. Os dois primeiros números são as coordenadas da elipse, que neste caso são 50, 50. A unidade dos números está em pixels. Como a janela-padrão é 100 x 100 pixels, coordenadas de 50, 50 posicionam a elipse no centro. Os 10, 10 valores indicam a largura e a altura da elipse, resultado em um círculo. Você poderia escrever a função também como:

```
ellipse(x,y,width,height)
```

As coordenadas para a elipse (ou qualquer formato ou ponto, nessas circunstâncias) são escritas como x e y. Estes indicam um ponto no espaço bidimensional (2D) que, nesse caso, é um ponto medido em pixels em sua tela. As posições horizontais são referenciadas como a coordenada x; as posições verticais como coordenada y. A profundidade usada no espaço 3D é indicada como z. Adicione a seguinte linha de código, logo acima da instrução `ellipse()`:

```
size(300,200);
```

Clique no botão Executar e você terá uma janela retangular com a elipse no canto superior esquerdo, conforme mostra a Figura 13-4. A função `size()` é utilizada para definir o tamanho da janela do applet em pixels, que neste caso tem 300 pixels de largura e 200 pixels de altura. Caso a sua tela não seja como a da Figura 13-4, você pode ter colocado as instruções na ordem errada. As linhas de código são lidas ordenadamente, portanto, se o código de elipse for o primeiro, a janela em branco será desenhada sobre a elipse. E com uma janela retangular, você vê que as coordenadas são calculadas do canto superior esquerdo.

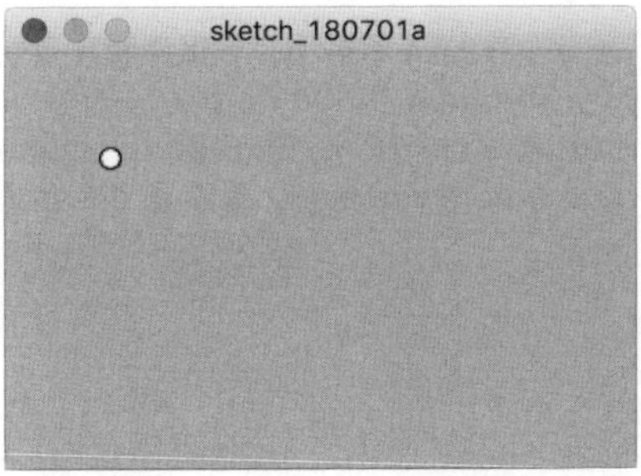

FIGURA 13-4: Uma janela de exibição redimensionada.

As coordenadas são calculadas em uma grade invisível com o ponto central em 0, 0 para 2D (ou 0, 0, 0 para 3D), referenciada como a *origem*. Esse modo de referenciar as posições é baseado no sistema de coordenadas cartesianas, que você deve ter estudado na escola. Os números podem ser positivos ou negativos, dependendo de qual lado da origem eles estão. Nas telas de computador, ela está no canto superior esquerdo porque os pixels são desenhados do canto superior esquerdo para o canto inferior direito, uma linha por vez (veja a Figura 13-5). Logo, a instrução `size (300,200)` desenha uma janela de 300 pixels da esquerda para a direita na tela e, em seguida, 200 pixels de cima para baixo.

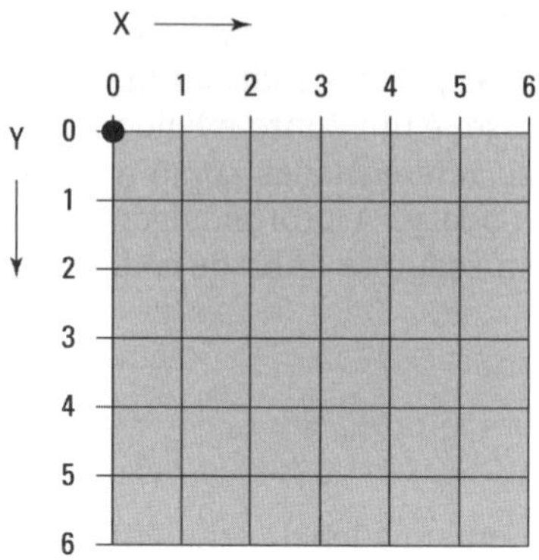

FIGURA 13-5: A aparência da grade em um computador.

Desenhando formatos

A fim de compreender melhor as possibilidades que você tem para desenhar formas e formatos, veja algumas formas básicas: ponto, linha, retângulo e elipse.

Ponto

Um único ponto é a forma mais básica e é útil para criar formatos mais complexos. Escreva o código a seguir e clique no botão Executar. Observe atentamente e você verá um único pixel preto no centro da janela de exibição (veja a Figura 13-6). Este é o ponto que seu código desenhou.

FIGURA 13-6: Se você olhar de perto, consegue ver o ponto.

```
size(300,200);
point(150,100);
```

A função `point` também pode ser escrita da seguinte maneira:

```
point(x,y);
```

Linha

Uma linha é composta de dois pontos conectados, o que é feito definindo os pontos iniciais e final. Escreva o código para gerar uma tela como a da Figura 13-7:

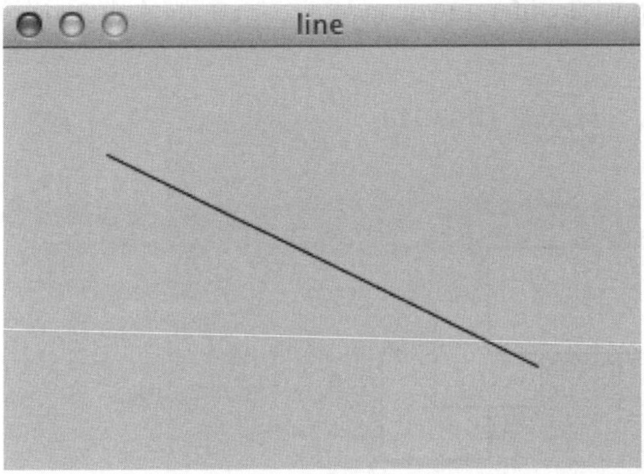

FIGURA 13-7: Uma linha entre dois pontos.

```
size(300,200);
line(50,50,250,150);
```

Você também pode escrever uma linha do seguinte modo:

```
line(x1,y1,x2,y2);
```

Retângulo

Você pode desenhar um retângulo de inúmeros jeitos diferentes. Neste primeiro exemplo, um retângulo é desenhado identificando o ponto inicial e depois a largura e a altura do retângulo. Escreva o seguinte código para desenhar um retângulo no centro da sua janela:

```
size(300,200);
rect(150,100,50,50);
```

Neste caso, você tem um retângulo que começa no ponto 150, 100 no centro da janela. Este é o canto superior esquerdo do retângulo, e de lá ele tem uma largura de 50, que estende o retângulo para a direita da janela, e uma altura de 50, que se estende em direção à parte inferior da janela. Essa função é bem prática se não quiser que o tamanho do retângulo mude, mas queira alterar sua posição. Você também pode escrever o código da seguinte maneira:

```
rect(x,y,width,height);
```

Ao desenhar retângulos, você pode escolher entre diferentes modos (veja a Figura 13-8). Se o modo estiver definido para o centro, o retângulo será desenhado centrado em torno de um ponto, em vez de ser desenhado a partir desse ponto. Escreva o código a seguir e você verá que os mesmos valores exibem uma posição diferente quando a `rectMode` é alterada para `CENTER`:

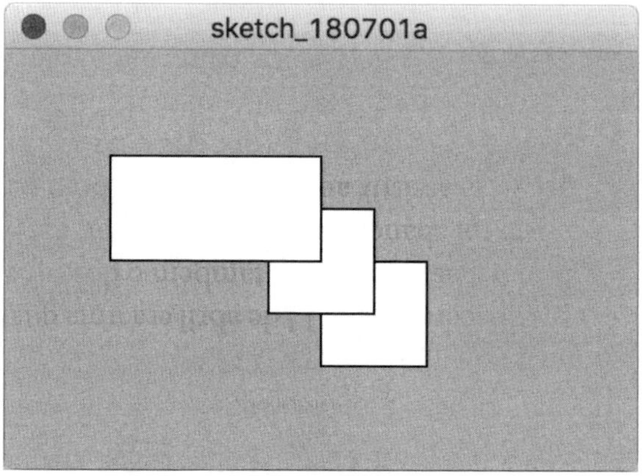

FIGURA 13-8: Uma seleção de retângulos desenhados de maneira diferente.

```
rectMode(CENTER);
size(300,200);
rect(150,100,50,50);
```

Você pode ver que o retângulo está agora no centro da janela de exibição. A forma se estende igualmente do ponto central da esquerda para a direita e de cima para baixo.

Você também pode desenhar um retângulo declarando dois cantos diagonalmente opostos. Escreva o código a seguir, só que desta vez com `rectMode` definido como `CORNERS`:

```
rectMode(CORNERS);
size(300,200);
rect(150,100,50,50);
```

Você vê um retângulo que é bem diferente dos outros, pois ele começa no mesmo ponto no centro, 150,100, porém termina no ponto 50, 50, criando um retângulo posicionado acima e à esquerda do ponto inicial. Você também pode escrever o código da seguinte maneira:

```
rect(x1,y1,x2,y2);
```

Elipse

O primeiro item abordado neste capítulo foi a função `elipse`, que pode ser utilizada para simplesmente desenhar uma elipse. Escreva o seguinte código para desenhar uma elipse no centro da janela:

```
ellipse(150,100,50,50);
```

O modo-padrão para `elipse` é `CENTER`, ao passo que o modo-padrão para `rect` é `CORNER`. A linha de código anterior também pode ser escrita da seguinte maneira:

```
ellipse(x,y,width,height);
```

Assim como o `rectMode()`, é possível definir modos diferentes (veja a Figura 13-9) para desenhar elipses usando o `ellipseMode()`. Escreva o código a seguir para desenhar uma elipse a partir do canto, em vez do centro:

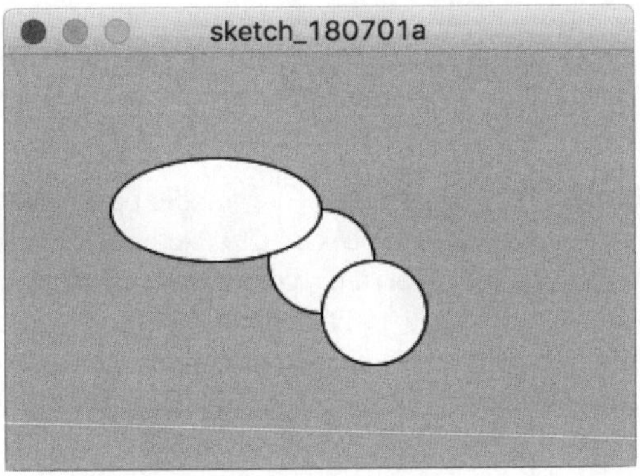

FIGURA 13-9: Uma seleção de elipses desenhadas de maneira diferente.

```
ellipseMode(CORNER);
size(300,200);
ellipse(150,100,50,50);
```

Isso desenha uma elipse a partir da sua borda superior esquerda com uma largura de 50 e uma altura de 50.

É possível também desenhar uma elipse especificando muitas bordas. Escreva o seguinte código para alterar o `ellipseMode` para `CORNERS`:

```
ellipseMode(CORNERS);
size(300,200);
ellipse(150,100,50,50);
```

ENTENDENDO OS BINÁRIOS, BITS E BYTES

O sistema numérico binário, também conhecido como base-2, usa apenas dois valores: 0 ou 1. Os números decimais utilizam 0 a 9 e são geralmente chamados de base-10. Já os números hexadecimais usam 0 a 9 e A a F e são chamados de base-16.

Mas como é que o binário pode ajudá-lo quando você está tentando se comunicar com um monte de coisas e lhe restam apenas duas opções? A resposta é: você usa muitos valores binários.

Por exemplo, se tiver um número binário de base-2, como 10101101, poderá determinar seu valor na base-10 com uma tabela de pesquisa simples. Normalmente, o binário é lido da direita para a esquerda. Como o sistema é base-2, cada valor é o valor binário multiplicado por 2 para a potência de (2x), na qual x é igual à ordem do bit, começando em 0 à direita. Por exemplo, conforme mostrado a seguir, o quarto valor binário é igual a 1x (2x2x2) = 8.

Binário	1	0	1	0	1	1	0	1	
Cálculo	1×2^7	0×2^6	1×2^5	0×2^4	1×2^3	1×2^2	0×2^1	1×2^0	Total
Decimal	128	0	32	0	8	4	0	1	173

Como você pode observar, números extremamente grandes podem ser formados usando apenas zeros e uns. Nesse caso, você tem oito valores binários com um valor decimal total de 255. Quando se fala em memória, cada valor binário recebe um bit de memória e cada grupo de oito bits é chamado de byte. Para que você tenha uma noção de escalabilidade, um sketch Arduino em branco usa 466 bytes; Um Uno pode armazenar no máximo 32.256 bytes, e um Mega pode armazenar no máximo de 258.048 bytes.

Tal como o `rectMode(CORNERS)`, o `ellipseMode(CORNERS)` cria uma elipse posicionada acima e à esquerda do ponto inicial. A primeira borda é o ponto central do sketch e a segunda está no ponto 50,50.

Alterando a cor e a opacidade

Agora que você já entende como fazer formas, é hora de influenciar a aparência delas. A maneira mais simples de alterar a aparência de uma forma é mudar a cor. Usando as funções `background` e `fill`, você pode alterar a cor das formas na tela para qualquer uma das 16.777.216 cores. Você também pode definir a opacidade dos objetos desenhados; isso lhe permite combinar as cores usando camadas de formas semitransparentes.

Função background

A função `background` modifica o segundo plano do seu sketch. Você pode escolher os valores em escala tons de cinza ou de cores. Você começará modificando os valores em escala de tons de cinza.

Abra um sketch novo e digite o código a seguir para alterar a janela cinza padrão para preto:

```
background(0);
```

Modifique de 0 a 255 para alterar a cor para branco:

```
background(255);
```

Qualquer valor entre 0 (preto) e 255 (branco) é um valor em tons de cinza. O motivo pelo qual esse intervalo é de 0 a 255 é que há 8 bits de dados em um byte, o que significa que você precisa de um byte para armazenar um valor de cor em uma escala de tons de cinza.

Para deixar as coisas um pouco mais divertidas, você pode adicionar cor ao segundo plano do seu sketch. Em vez de escala de tons cinza de 8 bits, você usa cores de 24 bits, que é vermelho de 8 bits, verde de 8 bits e azul de 8 bits. A cor do segundo plano é definida com três valores em vez de um:

```
background(200,100,0);
```

Essa linha de código fornece um segundo plano laranja, que é composto por um valor vermelho de 200, um valor verde de 100 e um valor azul de 0. Há inúmeros modos de cor, mas, neste caso, essa linha de código pode ser interpretada da seguinte forma:

```
background(red,green,blue);
```

A função fill

Quer mudar a cor das formas que desenha? Use a função `fill` para definir a cor e controlar a opacidade da forma.

A `fill` define a cor para qualquer forma desenhada depois dela. Ao chamar a função `fill` muitas vezes, você pode alterar a cor de várias formas diferentes. Escreva o código a seguir para desenhar três elipses com cores diferentes, conforme mostrado na Figura 13-10:

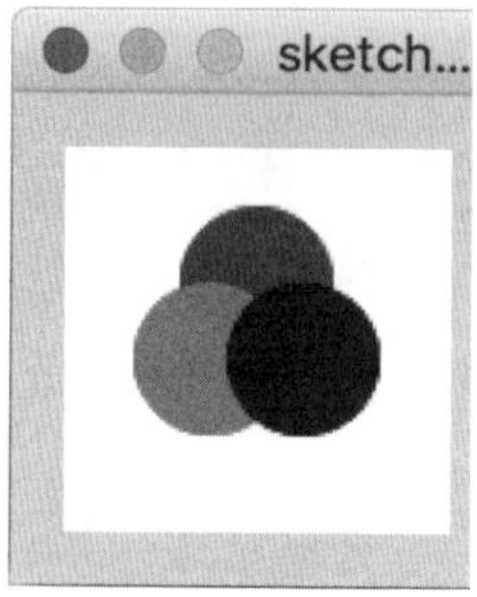

FIGURA 13-10: Os diferentes círculos coloridos.

```
background 255);
noStroke();

//Vermelho vivo
fill(255,0,0);
ellipse(50,35,40,40);

// Verde vivo
fill(0,255,0);
ellipse(38,55,40,40);

// Azul forte
fill(0,0,255);
ellipse(62,55,40,40);
```

O segundo plano é definido como branco (255), e a função `noStroke` remove as bordas das formas. Você pode comentar a função usando duas barras (//) para ver o efeito.

É importante também observar que todas as formas são desenhadas na ordem em que foram programadas. Você pode ver que o primeiro círculo a ser desenhado é vermelho, porque os outros dois círculos estão sobrepostos em camadas sobre ele. O valor de vermelho é o mais alto possível (255), assim como o segundo para verde e o terceiro para azul. Se outra forma fosse desenhada no final do código, seria o mesmo azul forte, porque esse é o último valor da função `fill`.

Você também pode modificar a opacidade das cores, criando formas semitransparentes. Ao adicionar um quarto valor à função `fill`, você pode definir a opacidade de 0 (totalmente transparente) a 255 (cor sólida). Atualize o código anterior com os seguintes valores para fornecer a transparência aos círculos:

```
background(255);
noStroke();
```

```
// Vermelho vivo
fill(255,0,0,100);
ellipse(50,35,40,40);

// Verde vivo
fill(0,255,0,100);
ellipse(38,55,40,40);

// Azul forte
fill(0,0,255,100);
ellipse(62,55,40,40);
```

Brincando com a interação

Tudo isso é muito divertido, mas é estático. No próximo exemplo, você traz um pouco de vida para seus sketches ao utilizar seu mouse como uma entrada. Para fazer isso, você deve atualizar constantemente o sketch executando um loop repetidamente, enviando novos valores para cada loop. Escreva o código a seguir para criar um sketch interativo:

```
void setup() {
}

void draw() {
ellipse(mouseX,mouseY,20,20);
}
```

Esse código desenha uma elipse no centro das coordenadas do ponteiro do mouse, portanto, quando você o move, deixa um rastro de elipses para trás, conforme mostra a Figura 13-11. As funções `mouseX` e `mouseY` são mostradas em rosa no editor de texto e pegam as coordenadas do ponteiro do mouse na janela. Os valores são o número de pixels na horizontal e na vertical, respectivamente.

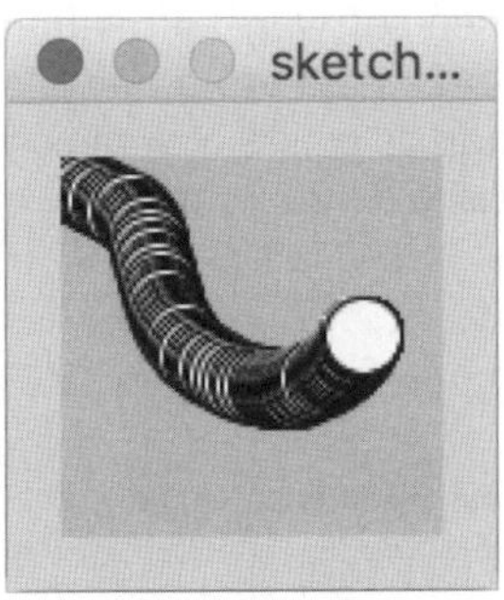

FIGURA 13-11: Desenhando muitas elipses onde quer que o ponteiro do mouse esteja.

Talvez esse código lhe pareça familiar. Em vez do `void setup` e do `void loop`, o Processing usa `void setup` e `void draw`. Eles funcionam quase da mesma maneira: o `setup` é executado uma vez no início do sketch; o `loop` e o `draw` são executados infinitamente, ou até que alguém solicite que eles parem. Você pode parar o sketch a qualquer momento clicando no botão Parar.

Altere um pouco o sketch, e você pode englobar todas as elipses anteriores para exibir apenas as mais recentes (veja a Figura 13-12).

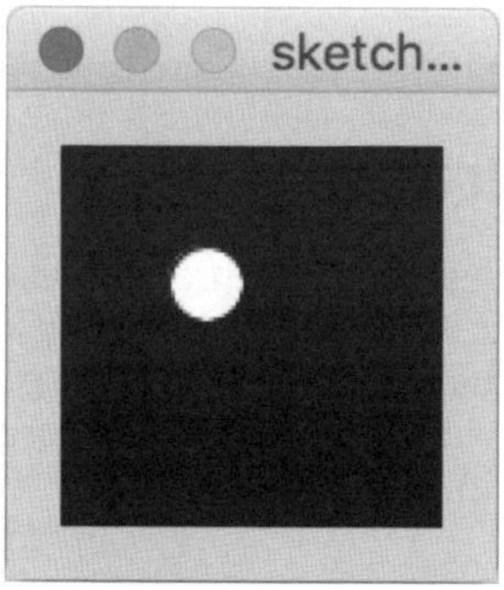

FIGURA 13-12: Apenas uma elipse na posição do ponteiro do mouse.

```
void setup() {
}

void draw() {
background(0);
ellipse(mouseX,mouseY,20,20);
}
```

Existe muito mais coisa que você pode fazer no Processing, mas que não consigo abordar neste livro. No entanto, o pouco que abordei pode ser o bastante para que você entenda o básico de como o código se relaciona com imagens na tela do seu computador. Você pode encontrar muitos exemplos, tanto no site do Processing quanto no seu software. A melhor abordagem é executar os exemplos e ajustar os valores para ver o que acontece. Você aprenderá mais rápido na prática testando as coisas e, sem componentes e circuitos eletrônicos, você não corre o risco de quebrar nada.

NESTE CAPÍTULO

» **Acionando uma luz por meio de um interruptor virtual**

» **Criando gráficos de dados do mundo físico**

» **Enviando sinais entre o Arduino e o Processing**

Capítulo 14

Processando o Mundo Físico

No capítulo anterior, você aprendeu os fundamentos do Processing e suas semelhanças e diferenças com o Arduino. Este capítulo analisa a combinação de ambas as ferramentas para integrar os mundos virtual e físico. Os poucos exercícios aqui presentes ensinam o básico sobre envio e recebimento de dados, tanto no Processing quanto no Arduino. Você pode aproveitar esse conhecimento para construir seus próprios projetos, talvez para gerar algumas imagens impressionantes na tela de seus sensores ou para acender uma luz toda vez que alguém mencionar você no Twitter.

Fazendo um Botão Virtual

Neste exemplo, você aprende como criar um botão na tela, no Processing, que influencia um LED físico em sua placa Arduino. Este é um ótimo sketch para se iniciar com as interações entre os computadores e o mundo real, e entre o Arduino e o Processing.

Você precisa do seguinte:

» Um Arduino Uno
» Um LED

A configuração simples para esta implementação entre o Arduino e o Processing exige somente um único LED. Como mostrado nas Figuras 14-1 e 14-2, insira a perna longa do LED no pino 13 e a perna curta no GND. Se você não tem um LED, pode simplesmente monitorar o LED integrado da placa, marcado com o L.

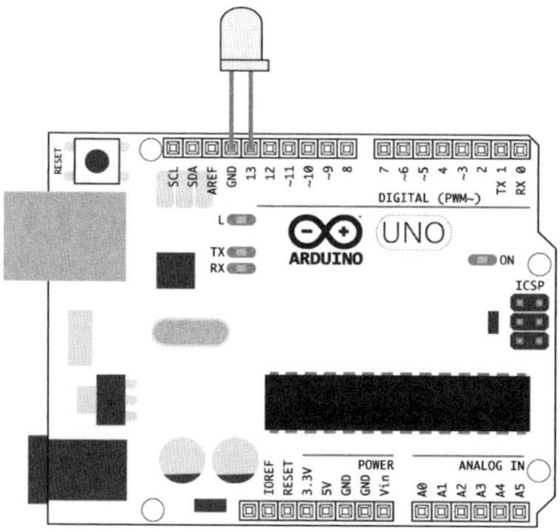

FIGURA 14-1: Um diagrama de circuito de um Arduino com um LED conectado ao pino 13.

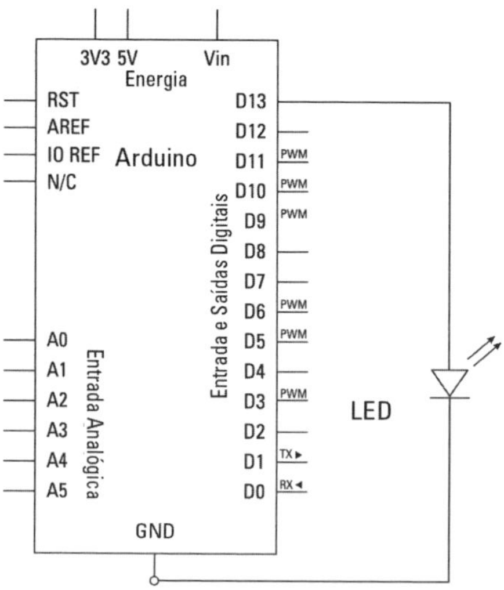

FIGURA 14-2: Um esquema de um Arduino com um LED conectado ao pino 13.

Organizando o código do Arduino

Depois que seu circuito é montado, você precisa do software adequado para usá-lo. No menu Arduino, escolha Arquivo ➪ Exemplos ➪ 04.Comunicação ➪ PhysicalPixel para abrir o sketch.

Esse sketch contém o código do Arduino e o código do Processing pertinente para o sketch funcionar. (Ele apresenta uma variação no Max 5.) O código logo abaixo do código do Arduino está comentado para evitar a interferência no código do Arduino.

PAPO DE ESPECIALISTA

Nas versões anteriores do Arduino, os arquivos de sketch terminavam com `.pde`, que é o sufixo do Processing. Isso causou tanta confusão que agora o sufixo do Arduino é `.ino`. Os sufixos diferentes possibilitam que se tenha um sketch Arduino e um sketch Processing no mesmo lugar. Se você tentar abrir um arquivo `.pde` no Arduino, o aplicativo presumirá que é um sketch antigo do Arduino e perguntará se você deseja alterar o sufixo para `.ino`.

```
/*
  Physical Pixel

  Um exemplo de uso da placa Arduino para receber dados do
computador.
  Neste caso, as placas Arduino acendem um LED quando recebem o
caractere
  'H' e desligam o LED quando recebem o caractere 'L'.

  Os dados podem ser enviados a partir do monitor serial do Arduino,
ou
  outro programa, como Processing (veja o código abaixo), Flash
(através
  de uma rede serial, proxy), PD ou Max/MSP.

 O circuito:
 * LED conectado a partir do pino digital 13 ao terra

 criado em 2006
 por David A. Mellis
 modificado em 30 de agosto de 2011
 por Tom Igoe e Scott Fitzgerald

 Este exemplo de código está em domínio público.

 http://www.arduino.cc/en/Tutorial/PhysicalPixel (conteúdo em inglês)
 */
```

```
const int ledPin = 13; // o pino no qual o LED está conectado
int incomingByte;      // uma variável para ler dados seriais
recebidos.

void setup() {
  // inicializa a comunicação serial:
  Serial.begin(9600);
  // inicializa o pino do LED como uma entrada:
  pinMode(ledPin, OUTPUT);
}

void loop() {
  //Vê se há dados seriais recebidos:
  if (Serial.available() > 0) {
    // Lê o byte mais antigo na memória serial:
    incomingByte = Serial.read();
    // se for um H maiúsculo (ASCII 72), liga o LED:
    if (incomingByte == 'H') {
      digitalWrite(ledPin, HIGH);
    }
    // se for um L (ASCII 76) desliga o LED:
    if (incomingByte == 'L') {
      digitalWrite(ledPin, LOW);
    }
  }
}
```

Agora, siga as etapas para fazer upload do seu sketch.

Com o Arduino configurado para receber uma mensagem do Processing, você precisa organizar o sketch Processing para enviar uma mensagem de sinal pela mesma porta serial para o seu Arduino.

Organizando o código do Processing

O código do Processing está disponível em comentários multilinhas marcados com (/* */) na parte inferior do sketch PhysicalPixel do Arduino. Copie o código dentro dos marcadores de comentário, cole-o em um sketch novo do Processing e salve-o com um nome apropriado, como PhysicalPixel:

```
// Movimentando um mouse com um LED

// Demonstra como enviar dados para a placa de I/O do Arduino, a fim
de
```

```
// ligar uma luz se o mouse estiver acima de um quadrado e desligá-la
// se não estiver.

// criado em abril de 2003
// baseado nos exemplos de Casey Reas e de Hernando Barragan
// modificado em 30 de agosto de 2011
// por Tom Igoe
// Este exemplo de código está em domínio público.



import processing.serial.*;

float boxX;
float boxY;
int boxSize = 20;
boolean mouseOverBox = false;

Serial port;

void setup()  {
size(200, 200);
boxX = width/2.0;
boxY = height/2.0;
rectMode(RADIUS);

// Lista todas as portas seriais disponíveis no painel de saída.
// Você precisará escolher a porta à qual a placa do Arduino está
// conectada a partir desta lista. A primeira porta na lista é
// a porta #0 e a terceira porta na lista é a porta #2.
println(Serial.list());

// Disponibiliza a porta à qual a placa do Arduino está conectada
 (neste
// caso, #0).
// Assegure-se de abrir a porta na mesma velocidade que o Arduino
 está usando (9600bps)
port = new Serial(this, Serial.list()[0], 9600);

}

void draw()
{
background(0);

// Testa se o cursor está acima da caixa
```

```
if (mouseX > boxX-boxSize && mouseX < boxX+boxSize &&
mouseY > boxY-boxSize && mouseY < boxY+boxSize) {
mouseOverBox = true;
// desenhe uma linha ao redor da caixa e altera sua cor:
stroke(255);
fill(153);
// envia um 'H' para indicar que o mouse está acima do quadrado:
port.write('H');
}
else {
// retorna a caixa ao seu estado inativo:
stroke(153);
fill(153);
// envia um 'L' para desligar o LED:
port.write('L');
mouseOverBox = false;
}

// Desenha a caixa
rect(boxX, boxY, boxSize, boxSize);
}
```

Clique no botão Executar para executar o sketch Processing, e um applet será exibido. O applet tem um plano de fundo preto com um quadrado cinza no meio, representando seu botão virtual (mostrado na Figura 14-3). Se você mover o cursor do mouse acima do quadrado cinza (ou pixel), poderá ver que suas bordas ficam brancas. Depois, se você observar seu Arduino, verá que sempre que o cursor do mouse passa em cima do quadrado cinza, o LED na sua placa se ilumina, dando a você uma representação física do seu pixel.

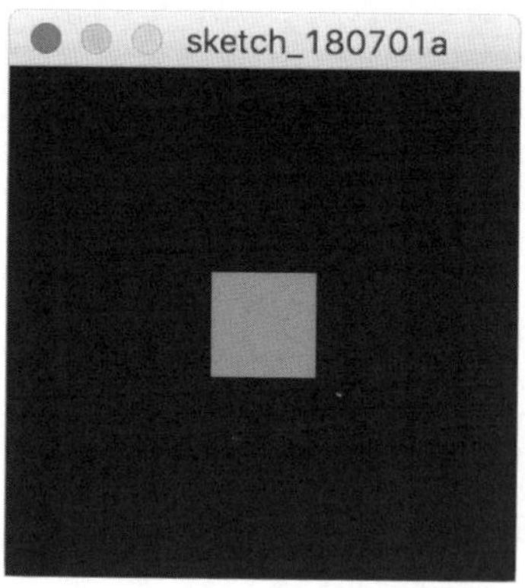

FIGURA 14-3: Seu applet do Processing exibindo o pixel virtual.

Caso o LED não acenda, confira seus cabos e fios:

- » Confira se você está usando o número de pinos correto.
- » Certifique-se de que as pernas do LED estejam inseridas corretamente.
- » Verifique se você está usando a porta serial correta.
- » Confira se o seu código Arduino foi enviado corretamente e se o seu código do Processing não tem erros. Repare que não é possível fazer upload enquanto o sketch de Processing estiver se comunicando com seu Arduino, então você precisa parar o sketch antes de fazer o upload.

Entendendo o sketch PhysicalPixel do Processing

Sempre que possível, dividir os projetos em elementos é uma boa ideia. Talvez você tenha muitas entradas e saídas, mas, se lidar com elas uma de cada vez, serão mais fáceis de entender e de solucionar. Como a função do Processing tem a ver com a entrada, é prudente começar por aqui.

A estrutura do sketch Processing é parecida com a do Arduino. Você inclui bibliotecas e declara variáveis no início do sketch e define valores fixos ou inicializações na função `setup`. Em seguida, a função `draw` repete seu processo até que lhe seja dito o contrário.

O Processing usa bibliotecas para adicionar as funcionalidades da mesma forma que o Arduino. Nesse caso, é necessária uma biblioteca de comunicação serial para falar com o Arduino. No Arduino, essa biblioteca está incluída usando `#include <libraryName.h>`. No entanto, no Processing, você usa a palavra-chave `import` seguida do nome e da sintaxe `*` para carregar todas as partes relacionadas dessa biblioteca:

```
import processing.serial.*;
```

Um *float* é um número de ponto flutuante, com uma casa decimal, como 0,5 ou 10,9. Aqui, dois números de ponto flutuante são declarados, `boxX` e `boxY`. Estas são as coordenadas para a localização da caixa:

```
float boxX;
float boxY;
```

Em seguida, o `boxSize` define o tamanho da caixa como um int, ou um número inteiro. Como é um quadrado, somente um valor é necessário:

```
int boxSize = 20;
```

Um Booleano (que pode ser apenas `true` ou `false`) é utilizado para comunicar que o cursor do mouse está em cima da caixa. `boolean` está definido para iniciar como `false`:

```
boolean mouseOverBox = false;
```

A última coisa a fazer é criar um novo objeto `Serial port`. Muitas conexões seriais podem estar sendo usadas pelo seu computador, por isso, é importante que cada uma seja nomeada de modo que possa ser utilizada, conforme necessário. Nesse caso, você está usando apenas uma porta. A palavra *serial* é específica da biblioteca serial para indicar que você deseja criar um objeto serial novo (conexão), e a palavra *port* é o nome do objeto (conexão) usado para se referir à porta a partir deste ponto. Pense nisso como colocar uma coleira em seu gato. Caso muitos gatos estejam em um cômodo, todos eles se parecem muito e seguem as mesmas regras gerais, porém todos são uma unidade independente. Se você colocar uma coleira colorida em cada gato com um nome impresso, poderá identificar facilmente qual gato é qual.

```
Serial port;
```

Na `setup`, o primeiro item a definir é o tamanho da janela de exibição, que é definida como 200 pixels quadrados:

```
void setup() {
  size(200,200);
```

As variáveis para `boxX` e `boxY` são ajustadas para serem proporcionais à largura e à altura, respectivamente, da janela de exibição. Elas são sempre iguais à metade da largura e da altura. Em seguida, o `rectMode` é definido como `RADIUS`, que é semelhante ao `CENTER`, porém, em vez de especificar a largura e a altura gerais do retângulo, o `RADIUS` especifica metade da altura e da largura. (`CENTER` poderia ser interpretado como diâmetro nesse contexto.) Como as coordenadas da caixa estão centralizadas e alinhadas, conforme o ponto central da janela de exibição, a caixa também está perfeitamente centralizada:

```
  boxX = width/2.0;
  boxY = height/2.0;
  rectMode(RADIUS);
```

Seu computador pode ter muitas conexões seriais, assim, é bom exibir uma lista delas para conseguir localizar sua placa Arduino:

```
println(Serial.list());
```

Geralmente, a porta mais recente aparece no início dessa lista, na posição 0, então, se acabou de conectar sua placa Arduino, o primeiro item provavelmente é o que você quer. Caso não esteja utilizando a função `Serial.list`, poderá substituir a `Serial.list()[0]` por outro número na lista, que será exibido no console. Você também pode substituir a `Serial.list()[0]` pelo nome da porta, como /dev/tty.usbmodem26221 ou COM5. Especificar o nome também ajuda se você tiver muitas placas Arduino conectadas ao mesmo computador. O número 9.600 refere-se à taxa de transmissão, que é a taxa na qual você está se comunicando com o Arduino.

```
port = new Serial(this, Serial.list()[0], 9600);
}
```

LEMBRE-SE

Se o número da taxa de transmissão não for o mesmo em ambas as pontas (o terminal de envio e o terminal de recebimento), os dados não serão recebidos.

Na `draw`, a primeira tarefa é desenhar um segundo plano preto:

```
void draw()
{
  background(0);
```

O Processing usa as mesmas condições (ou similares) que o Arduino. Esta instrução `if` testa o valor do mouse para ver se o cursor está em cima da área da caixa. Se `mouseX` for maior que a coordenada da caixa (centro) menos o tamanho da caixa (metade da largura da caixa) e menor que a coordenada da caixa (centro) mais o tamanho da caixa (metade da largura da caixa), a posição horizontal será em cima da caixa. Essa instrução é utilizada novamente com a posição vertical, usando as instruções `AND` (`&&`) para adicionar às condições da instrução `if`. Somente se tudo isso for `true`, o mouseOverBox Booleano pode ser declarado verdadeiro:

```
  // Testa se o cursor está em cima da caixa
  if (mouseX > boxX-boxSize && mouseX < boxX+boxSize &&
    mouseY > boxY-boxSize && mouseY < boxY+boxSize) {
mouseOverBox = true;
```

Para indicar que `mouseOverBox` é `true`, o código desenha uma linha branca ao redor da caixa. Em vez de exigir que uma outra caixa seja desenhada, a linha branca aparece simplesmente alterando o traço ou o contorno (*stroke* é um termo comum na maioria dos softwares de gráficos). Stroke é definido como 255, que contorna a caixa em branco:

```
    // desenhe uma linha ao redor da caixa e altera sua cor:
    stroke(255);
```

Fill é definido como 153, um cinza médio, que colore o próximo objeto desenhado:

```
    fill(153);
```

Então, a comunicação importantíssima é enviada. A instrução `port.write` é semelhante à `Serial.print`, porém é utilizada para escrever em uma porta serial no Processing. O caractere enviado é `H`, de high:

```
    // envia um 'H' para indicar que o mouse está em cima do quadrado:
    port.write('H');
  }
```

A instrução `else` informa ao Processing o que fazer se o cursor do mouse não estiver em cima da caixa:

```
  else {
```

O valor `stroke` é definido para o mesmo cinza médio da caixa. A cor de preenchimento da caixa permanece a mesma, ativa ou inativa:

```
    // retorna a caixa ao seu estado inativo:
    stroke(153);
    fill(153);
```

O caractere L é enviado para a porta serial a fim de indicar que o LED deve ser definido como Low:

```
    // envia um 'L' para desligar o LED:
    port.write('L');
```

O Booleano mouseOverBox é definido como false:

```
    mouseOverBox = false;
  }
```

Finalmente, a caixa (tecnicamente, um retângulo) é desenhada. As coordenadas estão sempre centralizadas e o tamanho dela permanece o mesmo; a única diferença é a cor aplicada pela instrução if. Caso o cursor do mouse esteja em cima da caixa, o valor stroke será alterado para branco (ativo), senão, será definido para o mesmo cinza da caixa e parecerá não estar lá (inativo):

```
  // Desenha a caixa
  rect(boxX, boxY, boxSize, boxSize);
}
```

Compreendendo o sketch PhysicalPixel do Arduino

Na seção anterior, você descobriu que a parte do Processing fornece um sinal. O sinal é enviado através da conexão serial à sua placa Arduino. Nesta seção, explicarei o que o código do Arduino faz com o sinal. O código do Arduino deste exemplo é simples comparado a outros exemplos do livro e é ótimo para entender como uma conexão serial é feita. Sempre aconselho começar com este sketch para qualquer comunicação entre o Processing e o Arduino. É uma excelente base para garantir que seu hardware e software estejam funcionando, e depois você pode desenvolvê-lo ou adaptá-lo, conforme necessário.

Primeiro, os valores das constantes e das variáveis são declarados. O pino do LED — pino 13 — é a saída do LED e não muda, por isso, ele é declarado como uma constante. O valor de incomingByte muda e é declarado como um inteiro (int), não como um caractere (char). Explicarei o motivo disso mais adiante.

```
const int ledPin = 13; // o pino no qual o LED está conectado
int incomingByte;      // uma variável para ler dados seriais
recebidos.
```

Na setup, a comunicação serial é inicializada e definida para uma taxa de transmissão correspondente de 9.600.

LEMBRE-SE

Lembre-se de que no Processing e no Arduino, se você alterar a velocidade do envio de dados do dispositivo ou do aplicativo, também deverá mudar a velocidade do dispositivo ou do aplicativo que recebe os dados. Ao se comunicar com um computador, você deve escolher um dos seguintes valores: 300, 600, 1.200, 2.400, 4.800, 9.600, 14.400, 19.200, 28.800, 38.400, 57.600 ou 115.200.

```
void setup() {
  // inicializa a comunicação serial:
  Serial.begin(9600);
```

O pino 13, ou `ledPin`, como é chamado, é definido como uma saída.

```
  // inicializa o pino do LED como uma entrada:
  pinMode(ledPin, OUTPUT);
}
```

A primeira ação no `loop` é determinar se algum dado está disponível. A `Serial.available` lê a memória serial, que armazena todos os dados enviados ao Arduino antes de serem lidos. Nada acontece até que os dados sejam enviados à memória.

Ao conferir que o valor é maior que 0, você reduz consideravelmente o número de leituras. Ler os lotes de 0 ou dos valores nulos pode retardar significativamente o desempenho do seu Arduino e qualquer leitura de programa ou hardware a partir dele:

```
void loop() {
  //Vê se há dados seriais recebidos:
  if (Serial.available() > 0) {
```

Se um valor for maior que 0, ele será armazenado na variável `int incomingByte`:

```
  // Lê o byte mais antigo na memória serial:
  incomingByte = Serial.read();
```

Agora você precisa saber se os dados recebidos são o que seu programa está esperando. O Processing enviou H como caractere, todavia, isso é apenas um byte de dados que pode ser entendido como um número ou um caractere. Nessa situação, você está tratando isso como um inteiro. Esta instrução `if` verifica se o valor inteiro é igual a 72, que é igual ao caractere H em ASCII. As aspas sinalizam que é um caractere, e não uma variável. A instrução `if (incomingByte == 72) {` retornaria o mesmo resultado:

```
    // se for um H maiúsculo (ASCII 72), liga o LED:
    if (incomingByte == 'H') {
```

Se os valores forem iguais, o pino 13 é definido como `HIGH`:

```
      digitalWrite(ledPin, HIGH);
    }
```

Se o valor for o caractere L ou o valor inteiro 76, o mesmo pino será definido como `LOW`:

```
    // se for um L (ASCII 76) desliga o LED:
    if (incomingByte == 'L') {
      digitalWrite(ledPin, LOW);
    }
  }
}
```

Essa interação básica entre Processing e Arduino funciona muito bem como base para projetos ainda maiores. Nesse exemplo, a interação na tela é a entrada e pode ser convertida por entradas mais práticas ou mais sofisticadas. Uma dessas entradas é o rastreamento de rosto: quando seu rosto está no centro da tela, o sinal é enviado. Na parte do código do Arduino, como é o caso do Processing, um array enorme de saídas poderia ser desencadeado, além de acender um LED (ainda que fosse a coisa mais linda). Por exemplo, você poderia vincular acopladores ópticos a um controle remoto e iniciar a reprodução de uma música sempre que um sinal alto fosse enviado, e poderia pausá-la sempre que um sinal baixo fosse enviado. Veja o capítulo de bônus, "Hackeando Outros Hardwares", em `www.altabooks.com.br/`, para saber mais a respeito de como trabalhar com acopladores ópticos.

Desenhando um Gráfico

Na seção anterior, você viu como enviar um sinal em uma direção. Quer aprender como enviar sinais na outra direção, do Arduino para o Processing? Neste exemplo, você descobrirá como ler o valor de um potenciômetro usando seu Arduino e o exibe em um applet do Processing.

Você precisa do seguinte:

- » Um Arduino Uno
- » Uma breadboard
- » Um potenciômetro
- » Fios de jumper

Esse circuito básico usa um potenciômetro para enviar um valor analógico para o Processing, que pode ser interpretado e exibido em um gráfico na tela. Monte o circuito conectando o pino central do potenciômetro ao pino analógico 0, conforme mostrado nas Figuras 14-4 e 14-5. O potenciômetro é conectado com o pino central que, por sua vez, é conectado ao pino analógico 0. Dos outros dois pinos, um é conectado ao 5V e o outro ao GND. Ao inverter esses pinos, você pode alterar as direções a partir das quais o potenciômetro realiza os cálculos quando for girado.

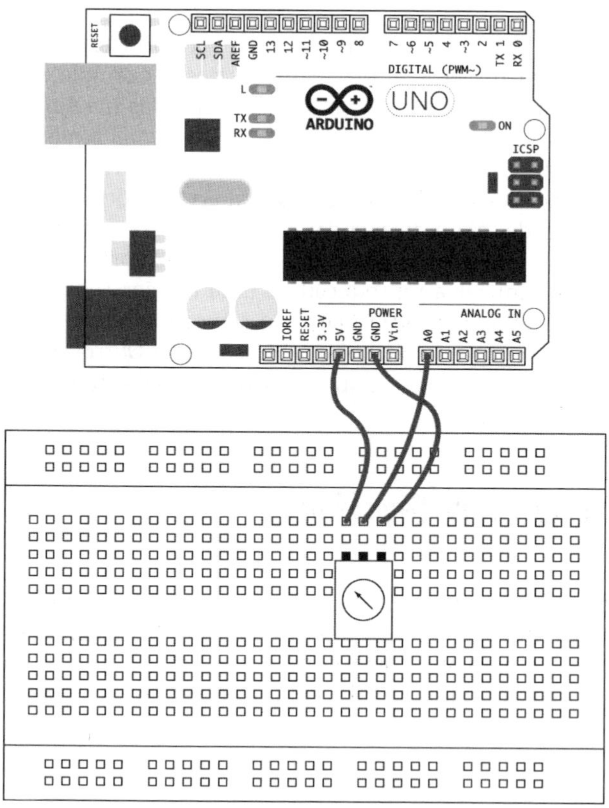

FIGURA 14-4: Um diagrama de circuito para uma entrada de potenciômetro.

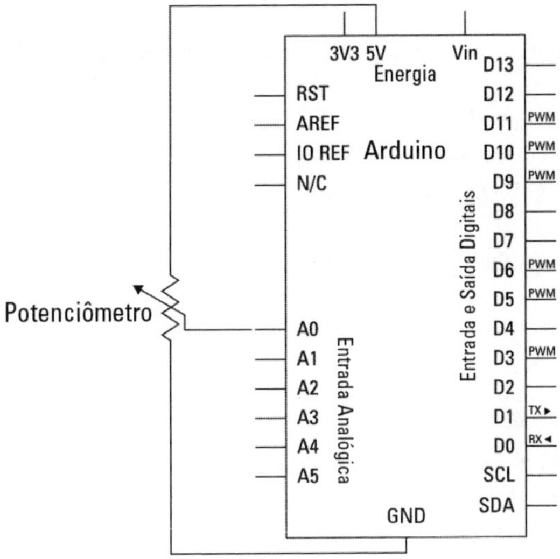

FIGURA 14-5: Um esquema para uma entrada de potenciômetro.

Organizando o código do Arduino

Depois de montar seu circuito, você precisa do software adequado para usá-lo. No menu Arduino, escolha Arquivo ➪ Exemplos ➪ 04.Comunicação ➪ Gráfico para abrir o sketch. Esse sketch contém o código do Arduino e o código do Processing pertinente para o sketch funcionar (e também tem uma variação no Max 5). O código do Processing logo abaixo do código do Arduino está comentado para evitar a interferência no código do Arduino.

```
/*
  Graph

   Um exemplo simples de comunicação da placa Arduino como computador:
   o valor da entrada analógica 0 é enviado pela porta serial. Nós
   chamamos isso de comunicação "serial" porque a conexão aparece tanto
   para o Arduino quanto para o computador como uma porta serial,
   mesmo que, na verdade, ele possa utilizar um cabo USB. Os bytes são
   enviados
   um após o outro (em série) da placa Arduino para o computador.

   Você pode usar o Monitor Serial do Arduino para visualizar os dados
   enviados, ou eles podem ser lidos pelo Processing, PD, Max/MSP, ou
   qualquer outro programa capaz de efetuar a leitura de dados a
 partir de
   uma porta serial.  O código do Processing abaixo representa
   graficamente os dados recebidos, assim você pode ver o valor da
   entrada analógica mudando com o passar do tempo.
```

```
O circuito:
 - qualquer sensor de entrada analógica conectado ao pino analógico 0.
criado em 2006
 por David A. Mellis
 modificado em 9 de abril de 2012
 por Tom Igoe e Scott Fitzgerald

 Este exemplo de código está em domínio público.

 http://www.arduino.cc/en/Tutorial/Graph (conteúdo em inglês)
 */

void setup() {
  // inicializa a comunicação serial:
  Serial.begin(9600);
}

void loop() {
  // envia o valor da entrada analógica 0:
  Serial.println(analogRead(A0));
  // aguarda um pouco pelo conversor analógico-digital
  // visando estabilização após a última leitura:
  delay(2);
}
```

Agora, siga as etapas para fazer upload do seu sketch.

Com o Arduino configurado para receber uma mensagem do Processing, você precisa organizar o sketch Processing para receber uma mensagem de sinal através da porta serial.

Organizando o código do Processing

O código do Processing está disponível em comentários multilinhas marcados com (/* */) na parte inferior do sketch Graph do Arduino. Copie o código dentro dos marcadores de comentário, cole-o em um sketch novo do Processing e salve-o com um nome apropriado, como Graph.

```
// Graphing sketch


// Este programa usa strings codificadas em ASCII da porta serial a
  uma
// taxa de transferência de 9600 e as transforma em gráficos.
// Ele espera os  valores no intervalo de 0 a 1023, seguidos por uma
// nova linha ou retorna uma nova linha.
```

```
// Criado em 20 abril 2005
// Atualizado em 18 de janeiro de 2008
// por Tom Igoe
// Este exemplo de código está em domínio público.

import processing.serial.*;

Serial myPort;         // A porta serial
int xPos = 1;          // Posição horizontal do gráfico
float inByte = 0;

void setup () {
  // define o tamanho da janela:
  size(400, 300);

// Lista todas as portas seriais disponíveis
// se estiver usando o Processing 2.1 ou posterior, use Serial.
printArray
// () println(Serial.list());
  // Eu sei que a primeira porta da lista serial em meu mac é sempre
  // meu Arduino, então abro Serial.list()[0].
  // Abra qualquer porta que você esteja usando.
  myPort = new Serial(this, Serial.list()[0], 9600);

  // não gere um serialEvent() a menos que você tenha um caractere de
 // linha nova:
  myPort.bufferUntil('\n');
  // define o segundo plano inicial:
  background(0);
}

void draw () {
  // desenha a linha:
  stroke(127, 34, 255);
  line(xPos, height, xPos, height - inByte);

  // na borda da tela, volte para o começo:
  if (xPos >= width) {
    xPos = 0;
    background(0);
  } else {
    // incrementa a posição horizontal:
    xPos++;
  }
}
```

```
void serialEvent (Serial myPort) {
  // obtém a string ASCII:
  String inString = myPort.readStringUntil('\n');

  if (inString != null) {
    // corta qualquer espaço em branco:
    inString = trim(inString);
    // converte para um int e mapeia para a altura da tela:
    inByte = float(inString);
    println(inByte);
    inByte = map(inByte, 0, 1023, 0, height);
  }
}
```

Clique no botão Executar para executar o sketch Processing, e um applet será exibido. O applet tem um segundo plano preto com um gráfico roxo representando a entrada analógica do Arduino, conforme mostrado na Figura 14-6. Quando você gira o potenciômetro, o gráfico roxo muda para combinar com ele. O gráfico é atualizado ao longo do tempo e, à medida que a leitura avança, ele preenche o espaço horizontal. Quando atinge a borda da janela de exibição, é redefinido para o ponto de partida, no lado esquerdo.

FIGURA 14-6: Um gráfico roxo mostrando sua leitura do sensor.

Se você não vir um gráfico, confira seus fios e cabos:

- » Confira se você está usando o número de pinos correto.
- » Verifique se o potenciômetro está conectado corretamente.
- » Verifique se você está usando a porta serial correta.
- » Confira se o seu código Arduino foi enviado corretamente e se o seu código do Processing não tem erros. Repare que é possível fazer upload enquanto o sketch Processing estiver se comunicando com seu Arduino, então você precisa parar o sketch antes de fazer o upload.

Entendendo o sketch Graph do Arduino

Na `setup`, o código só precisa inicializar a porta serial. A porta serial é definida para uma taxa de transmissão de 9.600, que deve corresponder à taxa de transmissão no sketch Processing.

Os pinos de entrada analógica são definidos para entrada por padrão, portanto, você não precisa definir seu `pinMode`:

```
void setup() {
  // inicializa a comunicação serial:
  Serial.begin(9600);
}
```

No `loop`, uma única linha exibe o valor do sensor para a porta serial. O pino é nomeado diretamente em vez de receber uma variável (como a `analogPin`), pois nenhuma menção de repetição ocorre. Esse pino é `A0` ou o pino de entrada analógica 0:

```
void loop() {
  // envia o valor da entrada analógica 0:
  Serial.println(analogRead(A0));
```

As leituras analógicas são executadas de forma bem rápida, geralmente mais rápido do que podem ser convertidas para o formato digital. Às vezes, essa velocidade provoca erros, desse modo, um pequeno delay de 2 milissegundos entre as leituras pode ajudar a estabilizar os resultados. Pense nisso como uma torneira que restringe o fluxo de água:

```
  // aguarda um pouco pelo conversor analógico-digital
  // visando estabilização após a última leitura:
  delay(2);
}
```

Compreendendo o sketch Graph do Processing

Quando os dados são enviados para a porta serial, o Processing lê estes dados e os interpreta para desenhar o gráfico de barras. Em primeiro lugar, você importa a biblioteca serial para o sketch e cria uma nova instância dela. Nesse caso, o objeto novo de porta serial é chamado de `myPort`:

```
import processing.serial.*;

Serial myPort;          // A porta serial
```

Um inteiro, definido como `xPos`, monitora onde a barra mais recente no gráfico de barras é desenhada (a posição x):

```
int xPos = 1;          // Posição horizontal do gráfico
```

Na `setup`, a janela de exibição é definida como 400 pixels de largura e 300 pixels de altura:

```
void setup () {
  // define o tamanho da janela:
  size(400,300);
```

Para encontrar a porta serial adequada, a `Serial.list` é chamada e exibida no console com a `println`. A função `println` é parecida com a `Serial.println` do Arduino, porém é utilizada no Processing para monitorar valores. Esses valores são exibidos no console em vez da porta serial e são usados para depuração, em vez de comunicação:

```
  // Lista todas as portas seriais disponíveis
  println(Serial.list());
```

É provável que seu Arduino apareça no início da lista, assim, o `myPort` usa a posição 0 como a porta serial do Arduino. Caso esteja utilizando a função `Serial.list`, poderá substituir a `Serial.list () [0]` por outro número na lista, que será exibido no console. Você também pode `substituir Serial.list ()[0]` pelo nome da porta, como /dev/tty. usbmodem26221 ou COM5. Especificar o nome também ajuda se você tiver muitas placas Arduino conectadas ao mesmo computador. O número 9.600 refere-se à taxa de transmissão, que é a taxa na qual você está se comunicando com o Arduino. Se a taxa não for a mesma em ambas as extremidades, os dados não serão recebidos:

```
myPort = new Serial(this, Serial.list()[0], 9600);
```

Neste exemplo, você tem outro jeito de separar os dados bons dos ruins. A função `serialEvent` é desencadeada sempre que os dados chegam à memória serial. Essa linha verifica se um caractere seguido por um caractere de linha nova é enviado como a `Serial.println (100)` do Arduino. Uma linha nova, ou uma tecla de atalho, tem um caractere ASCII, chamado de `\n`. A linha também pode procurar outros caracteres especiais, como uma tabulação, que é `\t`:

```
  // não gera um serialEvent() a menos que você tenha um caractere:
  myPort.bufferUntil('\n');
```

Para começar, segundo plano fica com a cor preta:

```
  // define o segundo plano inicial:
  background(0);
}
void draw () {
}
```

Esse gráfico de barras é detalhado, com uma barra representada por uma coluna de pixels. A função `line` cria imagens maravilhosas. Para modificar a cor da linha para púrpura, o valor de `stroke` é definido de acordo com os componentes RGB.

A linha é definida pelo seu ponto inicial e final. Como estamos exibindo um gráfico, você quer ver um monte de linhas verticais com alturas diversificadas. Como pode observar, as coordenadas *x*, ou horizontais, são a mesma variável. A coordenada de altura de uma extremidade da linha é igual à altura da janela, que fixa a coordenada da altura à borda inferior da janela. O outro valor de altura é igual à altura menos o valor `inByte`, portanto, quanto maior o valor, mais próximo do início da linha fica da parte superior da janela:

```
void draw () {
    // desenha a linha:
    stroke(127, 34, 255);
    line(xPos, height, xPos, height - inByte);
```

DICA

Se você estiver com problemas para selecionar uma cor, clique em Ferramentas ➪ Seletor de Cores no menu do Processing. O Seletor de Cores exibe uma roda de cores com os valores de vermelho, verde e azul — assim como o valor hexadecimal — de qualquer cor selecionada, como você pode ver na Figura 14-7.

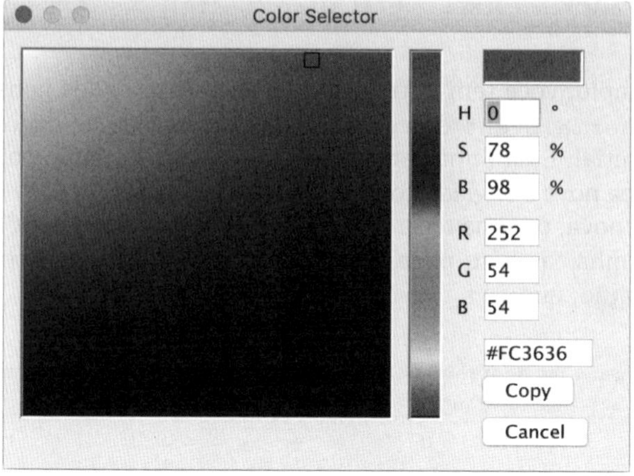

FIGURA 14-7: A roda de cores integrada pode ser muito útil.

Este próximo fragmento de código manipula o movimento da posição da `xPos`, ou horizontal, do gráfico ao longo do tempo. Se `xPos` for maior ou igual à largura, a linha ultrapassa a borda da janela de exibição. Quando isso acontece, a variável é retornada para 0 e um novo plano de fundo é desenhado para cobrir o gráfico antigo:

```
// na borda da tela, volte para o começo:
  if (xPos >= width) {
    xPos = 0;
    background(0);
  }
```

Se `xPos` não for igual à largura, ela aumentará em um pixel para a próxima leitura:

```
  else {
    // incrementa a posição horizontal:
    xPos++;
  }
}
```

A função `serialEvent` é parte da biblioteca serial e é acionada quando os dados chegam à memória serial. Como a condição `bufferUntil ('\n')` foi usada, a `serialEvent` é acionada quando um caractere de nova linha é armazenado na memória:

```
void serialEvent (Serial myPort) {
```

Uma string temporária é declarada para armazenar os dados lidos do `myPort`. Os dados são lidos até que um caractere de nova linha seja exibido. Como o Arduino está enviando um inteiro seguido por uma nova linha acompanhada por um inteiro e assim por diante, cada valor é lido individualmente:

```
// obtém a string ASCII:
  String inString = myPort.readStringUntil('\n');
```

Uma instrução `if` verifica se a string contém dados e não é igual a 0 ou nula:

```
  if (inString != null) {
```

Para garantir que não existam anomalias, a função `trim` remove os espaços, as tabulações e os retornos das linhas novas da string. A função `trim` remove com eficácia toda a formatação dos caracteres para que eles possam ser lidos claramente:

```
    // apara qualquer espaço em branco:
    inString = trim(inString);
```

Agora, a string de números limpa é convertida em float, chamado de `inByte`. O float é declarado ao lado esquerdo da equação e é igual à conversão float da `inString`. Você também pode usar parênteses em torno da variável para convertê-la em outros tipos de dados, como `int ()` ou `byte ()`:

```
    // converte para um int e mapeia para a altura da tela:
    inByte = float(inString);
    println(inByte);
```

O recém-declarado inByte é, então, mapeado, ou redimensionado, para um intervalo mais importante. O intervalo do sensor é de 0 a 1.023, portanto, `inByte` é dimensionado para um intervalo de 0 até a altura da janela de exibição, mantendo a exibição proporcional sem exceder a altura da janela:

```
    inByte = map(inByte, 0, 1023, 0, height);
```

Esse exemplo é um ótimo exercício para se pegar o jeito com a comunicação entre o Arduino e o Processing. O Arduino poderia facilmente enviar dados de um sensor analógico detectando som, movimento ou luz. No lado do Processing, as coisas são um pouco mais complicadas, sobretudo porque você está gerando algumas imagens mais complexas. O gráfico poderia facilmente ser uma elipse que fica maior ou menor à medida que os valores mudam. Por que não testar isso?

Enviando Múltiplos Sinais

A única coisa melhor do que enviar sinais para o Processing é enviar muitos sinais, certo? Enviar valores de vários sensores é fácil, mas manipulá-los na ordem correta na outra parte pode ser difícil. Neste exemplo, você aprenderá como enviar dados de três sensores separados conectados à sua placa Arduino para um sketch Processing.

Você precisa do seguinte:

- » Um Arduino Uno
- » Uma breadboard
- » Dois potenciômetros de 10k ohm
- » Um botão
- » Um resistor de 10k ohm
- » Fios de jumper

O circuito é uma combinação de três entradas separadas. Embora todas usem a mesma fonte de energia e o mesmo terra, você pode pensar nas entradas individualmente. Dois potenciômetros fornecem dois valores. Eles são conectados da mesma maneira que você conectaria um sensor de luz ou temperatura, com um lado conectado a 5V e o outro ligado ao pino de entrada analógica, lendo-os como o GND lê um resistor. Esses potenciômetros podem ser substituídos por quaisquer entradas analógicas com os resistores apropriados.

O botão também fornece uma entrada digital. Um lado do botão é conectado a 5V e o outro é conectado ao pino digital, assim como o GND, por meio de um resistor. Complete o circuito como mostrado nas Figuras 14-8 e 14-9.

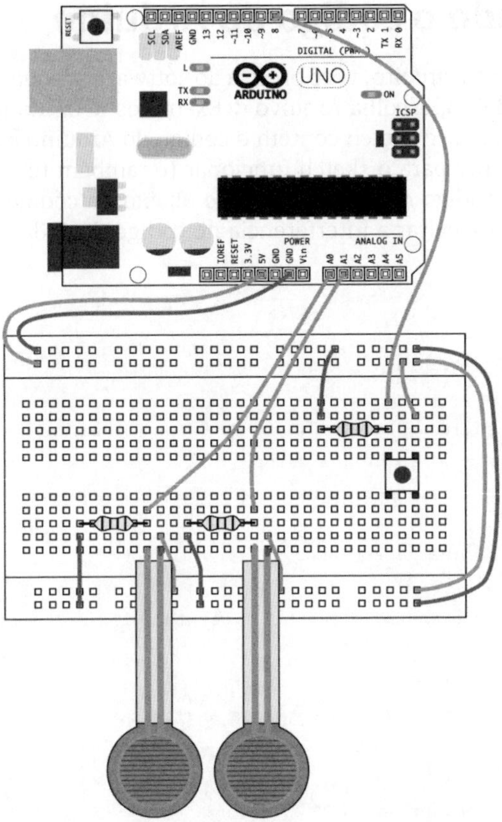

FIGURA 14-8: Um diagrama de circuito para duas entradas analógicas e uma entrada digital.

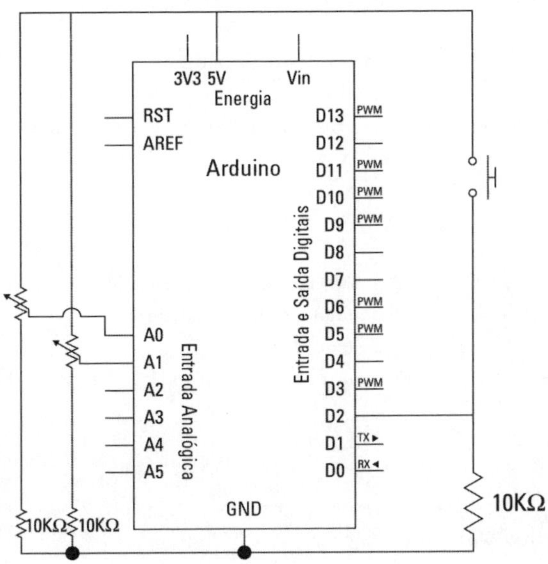

FIGURA 14-9: Um esquema para duas entradas analógicas e uma entrada digital.

Organizando o código do Arduino

Depois de montar seu circuito, você precisa do software adequado para usá--lo. No menu Arduino, escolha Arquivo ➪ Exemplos ➪ 04.Comunicação ➪ SerialCallResponse. Esse sketch contém o código do Arduino e o código do Processing pertinente para o sketch funcionar (e também tem uma variação no Max 5). O código do Processing logo abaixo do código do Arduino está comentado para evitar a interferência no código do Arduino:

```
/*
Serial Call and Response
 Linguagem: Wiring/Arduino

  Este programa envia um ASCII A (byte de valor 65) na inicialização
  e repete isso até obter alguns dados.
  Em seguida, ele espera por um byte na porta serial e envia três
valores
  de sensor sempre que recebe um byte.

  Agradecemos a Greg Shakar e Scott Fitzgerald pelas melhorias

   O circuito:
 * potenciômetros conectados às entradas analógicas 0 e 1
 * botão conectado à I/O digital 2

 Criado em 26 de setembro de 2005
 por Tom Igoe
 modificado em 24 de abril de 2012
 por Tom Igoe e Scott Fitzgerald

 Este exemplo de código está em domínio público.

 http://www.arduino.cc/en/Tutorial/SerialCallResponse (conteúdo em
inglês)

 */

int firstSensor = 0;     // primeiro sensor analógico
int secondSensor = 0;    // segundo sensor analógico
int thirdSensor = 0;     // sensor digital
int inByte = 0;          // byte serial recebido

void setup()
{
  // inicia a porta serial em 9600 bps:
  Serial.begin(9600);
```

```
  while (!Serial) {
    ; // espera que a porta serial se conecte. É necessário apenas
para a
      porta USB nativa
  }
pinMode(2, INPUT);      // sensor digital está no pino digital 2
 establishContact();  // envia um byte para estabelecer contato até
                     // que o destinatário responda
}

void loop()
{
  // se obtivermos um byte válido, lê as instancias analógicas:
  if (Serial.available() > 0) {
    // obtém os bytes recebidos:
    inByte = Serial.read();
    // lê a primeira entrada analógica, divide por 4 para fazer o
     intervalo 0-255:
    firstSensor = analogRead(A0)/4;
    // demora 10 ms para deixar o ADC recuperar:
    delay(10);
    // lê a primeira entrada analógica, divide por 4 para fazer o
    intervalo 0-255:
    secondSensor = analogRead(1)/4;
    // lê a chave eletrônica, mapeia para 0 ou 255L
    thirdSensor = map(digitalRead(2), 0, 1, 0, 255);
    // envia valores do sensor:
    Serial.write(firstSensor);
    Serial.write(secondSensor);
    Serial.write(thirdSensor);
  }
}

void establishContact() {
  while (Serial.available() <= 0) {
    Serial.print('A');   // Envia a letra A em maiúsculo
    delay(300);
  }
}
```

Carregue esse código em seu Arduino. Agora que o Arduino está configurado para enviar dados do Processing, você precisa organizar o sketch Processing para recebê-los e interpretá-los através da porta serial.

Organizando o código do Processing

O código do Processing está disponível em comentários multilinhas marcados com (/* */) na parte inferior do sketch SerialCallResponse do Arduino. Copie o código dentro dos marcadores de comentário, cole-o em um sketch novo do Processing e salve-o com um nome apropriado, como SerialCallResponse:

```
// Este exemplo de código está em domínio público.

import processing.serial.*;

int bgcolor;              // Cor do segundo plano
int fgcolor;              // Cor do preenchimento
Serial myPort;                          // A porta serial
int[] serialInArray = new int[3];     // Local onde colocamos o que
                                       // recebemos
int serialCount = 0;                 // Um cálculo de quantos bytes
                                     // recebemos
int xpos, ypos;                     // Começa a posicionar o círculo
boolean firstContact = false;          // Se vermos algo no
microcontrolador

void setup() {
  size(256, 256);  // Etapa de dimensionamento
  noStroke();      // Nenhuma borda na próxima coisa desenhada
  // Define a posição inicial da bola (meio da etapa)
  xpos = width/2;
  ypos = height/2;
  // exibe uma lista das portas seriais, para fins de depuração:
  println(Serial.list());

  // Eu sei que a primeira porta na lista serial no meu mac é sempre
meu
  // adaptador FTDI, então abro Serial.list () [0].
 // Nas máquinas Windows, geralmente abre como COM1.
 // Abra qualquer porta que você esteja usando.
  String portName = Serial.list()[0];
  myPort = new Serial(this, portName, 9600);
}

void draw() {
  background(bgcolor);
  fill(fgcolor);
  // Desenha a forma
  ellipse(xpos, ypos, 20, 20);
```

```
}

void serialEvent(Serial myPort) {
  // lê um byte a partir da porta serial:
  int inByte = myPort.read();
  // se esse for o primeiro byte recebido, e for um A,
  // limpe a memória serial e observe que você
  // teve o primeiro contato do microcontrolador.
  // Caso contrário, adicione o byte recebido ao array:
  if (firstContact == false) {
    if (inByte == 'A') {
      myPort.clear();          // limpa a porta da memória serial
      firstContact = true;    // você teve o primeiro contato com o
                             // microcontrolador
      myPort.write('A');       // Faça mais solicitações
    }
  }
  else {
    // Adiciona o último byte da porta serial para o array:
    serialInArray[serialCount] = inByte;
    serialCount++;

    // Se tivermos 3 bytes:
    if (serialCount > 2 ) {
      xpos = serialInArray[0];
      ypos = serialInArray[1];
      fgcolor = serialInArray[2];
      // exibe os valores (só para fins de depuração):
      println(xpos + "\t" + ypos + "\t" + fgcolor);

      // Envia um A em maiúsculo para solicitar novas leituras do
sensor:
      myPort.write('A');
      // Redefine a serialCount:
      serialCount = 0;
    }
  }
}
```

Clique no botão Executar para executar o sketch Processing, e um applet será exibido. O applet tem um segundo plano preto, e sempre que você pressiona o botão aparece um ponto branco. Movimente os potenciômetros para mover o ponto horizontalmente e verticalmente. Quando você soltar o botão, o ponto desaparece.

Se você não vir o comportamento correto, confira novamente seus fios e cabos:

» Confira se você está usando o número de pinos correto.

» Certifique-se de que os potenciômetros estejam conectados corretamente.

» Verifique se você está usando a porta serial correta.

» Confira se o seu código Arduino foi enviado corretamente e se o seu código do Processing não tem erros. Repare que não é possível fazer upload enquanto o sketch Processing estiver se comunicando com seu Arduino, então você precisa parar o sketch antes de fazer o upload.

Compreendendo o sketch SerialCallResponse do Arduino

No início do sketch, quatro variáveis inteiras são declaradas. Três são para os valores do sensor e um armazena um byte de entrada do sketch Processing:

```
int firstSensor = 0;     // primeiro sensor analógico
int secondSensor = 0;    // segundo sensor analógico
int thirdSensor = 0;     // sensor digital
int inByte = 0;          // byte serial recebido
```

Na `setup`, a porta serial é implementada com uma taxa de transmissão de 9.600. A instrução `while` sempre verifica a presença de uma conexão serial antes de continuar. A instrução é interpretada como "enquanto não houver uma conexão serial, não faça nada". Esta linha de código é necessária somente para as placas Leonardo:

```
void setup()
{
  // inicia a porta serial a 9600 bps:
  Serial.begin(9600);
  while (!Serial) {
    ; // espera que a porta serial se conecte. Necessário só para
porta
    //USB
  }
```

O pino 2 é o pino do botão e é definido como uma entrada usando a `pinMode`:

```
  pinMode(2, INPUT);   // sensor digital está no pino digital 2
```

Uma função customizada especial chamada `establishContact` é chamada para sinalizar ao sketch Processing que o Arduino está pronto:

```
    establishContact();  // envia um byte para estabelecer contato até o
                         // destinatário responda
  }
```

No `loop`, uma instrução `if` verifica se os dados enviados são maiores que 0. Se forem, esse byte é lido na variável `inByte`:

```
void loop()
{
  // se obtivermos um byte válido, lê as instancias analógicas:
  if (Serial.available() > 0) {
    // obtém os bytes recebidos:
    inByte = Serial.read();
```

A variável `firstSensor` armazena o valor do potenciômetro no pino analógico 0 após dividi-lo por 4. Este simples cálculo reduz o intervalo de 0 a 1.023 para o intervalo de 0 a 255:

```
    // lê a primeira entrada analógica, divide por 4 para fazer o
  // intervalo 0-255:
    firstSensor = analogRead(A0)/4;
```

Uma pequena pausa de 10 milissegundos ocorre visando disponibilizar ao conversor analógico-digital tempo o bastante para processar o primeiro valor:

```
    // delay de 10 ms para deixar o ADC se recuperar:
    delay(10);
```

O segundo sensor é lido e convertido do mesmo modo e, em seguida, o código escreve na variável `secondSensor`:

```
    // lê a primeira entrada analógica, divide por 4 para fazer o
  // intervalo 0-255:
    secondSensor = analogRead(1)/4;
```

Com a chave eletrônica, as coisas são um pouco diferentes. Para dimensionar os valores, usa-se a função `map`. O primeiro parâmetro dentro da função `map` é o número a ser mapeado. Neste caso, esse número é a `digital read` do pino 2. Aqui, salvar o valor da variável da `digitalRead` para uma variável primeiro não é necessário, tampouco vantajoso. A chave eletrônica só retornará um valor de 0 ou 1 e será mapeada para o mesmo intervalo que os outros sensores, de 0 a 255, de modo que retornará 0 ou 255. O valor convertido é armazenado em `thirdSensor`:

```
// lê a chave eletrônica, mapeia para 0 ou 255L
    thirdSensor = map(digitalRead(2), 0, 1, 0, 255);
```

Em seguida, todos os valores do sensor são enviados um de cada vez para a porta serial usando a `Serial.write`:

```
    // envia valores do sensor:
    Serial.write(firstSensor);
    Serial.write(secondSensor);
    Serial.write(thirdSensor);
  }
}
```

No final do sketch, está a função `establishContact`, que foi chamada na `setup`. Essa função monitora a porta serial para ver se uma conexão serial está disponível. Caso contrário, a `establishContact` envia uma letra *A* maiúscula para a porta serial a cada 300 milissegundos. Quando uma conexão está disponível, a função para:

```
void establishContact() {
  while (Serial.available() <= 0) {
    Serial.print('A');    // Envia um A em maiúsculo
    delay(300);
  }
}
```

Compreendendo o sketch SerialCallResponse do Processing

Agora, examine o que está acontecendo no Processing para uma melhor compreensão, para interpretar os valores e exibir os dados. A primeira ação a ser executada no sketch Processing é importar a biblioteca serial:

```
import processing.serial.*;
```

É necessário declarar muitas variáveis para esse sketch. Suas duas primeiras variáveis são cores para o segundo plano e para as formas:

```
int bgcolor;          // Cor do segundo plano
int fgcolor;          // Cor do preenchimento
```

Uma nova instância da porta serial, chamada `myPort`, é criada:

```
Serial myPort;                    // A porta serial
```

Um array de valores inteiros é criado e declarado como sendo de três valores:

```
int[] serialInArray = new int[3];    // Local onde colocamos o que
                                     // recebemos
```

Um temporizador inteiro é declarado para controlar quantos bytes foram lidos:

```
int serialCount = 0;                // Um cálculo de quantos bytes
                                    // recebemos
```

Os valores inteiros `xpos` e `ypos` armazenam as coordenadas do ponto:

```
int xpos, ypos;                   // Começa a posicionar o círculo
```

Um Booleano armazena um valor que indica se o contato foi feito com o Arduino:

```
boolean firstContact = false;         // Se vermos algo no
microcontrolador
```

Na `setup`, o tamanho da janela de exibição é definido. A função `noStroke` garante que nenhuma borda seja desenhada nas formas a partir deste ponto no sketch. Optar por `Stroke` ou `noStroke` depende de suas preferências gráficas.

```
void setup() {
  size(256, 256);  // Etapa de dimensionamento
  noStroke();      // Nenhuma borda na próxima coisa desenhada
```

Os valores iniciais para o ponto são definidos para metade da largura e metade da altura, respectivamente, da janela de exibição, o centro da janela:

```
  // Define a posição inicial da bola (meio da etapa)
  xpos = width/2;
  ypos = height/2;
```

Para fazer a conexão serial, uma lista serial é desenhada:

```
// exibe uma lista das portas seriais, para fins de depuração:
println(Serial.list());
```

Seu Arduino geralmente está no início da lista, portanto, a string temporária `portName` armazena o nome da posição 0 na lista, e `myPort` usa essa conexão quando a porta serial é definida. Observe que esse código pode ser escrito como `Serial(this,Serial.list()[0],9600);`.

Caso não esteja utilizando a função `Serial.list`, você poderá substituir a `Serial.list()[0]` por outro número na lista, que será exibido no console. Você também pode substituir a `Serial.list()[0]` pelo nome da porta. Essa funcionalidade ajuda muito se você tiver várias Arduino conectadas. O número 9.600 refere-se à taxa de transmissão e deve ser o mesmo em ambas as extremidades:

```
String portName = Serial.list()[0];
  myPort = new Serial(this, portName, 9600);
}
```

No `draw`, o segundo plano é desenhado primeiro. Como o segundo plano é indefinido, tem um valor-padrão de 0, que é preto. A cor de preenchimento também é indefinida por enquanto, então a elipse também é preta. As cores de preenchimento e de fundo são atualizadas na função `serialEvent`, portanto, as formas coloridas aparecerão somente quando houver atividade dos sensores.

```
void draw() {
  background(bgcolor);
  fill(fgcolor);
```

A elipse é desenhada no centro na janela de exibição com um diâmetro fixo de 20 pixels:

```
  // Desenha a forma
  ellipse(xpos, ypos, 20, 20);
}
```

A maior parte das coisas acontecem na `serialEvent`, influenciando a elipse e sendo constantemente desenhada pelo loop `draw`:

```
void serialEvent(Serial myPort) {
```

Se os dados forem enviados pela porta serial, ela acionará a `serialEvent`. O primeiro byte de dados é lido usando `myPort.read` e armazenado na variável temporária `inByte`:

```
// lê um byte a partir da porta serial:
int inByte = myPort.read();
```

Caso o sketch Processing ainda não esteja em contato com um dispositivo serial, ele avançará para a próxima instrução `if` a fim de conferir se o byte é o caractere A. Se for, a memória é limpa e o Booleano `firstContact` é definido como `true` e envia um caractere A de volta. Lembra-se da função `establishContact`, no Arduino? Ela envia repetidamente o caractere *A* até que a conexão seja feita. Quando um *A* é enviado de volta para o outro lado, ele aciona `if (Serial.available ()> 0)`, que começa a enviar os dados do Arduino. Essa técnica é chamada de *handshaking*, uma negociação mútua entre duas partes de um sistema para estabelecer uma conexão:

```
if (firstContact == false) {
  if (inByte == 'A') {
    myPort.clear();          // limpa a porta da memória serial
    firstContact = true;    // você teve o primeiro contato com o
                            // microcontrolador
    myPort.write('A');      // Faça mais solicitações
  }
}
```

Se a `firstContact` for `true`, o programa lerá os bytes conforme eles chegam e os adicionará no array `serialInArray`:

```
else {
  // Adiciona o último byte da porta serial no array:
  serialInArray[serialCount] = inByte;
```

Toda vez que um byte é lido, o contador aumenta em um:

```
  serialCount++;
```

Quando o contador é maior que 2, todos os três bytes foram lidos e atribuídos a suas tarefas:

```
  // Se tivermos 3 bytes:
  if (serialCount > 2 ) {
```

O potenciômetro no analógico 0 reflete a posição horizontal do ponto, o potenciômetro no analógico 1 é a posição vertical e o botão é a cor de preenchimento:

```
        xpos = serialInArray[0];
        ypos = serialInArray[1];
        fgcolor = serialInArray[2];
```

Esses valores também são exibidos no console para depuração a fim verificar se tudo está funcionando conforme o esperado. No Processing, você pode combinar muitos valores em uma instrução `print` ou `println` usando o símbolo +. Você também pode usar `\t` para colocar uma tabulação entre cada valor para espaçá-los:

```
// exibe os valores (só para fins de depuração):
        println(xpos + "\t" + ypos + "\t" + fgcolor);
```

Outra letra *A* maiúscula é enviada para desencadear o `if(Serial.available()>0)` condicional e repetir o processo:

```
        // Envia um A em maiúsculo para solicitar novas leituras do
sensor:
        myPort.write('A');
```

O valor da `serialCount` é redefinido como 0 para o próximo conjunto de valores:

```
        // Redefine a serialCount:
        serialCount = 0;
      }
    }
  }
```

Esse exemplo é uma ótima maneira de começar a ler muitos sensores em um programa de computador. Por que não construir seu próprio teclado gigante para reencenar uma cena do filme Quero Ser Grande, do Tom Hanks? Ou coletar dados de uma variedade de sensores para monitorar o clima em sua casa? A saída desse sketch é básica, mas oferece um enorme potencial para formas incríveis e criativas de se mapear os dados. Algumas pesquisas na internet sobre *visualização de dados* lhe darão uma noção do que é possível fazer.

5

A Parte dos Dez

NESTA PARTE...

Descubra sites que servirão de inspiração para aprender mais sobre o Arduino.

Procure lojas online para todos os tipos de componentes compatíveis com Arduino.

NESTE CAPÍTULO

» Inspirando-se na internet

» Procurando por tutoriais e leituras complementares

» Encontrando comunidades no mundo real

Capítulo 15

Dez Lugares para Aprender Mais sobre Arduino

Caso este seja seu primeiro contato com o mundo Arduino, você ficará aliviado em saber que há uma abundância de recursos disponíveis na internet. Você pode encontrar novos hardwares compatíveis com o seu Arduino, projetos, tutoriais e até mesmo inspiração. Neste capítulo, falarei de dez sites populares para ajudá-lo em sua aventura de descobertas. Todos os sites estão em inglês.

Blog do Arduino

blog.arduino.cc

O blog do Arduino é uma ótima fonte de todas as notícias relacionadas ao Arduino. Você pode encontrar notícias sobre os últimos hardwares e softwares oficiais, bem como sobre outros projetos interessantes. Nele, também temos acesso a conversas que a equipe do Arduino quer compartilhar com a comunidade.

Hack a Day

hackaday.com

O site Hack a Day é um excelente recurso para todos os tipos de parafernália tecnológica. Além de apresentar muitos projetos e posts relacionados ao Arduino, o site disponibiliza conteúdos de praticamente qualquer outra categoria de tecnologia que você possa imaginar. Ele contém uma excelente coleção de posts e informações para alimentar a imaginação.

SparkFun

www.sparkfun.com/news

A SparkFun fabrica e vende todos os tipos de produtos que podem materializar seus projetos, e muitos deles envolvem o Arduino. A SparkFun tem um newsfeed excelente e muito bem alimentado, e sempre tem algum tipo de produto novo ou kit interessante para mostrar. A empresa também disponibiliza vídeos excelentes que explicam seus kits e documentam eventos que a equipe da SparkFun promove ou de que participa.

MAKE

makezine.com/blog

A *MAKE* é uma revista de hobbies que estimula todos os tipos de tecnologia. Seu blog abrange tecnologias interessantes de bricolagem (faça você mesmo) e projetos que podem inspirá-lo. O Arduino é tão importante para essa comunidade que tem até a própria subseção no blog.

Adafruit

blog.adafruit.com

A Adafruit é uma loja online, repositório e fórum para todos os tipos de kits visando ajudá-lo a colocar seus projetos em prática. Esse blog anuncia a seleção cada vez maior de produtos Adafruit disponíveis, bem como outras novidades tecnológicas intrigantes.

Instructables

www.instructables.com

A Instructables é uma plataforma de documentação na internet que possibilita às pessoas compartilhar seus projetos e instruções passo a passo. A Instructables não é apenas sobre Arduino ou mesmo tecnologia, então é possível encontrar uma variedade gigantesca de material interessante lá.

YouTube

www.youtube.com

O YouTube é um ótimo lugar para matar o tempo, entretanto, em vez de assistir a gatos fazendo todo tipo de coisas divertidas, por que não procurar por vídeos sobre o *Arduino* para descobrir projetos novos que as pessoas estão compartilhando. Os vídeos do YouTube nem sempre são a fonte mais confiável para projetos bem documentados, porém oferecem uma visão ampla dos projetos Arduino na prática. Assistir a diferentes vídeos é de suma importância para ver o resultado esperado dos projetos.

Hackerspaces

hackerspaces.org

Hackerspaces são espaços físicos nos quais artistas, designers, fabricantes, hackers, programadores, engenheiros ou quaisquer outras pessoas podem se encontrar para aprender, socializar e colaborar em projetos. Hackerspaces é uma rede enorme de contatos ao redor do mundo. Um excelente ponto de partida para encontrar um local perto de você é acessar o mapa deles em: hackerspaces.org/wiki/List_of_Hacker_Spaces.

Fórum

`arduino.cc/forum`

O Fórum do Arduino é um ótimo lugar para obter respostas para questões específicas do Arduino. Você descobre com frequência que outras pessoas estão passando pelos mesmos problemas que você, portanto, com uma busca minuciosa é provável que encontre a resposta para praticamente qualquer problema.

Amigos, Colegas e Workshops

Pode ser um bocado difícil desbravar sozinho o mundo do Arduino. Você pode encontrar muitas fontes na internet, mas uma das melhores maneiras de aprender é com amigos e colegas, porque se aprende muito mais com as outras pessoas do que sozinho.

Melhor ainda é ir a oficinas e conhecer outras pessoas. Talvez você conheça pessoas com os mesmos interesses, possibilitando que compartilhe o que sabe; ou eles podem ter interesses diferentes, proporcionando uma oportunidade de mostrar-lhe algo novo. Oficinas Arduino acontecem sempre em tudo quanto é lugar do mundo; então, com uma busca cuidadosa no Fórum do Arduino, nos fóruns do Hackerspace e no Google, você deve encontrar um workshop perto da sua casa.

NESTE CAPÍTULO

» **Descobrindo os fornecedores de Arduino ao redor do mundo**

» **Distribuidores internacionais de eletrônicos**

» **Reutilizando peças antigas**

Capítulo **16**

Dez Lojas Excelentes para Conhecer

Quando se trata de comprar peças para o seu projeto, você encontrará um número enorme e crescente de lojas que atendem às suas necessidades. Embora essas lojas lidem com outros produtos eletrônicos de hobbies, bem como com placas Arduino, elas têm à disposição um estoque gigantesco de placas e componentes que você pode utilizar em seu projeto Arduino. Este capítulo lhe dá somente um gostinho das lojas online, por isso, pesquise. Todos os sites indicados são em inglês, exceto quando especificado o contrário.

Adafruit

www.adafruit.com

A engenheira do MIT Limor "Ladyada" Fried fundou a Adafruit em 2005. Por meio de seu site, a empresa oferece uma abundância de recursos, incluindo produtos que ela projeta e fabrica, e outros oriundos de tudo quanto é parte do mundo; ferramentas, equipamentos, tutoriais, fóruns e vídeos que abrangem uma gama imensa de assuntos. A Adafruit está sediada em Nova York... Nova York (é uma cidade maravilhosa!). Ela opera em todo o mundo e tem distribuidores em muitos países.

Loja Arduino

store.arduino.cc

A Arduino Store foi inaugurada oficialmente em maio de 2011 para vender diretamente os produtos Arduino, e não apenas por meio de distribuidores. A loja vende todos os produtos oficiais da marca Arduino, bem como alguns de terceiros. Ela também vende o TinkerKit, especialmente desenvolvido para facilitar o uso da placa Arduino por iniciantes, para que entendam melhor a eletrônica usando plugues para conectar entradas e saídas, em vez de exigir breadboards ou soldagens.

Seeed Studio

www.seeedstudio.com

A Seeed Studio está localizada em Shenzhen, na China, e é autodescrita como uma "empresa que promove open hardware". A loja usa manufatura local para criar rapidamente protótipos e projetos de pequena escala que são distribuídos ao redor do mundo. Além de fabricar e vender produtos, a empresa disponibiliza uma área de comunidade em seu site, na qual as pessoas podem votar nos projetos que querem que o Seeed Studio concretize.

SparkFun

www.sparkfun.com/

A SparkFun vende todo tipo de peças para todos os tipos de projetos eletrônicos. Além de vender hardware compatível com Arduino, ela projeta e fabrica muitas de suas próprias placas e kits. A SparkFun tem um excelente site que funciona como uma loja, um suporte e uma sala de aula para os arduinistas. A SparkFun também tem pessoas ativas (e expressivas) que comentam em cada uma de suas páginas de produtos, o que ajuda a estimular e melhorar continuamente os produtos da empresa. Foi fundada em 2003 e está localizada em Boulder, Colorado.

Allied Electronics

www.alliedelec.com

A Allied Electronics se autoproclama "a maior distribuidora mundial de produtos eletrônicos e de manutenção" e é uma fonte confiável de uma extensa gama de produtos a preços baixos. Ela tem uma empresa irmã que opera na Europa, a RS Components.

Newark Electronics

www.newark.com

A Newark é uma fornecedora de produtos eletrônicos com sede em Chicago, e tem uma diversidade gigantesca de componentes para escolher e comprar. Ela opera em todo o mundo e faz parte do Premier Farnell Group. A empresa é composta por muitas empresas filiadas (vulgo empresas irmãs) que viabilizam a distribuição do grupo em 24 países da Europa (Farnell), América do Norte (Newark Electronics) e Ásia-Pacífico (Element14). O site tem versão em português!

Mouser

www.mouser.com

Originalmente fundada por Jerry Mouser, um professor de física em busca de componentes para ensinar eletrônica no ensino médio, a Mouser Electronics é, atualmente, uma das principais distribuidoras de eletrônicos dos Estados Unidos. Ela tem um estoque enorme de seleção de placas de desenvolvimento, ideal para aqueles que estão engatinhando em eletrônica.

Digi-Key

www.digikey.com

A Digi-Key é uma das maiores distribuidoras de componentes eletrônicos na América do Norte. A empresa começou originalmente fornecendo para o mercado de entusiastas de radioamadorismo, mas, desde então, tornou-se uma distribuidora internacional de eletrônicos.

eBay

www.ebay.com

O lixo de uma pessoa é um tesouro para outra, e o eBay é uma grande fonte de produtos tecnológicos que precisam de um novo lar. Muitas peças estão disponíveis no eBay — até mesmo aquelas específicas. Porém a coisa é melhor do que você pode imaginar: é possível encontrar outros componentes eletrônicos de consumo que podem ser usados e se adequar às suas necessidades. Tem versão em português!

Dumpster Diving

A Dumpster Diving não é tecnicamente uma loja, mas é um ótimo recurso, sem sombra de dúvidas! As pessoas sempre ficam surpresas com a quantidade de coisas valiosas que são jogadas fora, mas elas raramente sabem o que é valioso e o que não é. O segredo é saber o que você está procurando e descobrir se pode recuperar as peças necessárias para o seu projeto. Esse processo pode demandar um bocado de pesquisa no Google, pois muitos produtos e componentes estão disponíveis e podem ser úteis para o seu projeto.

Por exemplo, um motor pode ser caro se for comprado novo, porém usado serve para uma variedade de produtos eletrônicos de consumo que são frequentemente descartados. Impressoras e scanners usam motores de passo relativamente complexos e caros que você pode adaptar em um projeto Arduino. Além do mais, como esses objetos do cotidiano são produzidos em larga escala, até comprar uma nova impressora com vários motores pode ser mais barato do que comprar os motores individualmente.

Índice

R

S

T

U

V

W

X

Y

ROTAPLAN
GRÁFICA E EDITORA LTDA

Rua Álvaro Seixas, 165
Engenho Novo - Rio de Janeiro
Tels.: (21) 2201-2089 / 8898
E-mail: rotaplanrio@gmail.com